本书的出版得到

国家重点文物保护专项补助经费资助

华蓥安丙墓

四川省文物考古研究院
广安市文物管理所　编著
华蓥市文物管理所

文物出版社
北京·2008

封面设计：周小玮
责任编辑：边　漪

图书在版编目（CIP）数据

华蓥安丙墓/四川省文物考古研究院等编著. —北
京：文物出版社，2008.1
　ISBN 978 - 7 - 5010 - 1954 - 0

　Ⅰ.华… 　Ⅱ.四… 　Ⅲ.宋墓（考古）- 华蓥市
Ⅳ.K878.8

中国版本图书馆 CIP 数据核字（2006）第 067782 号

华 蓥 安 丙 墓

四 川 省 文 物 考 古 研 究 院
广 安 市 文 物 管 理 所　编著
华 蓥 市 文 物 管 理 所

*

文 物 出 版 社 出 版 发 行
（北京市东直门内北小街 2 号楼）
http://www.wenwu.com
E-mail:web@wenwu.com

北京达利天成印刷有限公司印刷
新 华 书 店 经 销
889×1194　1/16　印张：25.25　插页：4
2008 年 1 月第 1 版　　2008 年 1 月第 1 次印刷
ISBN 978 - 7 - 5010 - 1954 - 0　定价：350.00 元

The Tomb of Anbing in Huaying

(With An English Abstract)

by

Sichuan Provincial Institute of Cultural Relics and Archaeology

Cultural Relics Administration Office of Guang'an City

Cultural Relics Administration Office of Huaying City

Cultural Relics Press

Beijing · 2008

目　　录

插 图 目 录

图 版 目 录

第一章　绪　言

地理环境　安丙家族墓地位于华蓥山脉中段𪩘然山西侧山麓，地理坐标北纬30°23′07.85″，东经106°47′34.1″，隶属于四川省华蓥市双河镇昭勋村，西距市区约1千米（图一）。

华蓥市地处四川盆地东部边缘南北走向的华蓥山脉中段之𪩘然山西侧，为川中丘陵与川东平行岭谷区结合部。位于北纬30°07′～30°28′，东经106°40′～106°54′之间。幅员429.94平方千米，南北长40.75千米，东西宽10.6千米。因受四川大地构造区域性深断

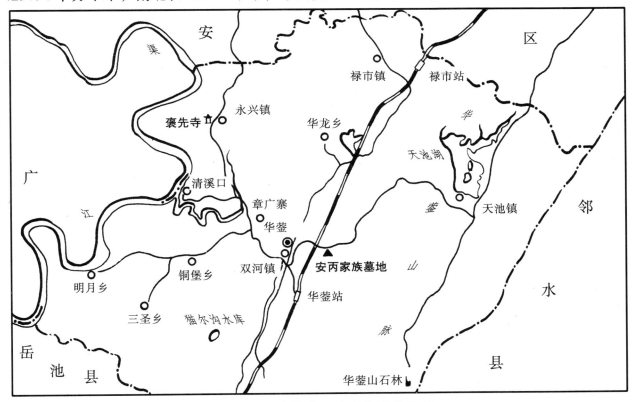

图一　安丙家族墓地地理位置示意图

裂的影响，华蓥山复式背斜的轴部断裂十分发育，成为华蓥山断裂带，境内的断裂区正处于华蓥山断裂带的中段。境内地势东北高、西南低。东部为山区，山势陡峭，岭谷相间，岩溶地貌发育；西部为丘陵平坝区，地势起伏不大，为主要农作区。境内干流为渠江，有胡家河、清溪河、阳溪河、华蓥河等四条支流。东南部山区的地下水比较丰富。东部山区的土壤为自流井组黄化、酸化的沙黄泥土属。植被以常绿阔叶林，常绿落叶、阔叶混交林及针、阔叶混交林为主。境内气候属亚热带季风性湿润气候，四季分明。年平均气温西部17.8℃，东部11.5℃。年平均降雨量1282.2毫米，1979年最高达到1709.9毫米，多集中于5至10月，占全年降水量的76.77%。多年平均日照时数为1240.6小时。全年平均无霜期339天[①]。

历史沿革　华蓥古为梁州地。春秋、战国时为巴国属地。秦、汉、魏晋时期为宕渠县辖地。南朝宋析宕渠县置始安县。隋开皇十八年（598年）改曰賨城县。

唐武德元年（618年）复为始安县。天宝元年（742年）八月改曰渠江县。天复元年（901年）入于王建。

北宋乾德三年（965年）县入宋，开宝二年（969年）于渠江县之浓洄镇置广安军，领渠江、新明、岳池三县。南宋开禧三年（1207年）增领和溪县。淳祐三年（1243年）四川制置使余玠移治大良平，宝祐六年（1258年）陷于元。咸淳二年（1266年）复取之，三年（1267年），改曰宁西军。

元至元十二年（1275年）宁西军仍还浓洄镇，领县四：渠江、新明、岳池、和溪。十五年（1278年）军废，复并新明、和溪入岳池。二十年（1283年）升为广安府，属顺庆路，领渠江、岳池二县。至正十二年（1352年），县入明玉珍。

明洪武四年（1371年）平明玉珍，改为广安州，属顺庆府，领岳池、渠江二县。九年（1376年），以渠县、大竹来属。十年（1377年）五月，以州治渠江，县省入。成化元年（1465年）七月，复置邻水县属之。

顺治四年（1647年）入清，广安州领岳池、渠县、大竹、邻水四县。康熙七年（1668年）废岳池县并入广安，改旧属之渠县、大竹、邻水隶顺庆。康熙六十年（1721年）复置岳池县[②]。

民国时期为合川、广安、岳池三县分辖。

---

① 《华蓥市志》，四川省华蓥市志编纂委员会编纂，四川人民出版社，1995年。
② 《中国地方志集成·四川府县志辑》之《宣统广安州新志》，巴蜀书社，1992年。

1952 年改由广安、岳池二县分辖。1979 年析广安、岳池二县的 1 个镇、16 个人民公社成立华云工农区。1985 年 2 月 4 日设华蓥市，治双河镇①。

墓地的发现 20 世纪 60 年代，当地修建茶场时，拆毁了 5 号墓的墓顶及墓室上部条石用作房屋基础。而被当地人俗称为"女儿坟"的 3 号墓的墓门亦在五六十年代被打开，墓室内的随葬品全部被毁。墓地所在的坡地被垦为梯田以种植茶树。据参与其事的村民回忆，当时从墓地范围内起取了大量的条石用来垒砌梯田保坎，并且拆除了从墓地通往山脚石马坪的宽约 3 米左右的石质阶梯（神道）。

1993 年，华蓥市双河镇将安丙家族墓地所在的马桑树梁子和其南侧的松树山辟为"华蓥山公墓"，当地人遂在山上大量埋坟。开辟"华蓥山公墓"后，公墓管理处又修筑了一条从山脚经石马坪遗址并穿过墓地通向山顶的水泥路。在建设过程中，拆除了很多地面建筑的条石用作铺路石，个别石翁仲亦因此被一剖为四。茶场亦因之废止。

1996 年 1 月 24 日，当地人因埋坟挖掘墓坑时，发现了 M1 的墓顶石及墓门左上方的盗洞。华蓥市文化局及华蓥市文物管理所闻讯后立即派人到现场进行勘察，采取了保护措施；同时，向广安地区文化体育局汇报了有关情况。广安地区文化体育局派出的文物干部到华蓥市后，与华蓥市文化局及华蓥市文物管理所共同拟定了发掘方案，华蓥市并成立了以主管副市长挂帅的发掘工作领导与协调班子。从 2 月 6 日至 2 月 12 日，文物干部对该墓葬进行了抢救性清理，历时 7 天。同年 3 月初，因相同原因又发现了 M2 的墓顶石及墓门右上方的盗洞。当地文物部门遂于 3 月 6 日至 3 月 12 日，对该墓进行了抢救性清理，历时 7 天。4 月 2 日，四川省文化厅文物处、四川省博物馆的领导和专家首次视察了两座墓葬的清理情况，认为这两座墓葬的墓道部分未发掘完成，建议与四川省文物考古研究所联系，请专业人员来指导完成发掘工作。1996 年 4 月 8 日，四川省文物考古研究所考古队的专业人员来到华蓥市，与广安地区文化体育局、华蓥市文物管理所的业务人员组成了联合考古队，对未完成清理工作的 M1、M2 继续进行发掘。在发掘工作进行的过程中，又陆续发现并清理了 M4、M5 两座墓葬以及墓葬前的石构建筑遗迹。

在墓地范围内原有 30 余座清末、民国和现代墓葬，这些墓葬打破了安丙家族墓地的墓葬封土及墓葬前的地面建筑遗迹。1996 年 3 月至 6 月，当地政府迁走了这些墓葬。

从 2 月 6 日开始对 M1 清理到 11 月底结束发掘为止，发掘工作先后历时 10 个月，发掘面积约 2000 平方米，共清理了 5 座石室墓及墓前的享堂、拜台、护坎等地面建筑遗迹，

---

① 《华蓥市志》，四川省华蓥市志编纂委员会编纂，四川人民出版社，1995 年。

出土了金、银、铜、铁、陶、瓷等种类的随葬品七百余件。

　　安丙家族陵园布局　　安丙家族墓地为安丙家族陵园的一部分，陵园由四周自然山形并结合墓地（包括墓葬和享堂）、九层坎遗址、神道遗址、九龙桥遗址、昭勋寺遗址等人工建筑共同组成（图二）。

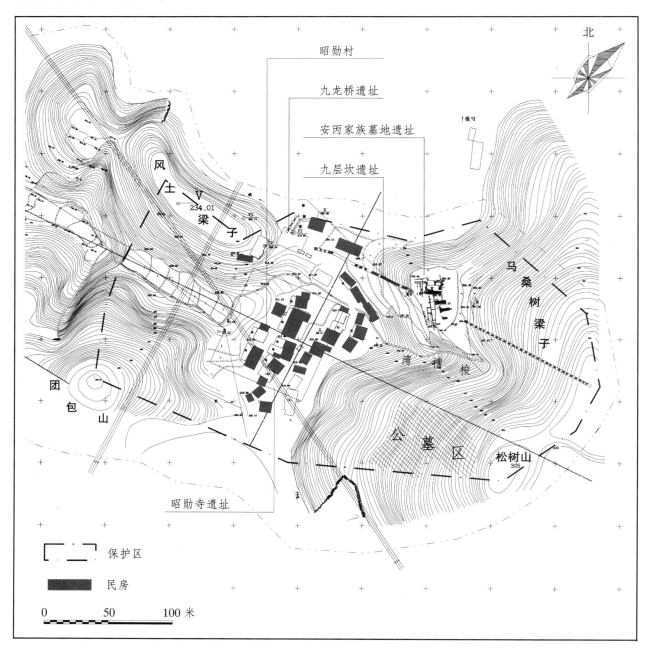

图二　安丙家族陵园地形图

1. 墓地　位于陵园内东部马桑树梁子（俗称女儿山）西侧山腰较为平缓的山脊上，坐东向西。南邻松树山，其间有一条名为梭槽湾的冲沟向西流经昭勋寺遗址北侧，注入龙洞河沟；北隔龙洞河沟与王家梁子相望；西对两个山包，南为团包山，北为风土梁子。两个山包间为一片平缓的山间谷地。墓地北侧的龙洞河沟由北向西绕风土梁子蜿蜒西去。

墓地由 5 座墓葬（均位于墓地东部，坐东向西，从北至南依次排列，墓葬编号依次为 M1、M2、M4、M3、M5）及墓前拜台、享堂、护坎等地面建筑遗迹组成。墓地南、西、北三侧均为梯田状陡坡。西南及西部坡脚为民居。地表覆盖杂草与灌木，只有少量乔木（图三；图版一）。

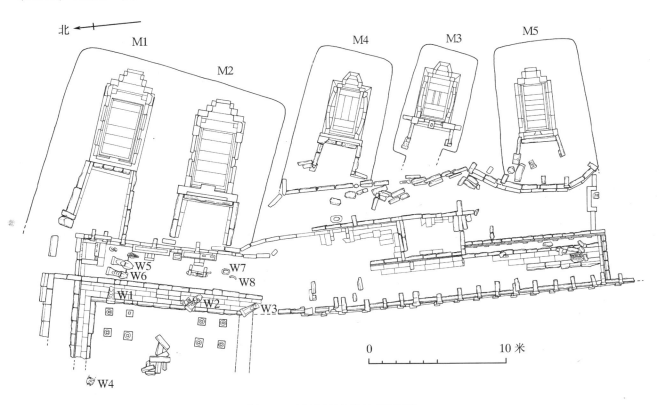

图三　安丙家族墓地平面图

2. 九层坎遗址　位于墓地西侧至山脚。当地村民将墓地所在的马桑树梁子称为"女儿山"，得名于原地原有一块俗称为"女儿碑"的石碑（该碑碑文由安丙长子安癸仲所撰，即附录四之《安女宝孙圹铭碑》[①]）。又将墓地所在的山腰以下部分称为"九层坎"，以此

[①]　《中国地方志集成·四川府县志辑》之《宣统广安州新志》，巴蜀书社，1992 年。

地原有九层护坡坎而得名。20世纪50年代以后，当地在修建茶厂时，不仅拆毁了5号墓的上部石质构件，而且将"九层坎"所在之坡地垦为层层梯田以种植茶树，护坡条石亦大部被毁。残存部分亦基本上被土掩埋，从地边偶然露头的条石仍可看出6层护坎。

3．神道遗址　九层坎遗址所在之西侧坡脚一块平地建有原茶厂的砖房一间，此地村民俗称为"石马坪"，以修建砖房时曾在此发现过石马、翁仲而得名。据参与当年修建茶厂的村民回忆，神道条石从坡脚一直铺至山腰的墓地西北侧，修建时已大部拆毁。在今"华蓥山公墓"的水泥路北侧坡上仍有部分倒塌的石人翁仲，应是原神道两侧所遗留。

4．九龙桥遗址　位于神道西侧坡底，今"华蓥山公墓"牌坊东南侧，以桥栏上原有九条石雕龙而得名。1993年修建"华蓥山公墓"牌坊时，发现在距地表2米余深的地下有淤泥堆积，与村民所传是处原有九龙池和九龙桥的说法相符合。

5．昭勋寺遗址　昭勋寺始建于南宋理宗时，原名"昭勋儒荣禅寺"，据《宣统广安州新志·金石志》之《昭勋寺敕赐寺额碑》："尚书省牒：牒奉敕'昭勋儒荣禅寺'为额，牒至，准敕故牒。宝庆元年九月日牒。"此碑残件2004年12月重见于遗址南约百米一户村民猪圈里，上存"尚书省牒"行书一行。又《昭勋儒荣禅寺碑》亦云："碑久封藓苔，仅存额篆大书'宋敕赐昭勋儒荣禅寺碑'十字。"又《宣统广安州新志·寺观志》："昭勋寺，南四十里，界接邻水，宋理宗敕建，以昭安忠定之勋，额题'昭勋禅林'。安公墓在寺右。"清代以后昭勋寺已为佛教寺院，清乾隆三十三年（1768年）重建时，寺僧刻有《昭勋寺重建复古永记碑》①为记。1949年后，昭勋寺改为学校，"文化大革命"时殿宇皆毁，今仅存台基。

昭勋寺遗址位于陵园内西南部，九龙桥遗址南侧约50米。昭勋寺坐东面西，石质台基面宽原有约80米左右，现残存64米，台基高4.4米。中部有宽4.2米踏步24级。据当地村民介绍，寺前约20米处原有石牌坊1座，今已毁，仅存抱鼓1只。

地层堆积　安丙家族墓地所在地为宽缓的山脊，地表呈斜坡状。地层堆积共分二层（图四）：

第一层：黄色沙黏土，厚0～0.25米，为地表植被附着土。较松软，中含碎石、草根、瓦片等杂质。被1993年修建的"华蓥山公墓"的水泥路打破。

此层下压近现代墓葬及M1、M2、M3、M4、M5墓顶封土及部分地面建筑遗迹。

第二层：黄色黏土。厚0.43～1.55米。结合较紧，中含石块、碎石屑、树根等杂物。

---

① 《中国地方志集成·四川府县志辑》之《宣统广安州新志》，巴蜀书社，1992年。

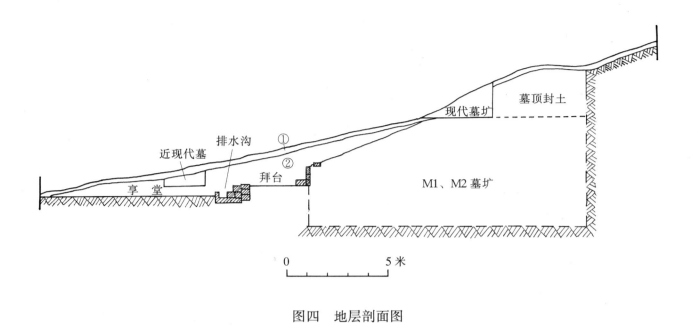

图四 地层剖面图

　　此层下压 M1、M2、M3、M4、M5 墓道及享堂、水沟、拜台、石砌护坎等大面积的地面建筑遗迹。此层下部与地面建筑遗迹的结合部出有较多灰陶板瓦、筒瓦、瓷器、玉童子、三彩陶俑残片等遗物。5 座墓葬均直接打破风化基岩。

第二章　一号墓、二号墓

M1、M2 为同一个大墓圹内同时分别营建的两个墓葬。由于墓葬所处地貌为山脊缓坡，因此墓圹坑口呈斜坡状，东高西低。墓圹平面呈圆角长方形，南北长 15.8 米、东西可见宽约 13.5 米（西侧以 M1 墓道前端条石东侧为界）。墓圹边与墓葬间填土为含少量碎岩石的黄黏土，夯打结实。

M1、M2 墓上封土亦同为一个，其南、北、东三面出露墓圹，表明墓圹以上封土俱已被破坏。现存封土最厚约有 2.4 米，南北长与墓圹同，为 15.8 米，东西宽（从东侧出露的墓圹口至墓门门梁）8.5 米。封土为含少量破碎岩石块的黄黏土，结合紧密。

M1、M2 的墓道前端用条石砌成石墙封堵，为同时筑成，呈南北走向。其上层面与M1、M2 墓道左右侧壁前端顶部基本平齐。以此为界，将 M1、M2 墓道与墓前的地面建筑隔开。

第一节　墓前建筑

M1、M2 墓前的建筑遗迹由享堂与拜台两部分组成。享堂位于拜台西侧，二者以享堂后部的排水沟为界。拜台紧邻 M1、M2 墓道前端条石，从布局看，M1、M2 墓前的享堂与拜台遗迹是按享堂台基上柱础遗迹的中轴线统一布置，并且是专为祭拜安丙夫妇而修建的（图版二）。

一、发掘经过

1996 年 4 月 9 日下午，开始清理 M1、M2 墓葬前因搬迁现代墓葬形成的堆积，期望找到墓圹西侧边缘。4 月 11 日上午，首先发现 M1 墓葬正前方两个俯卧的无头石翁仲及位于翁仲北侧和西侧的条石；接着，又发现 M2 墓葬前的一个站立的仅存下半身的石翁仲。

从发现露头的遗迹现象来看，可能为墓葬前的地面建筑遗迹，于是决定大面积发掘。经过 4 月 12 日至 5 月 11 日的继续发掘，陆续将享堂及拜台遗迹完全清理出来。

二、享堂遗迹

由台基与排水沟组成。

享堂台基 享堂台基原应为长方形，其前（西）部边界未找到。坐东朝西。南、北两侧及东部用一至二层条石砌成（其中南侧条石已遭破坏），地面平铺石板。现存台基南北长 11.22 米，东西残宽 4.6 米。台基上现存有 8 个对称分布的方形柱础，为三开间、一进深布置。当心间宽 5.4 米，次间宽 1.6 米，面阔总宽 8.6 米，进深 1.65 米。当心间前部两个柱础较其他六个为大，边长为 0.66 米，其余的边长为 0.5 米。柱础中央均有方形卯眼，除当心间右后部的柱础外，其他柱础中部均上凸呈圆形（古镜）。在当心间中央前部发现有一个不规则形坑，坑内有较多条石无序堆砌。坑东西长 3.25、南北宽 1.9 米（图版三，1~3）。

排水沟 享堂台基的南、北、东三面均发现有排水沟。排水沟两侧壁用条石砌成，底部铺石板。其中南侧排水沟的条石与石板均已被取走，仅留有遗痕，其深度与宽度同北侧排水沟。排水沟南北长 12.77、东西残长 5.6 米。东部排水沟宽 0.95 米，北部排水沟宽 0.77 米，内侧壁较低，深 0.3 米；外侧壁较高，以三层条石叠砌而成，高 0.95 米。

沿中轴线往后的东部排水沟内设有两级素面踏道。踏道南北长 1.82、通高 0.6 米。下层踏道宽 0.28、高 0.32 米；上层踏道宽 0.35、高 0.28 米。

东部排水沟后坎向北延伸 2.5 米，然后折而向西延伸 6.6 米。在享堂北部形成一个南北宽 1.65 米且平面呈长方形的结构。

在享堂遗迹范围内共发现有 4 个石人翁仲，分别编号为 W1、W2、W3、W4。

W1：位于踏道北侧 3.1 米，仅存下半身，向正东方向仰卧，足踏石基座。石基座底位于享堂台基右后角柱础东，腿部伸进排水沟呈悬空状。人像残高 0.9 米，基座宽 0.52、高 0.185 米（图版四，1）。

W2：位于踏道南侧 0.74 米，身体仰卧，朝向东南方，上半身在排水沟内，基座位于明间之后的排水沟内沿上。头部残，双手捧长方形匣。人像残高 1.51 米，基座宽 0.49、高 0.16 米（图版四，2）。

W3：位于排水沟东南角，仅存下半身，向东南方向俯卧。人像残高 0.91 米，基座高 0.11 米（图版四，3）。

W4：位于北部排水沟的延长线内，东距排水沟西北角东壁1.04米。身体仰卧，朝向西南方，头部已残，颈部断裂处有卯眼。左手屈于胸前，腰以下残。残高0.65米（图版四，4）。

在W2与踏道间的排水沟底部有一个顺沟倒卧的断为上下两段的石方壶。壶口向北，紧邻踏道。口部边长0.37米，壶身雕铺首衔环图案，方形石座的四面有壶门状图案。边长0.4、通高0.99米（图版四，5）。

三、拜台遗迹

拜台地面平整，南北长19.7米，东西宽3.24米。东侧以M1、M2墓道前端封堵石墙为界；西至享堂后部的排水沟后壁；北到M1墓道右壁前营建的条石；南与M4墓道前的拜台相隔。拜台上的遗迹按其所处位置又可分为前、后两部分：其后部遗迹紧贴M1、M2墓道前端石墙的外侧营建，其西侧则为前部遗迹（图版五，1）。

后部遗迹　东端为M1、M2墓道前端营建的南北走向的封堵石墙，残长14.4、残高0.95米。墙基为平铺的条石，向西出露0.2米，其上叠砌至少四层（现存三层）条石。每块条石上侧面的西边均凿有"L"形浅槽，向西出露0.1米。在现存墙体的上层与中层，还镶砌有纵向放置的条石（俗称"丁字石"）。石墙向南延伸至M2南侧后拐向东南方向，并与M3、M4墓道前的地面遗迹相连（参见图二）。

在享堂遗迹的中轴线延长线上置一个口大底小的长方斗形石槽。其口部与拜台地面平，长0.656、宽0.385、深0.184米；底长0.472、宽0.215米。地表可见石槽壁厚0.055米。斗壁上部外斜，下部直（图版六，1）。

在斗形石槽的南、北两侧各有由三块条石并置而成的一组长方形条石，条石上平面开有一个长方形浅槽，为放置上层条石的槽口：

北侧条石的中央轴线向东正对M1、M2墓道间的中分线。条石长2.55、宽0.45、高0.3米。浅槽长2.1、宽0.24、深0.02米。紧贴条石前西侧中部有一个由三块小方石砌成的方形槽，槽内东西长0.35、南北宽0.26、深0.27米，从其结构及位置来看，这个方形槽应该是碑座[①]。

南侧条石位于M2的正前方。长2.54、宽0.44、高0.335米，浅槽长2.27、宽0.29、深0.01米；其上放置两块长方形条石，现仅存南侧一块，长1.15、宽0.26、高0.31米。

---

① 《宣统广安州新志·金石志》有《安癸仲卜葬先茔记碑》，推测该碑当立于此处。

其上侧面有长方形卯眼两个，其中北侧卯眼长 0.34、宽 0.07、深 0.03 米；南侧卯眼长 0.23、宽 0.07、深 0.03 米。

前部遗迹　在 M2 墓道正前方的南侧条石西侧中部地面平铺两块石板，其中南侧石板东西长 0.32、南北宽 0.3、厚 0.21 米；北侧石板南北长 0.4、东西宽 0.26、厚 0.2 米。其西侧有两列四块南北对立的条石，间距 1 米。每列两块条石按东西方向前后并立。北侧前部条石大部分已毁，仅存下部，其余三块保存较好。后部两块条石无雕刻，前部两块条石的正面为深浮雕"S"形图案，图案下端蜷曲。前部两块条石间保存有一块南北向横置截面呈"T"形的条石，其上部已残，南北长 0.985、残高 0.45 米。其正面中下部为向前伸出的长方形窄平台，南北长 0.705、东西宽 0.088、厚 0.09 米。其下用一块截面为长方形的小石块支垫，平台上雕刻一对石象，近圆雕。北侧石象蹲伏，头朝南，长鼻斜向头前下垂，鼻端内卷，背部雕有坐垫，象尾贴臀向右弯曲，四肢肘部以下平伏于地，保存较为完整；南侧石象面北而立，头部已残，背部雕有坐垫，四足站立（图版五，2）。

拜台北部有三列平行构筑的东西向条石：

拜台最北端的第一列条石仅存底部中间一块，其北侧面平，东侧面中部厚、两端窄。上侧面有用于砌置上层条石的"L"形槽口，北侧外露部分宽 0.09 米。条石东西长 1.1、南北宽 0.38、高 0.3 米。从其东西两端均凿有嵌合槽口来看，其西侧已被取走的条石当与享堂东侧排水沟后壁向北延伸的条石相接，其间距仅 0.9 米；而其东侧已被取走的条石则当与 M1 墓道前端石墙相接，其间距为 1.1 米。

其南侧 1.55 米的第二列条石与排水沟后部向北延伸的条石及 M1 墓道前端石墙相接。从现存条石的砌置情况看，此列条石至少由上下三层砌成。其中，下层条石由两块砌成，分别长 1.39、宽 0.25、高 0.31 米。其南侧面加工平整，北侧面则凹凸不平。两块条石相接处有曲尺状嵌合口；上侧面有用于砌置上层条石的"L"形槽口，其南侧外露部分宽 0.095 米。东部条石的外露部分还有三个长 0.13、深 0.02 米的长方形浅槽。中层条石仅存半块，紧贴墓道前端石墙而砌，其南侧面加工平整，北侧面凹凸不平，上侧面亦有用于砌置上层条石的"L"形槽口。其南侧外露部分宽 0.095 米。条石残长 0.55、宽 0.3、高 0.31 米。上层条石已无存。此列条石基部平铺一层石板，长 2.7、宽 0.22 米。

第三列条石仅存底部一层，位于第二列条石的下层条石南侧 0.5 米处，由两块条石砌成。南侧面加工平整，北侧面凹凸不平。其中东侧条石长 1.07、宽 0.27、高 0.3 米。其上侧面中部有一个略呈长方形的不规则浅槽，北侧边缘有三个长 0.12、深 0.03 米的长方形浅槽，与其北侧并立的第二列下层条石上侧面南部边缘的三个浅槽相对，应为上层砌置石构件的嵌合槽口。西侧条石长 0.27、上侧面宽 0.15、下部最厚处宽 0.23、高 0.37 米。其上侧面有一个深 0.04 米的"L"形嵌合槽口，与其东侧条石西端的槽口相组合。这一列条石上侧面均有斜向凿痕。

　　紧贴第三列条石西端置一块长 0.8、宽 0.3、高 0.31 米的南北向条石。其南、西及上侧面均有斜向凿痕，东侧面加工平整。这块条石与第二、三列条石下层及 M1 墓道前端封堵石墙间构成了一个长 1.42、宽 0.5、深 0.31 米的长方形石构空间，其东西向的中轴线与 M1 墓道的中轴线大致吻合（图版六，2）。

　　拜台遗迹范围内分布有 4 个石人翁仲。

　　M1 墓道正前方略偏南 1.1 米处有两个顺南北方向并列俯卧的石人翁仲，间距为 0.5 米。其编号分别为 W5、W6：

　　W5 位于东侧，头部向南，头已残。身着圆领衣，双手持一个雕刻有花卉图案的圆形物于右胸前，身体残高 1.41、底座高 0.17、宽 0.49 米（图版六，3）。

　　W6 位于西侧，头部向南，头已残。身着圆领衣，双手持一圆形物于左肩前，身体残高 1.4、底座高 0.26、宽 0.53 米（图版六，3）。

　　W7 位于 M2 墓道前端封堵石墙前 0.95 米处，面向西北方向站立。仅存下半身，双足分立于石座上，靴尖外露。残高 0.7 米，基座高 0.15、宽 0.7 米（图版六，4）。

　　W8 位于 W7 南 0.08 米处，仅存基座之半，椭圆形，长径 0.55、残宽 0.31 米。

四、遗　物

　　在拜台上发现的遗物主要有灰陶筒瓦、板瓦以及少量瓷器、陶俑残片。在享堂台基上及排水沟内出土了大量的建筑附件，有灰陶筒瓦、板瓦、瓦当、滴水、鸱吻、神兽等。遗物可分为两类：一类以三彩陶俑残片为主，推测系盗墓者遗失的随葬品；另一类主要为陶质残片，均为木构建筑屋顶附件，有瓦当、滴水、板瓦、筒瓦、神兽等种类，另有铜镜、铜饰件等遗物。

　　1. 陶器

　　瓦当：有兽头与花果两种图案，连接瓦当的筒瓦背部有方形或圆形孔。标本 XT1：3，完整。圆形瓦当上饰兽头图案，筒瓦背部正中有一方形卯孔。瓦当直径 13.4 米，筒瓦长 30.8、宽 13.6、厚 1.7 厘米（图五，1；图版七，1）。标本 XT1：5，仅存圆形瓦当部分，饰花果纹。瓦当直径 13.1 厘米（图五，2；图版七，2）。

　　滴水：标本 XT1：4，饰荷花图案。其后连接的板瓦已残。板瓦宽 22.8，滴水高 7.5

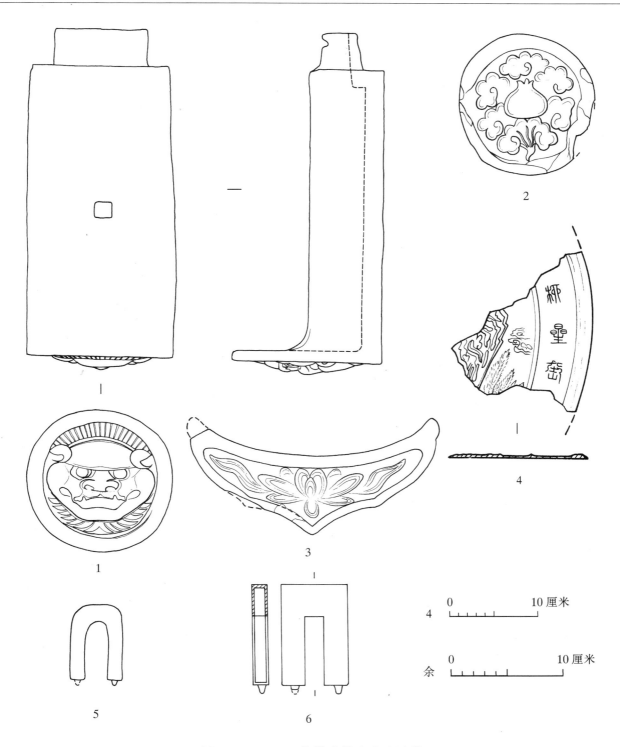

图五 M1、M2 墓前建筑上出土遗物

1.兽头瓦当 XT1:3 2.花果纹瓦当 XT1:5 3.荷花图案滴水 XT1:4 4.铜镜 XT1:6 5.铜饰件 XT1:1 6.铜饰件 XT1:2

厘米（图五，3；图版七，3）。

2．铜器：3件。

铜镜：1件，残。标本 XT1:6，圆形，钮残。中部饰山、树、云图案，其周有一道圆形弦纹带，其外为铭文，仅存"……柳星张……"3 个篆字①。直径 62 厘米（图五，4；图版七，4）。

铜饰件：2件。均应为某种器物附件。

标本 XT1:1，U 字形，两个端头上各有一个小榫头，宽 4.8、高 7.5 厘米（图五，5）。标本 XT1:2，造型为一端开口的矩形，两个端头上各有一个小榫头，宽 6、厚 1.4、高 10.3 厘米（图五，6）。

第二节　一号墓

位于墓地北侧，南邻 M2，西为 M1、M2 墓前的地面建筑遗迹，北侧为缓坡。

一、发掘经过

发现　1996 年 1 月 24 日，当地人因埋坟挖掘墓坑时，发现了 M1 的墓顶石及墓门左上方的盗洞。当时即有人从盗洞进入墓室，因围观者众，未破坏随葬品埋藏状况。昭勋村的文物义务保护员立即向华蓥市文物管理所汇报了有关情况。市文化局主管局长、市文物管理所文物干部等立即赶到现场，勒令停止在此继续挖墓坑。在现场，他们发现盗洞位于墓门左上方，直径约 0.60 米。从盗洞处向墓室内观察，可见墓室下部的棺台后部堆积了一层淤泥，墓室内前部堆积为从盗洞中陷落进入墓室内的泥土。在墓室内有大量的雕刻、壁画等内容，其规模、形制为过去所罕见。在向市政府分管领导汇报了有关情况后，决定留专人守护，等待发掘。

发掘队成立　2 月 4 日，广安市文化体育局派出专职文物干部来到华蓥市后，于 2 月 5 日与华蓥市文化局、华蓥市文物管理所文物干部一同拟订了发掘方案。2 月 6 日上午，市政府分管领导主持会议，通过了发掘方案，成立了以分管副市长为首的发掘领导协调班子。

---

① "柳星张"为二十八宿之南方朱雀七宿"井、鬼、柳、星、张、翼、轸"中顺序相连的第三、四、五宿。因此，该铜镜周边文字应为二十八宿。

墓道清理　2月6日上午10:30，开始清理墓道内填土，填土为含大量碎石块的黄色黏土与风化砾岩混杂的堆积，结合较为紧密。2月7日，发现墓门处外层封门石为四块竖立的巨石，其中南侧两块封门石顶部已为盗墓者破坏，从盗洞处向内可见尚有内层封门石，其上部亦为盗墓者破坏。2月8日，因墓道内填土堆积甚深，为方便出土，采取留出阶梯渐次发掘至外层封门石底部的方法进行清理。是日，在填土中出土青铜壶形器、铁斧各1件。2月9日，为安全起见，令民工将被盗墓者破坏遗留的封门断石先行搬走再行向下清理。至下午收工时，墓道内填土已大部被取走，墓道两侧壁上部已基本出露。是日下午，出土一件已残断为两爿的薄圆饼形铜器以及瓷器残片、三彩陶俑残片等遗物。2月10日上午，墓门完全暴露，两侧壁后部亦已出露，遂停止取土。令石匠将外、内两层封门石南侧的封门石打断并取走后结束墓道清理。4月10日，四川省文物考古研究所继续进行发掘工作，由于墓道前端情况未明，遂令民工揭取覆盖其上的填土，是日下午，发现有南北向条石露头。4月11日，墓道前端条石全部出露。为保护墓道两侧壁安全，未将墓道清理至底。至此，墓道清理结束。

墓室清理　2月10日下午开始清理墓室填土。首先清理从盗洞中陷落进入墓室内的泥土，该堆积呈斜坡状。清理中出土有部分三彩陶俑残片，其中有陶俑头、白虎俑身残片等。2月12日，清理中发现黄色淤泥仅堆积于墓室内棺台后部，在棺台上厚约0.2米，排水沟内厚约0.5米。陶俑均出于棺台上和排水沟中，分布凌乱，基本上都为残损的碎片。从墓室内黄色淤泥及淤泥下随葬品分布的堆积情况推测，该墓被盗时间应当非常早。在排水沟内的西北部出土一件基本完整的文吏俑，在其西侧还发现有较完好的朱雀俑及白虎俑残片。棺台上未见任何棺木及尸骨痕迹。下午结束墓室清理。

先期进行的清理工作仅将墓道后部近墓门处的填土发掘至墓门底部，然后令石匠打碎南侧两块纵向封堵的外层封门石及内层封门石。而墓室内的清理工作亦仅将随葬品起取，只有个别随葬品有出土照片，但未留下任何绘图资料，故而随葬品分布图告缺。在4月以后省考古所主持进行的随后的清理中，因为考虑到构筑棺台的条石太过巨大而无法操作，故未对腰坑进行清理。

封土清理　20世纪60年代，当地修建茶厂时，将安丙家族墓地墓葬及地面建筑遗迹所在的缓坡地垦为层层梯田以种植茶树，5座墓葬的封土均遭破坏，因此，5座墓葬封土的原有高度已不可知。M1、M2现存封土高0.5米～2.4米，从M1、M2墓顶因埋坟挖掘墓坑所形成的断面观察，两个墓葬的封土可能同为一个。封土堆积为含大量风化砾岩碎块的黄色砂黏土。为弄清其现有的分布范围，于6月27日将两座墓顶上封土的表层堆积平均揭取约 0.05 米后，刮净地面，发现 M1、M2 墓顶封土同为一个，封土外为风化砾岩。

二、墓葬形制

M1 坐东向西，墓向北偏西 80°。由墓道、墓门、墓室等三部分组成（图六）。

（一）墓道　由前端封堵后墙、左右侧壁、后端封堵墓门的外层封门石及其基石构成（图版八，1、2）。

左右侧壁略呈外八字形，长 5.45、前宽 3.75、后宽 3.51 米。墓道为直井式。经过钻探知道，墓道底部先平铺有青条石或砂岩石，然后用条石分两层砌建左右侧壁：下层高 1.5 米；上层左右侧壁各向外退出 0.2 米，向上用条石砌成顶部前低后高向前倾斜的墓道侧壁，其中左侧壁现存 6 层，右侧壁现存 5 层（其上覆压的条石已被破坏，从现存的最上部条石面上的槽口来看，其上至少还应该有一层条石）。在左右侧壁前部内侧各斜向砌置一块底部向内倾斜的条石封堵墓道侧壁前端，其中左侧壁条石长 1.6、宽 0.3 米，其顶部距墓道前端封堵石墙 1.7 米，底部距墓道后壁 2.8 米；右侧壁条石长 2.02、宽 0.88、厚 0.54 米，底部距墓道后壁 2.93 米，覆压其顶部的条石已缺失，其西部以一块巨石封堵。

墓道后部下层叠砌条石封堵，长 3、宽 0.55、通高 1.5 米。从其出露于地表的上侧面观察，东侧面（向墓室一侧）平整，而向墓道一侧的西侧面加工粗糙，仅大致凿齐而已，留有的凿痕明显。上侧面留有一个 "⌐" 形嵌合槽口，东侧高出部分宽 0.14、高 0.03 米。其上竖向并置四块巨石，将墓门封堵，是为外层封门石。其上端紧贴门梁外侧面，高出门梁底 0.18~0.3 米；其左、右两边距墓道侧壁分别留有 0.3、0.28 米的缝隙，其间填土。外层封门石内侧平，外侧留有凿痕，厚 0.28~0.32、宽 0.65~0.9、高 3.02~3.17 米。

（二）墓门　由门基、门柱及门梁组成。面宽 2.83、进深 0.58、高 2.72 米。

门基　在墓道后部下层封堵石墙东侧叠砌宽 0.25 米石墙一道，其顶部较前者低 0.04 米。紧邻其东侧又叠砌三层巨石，与之共同构成墓门门基。其中下层巨石宽 0.46、高 0.7 米，中层巨石宽 0.4、高 0.34 米，上层巨石长 2.48、宽 0.41、高 0.28 米。上层巨石上侧面有 "⌐" 形槽口，东侧高出部分宽 0.25、高 0.02 米。墓门门基东侧平整，亦为墓室前壁，其下层巨石向墓室内凸出 0.05 米。紧贴门基南北两端砌置东西向的墓室左右侧壁台基，其西端紧抵墓道后部下层封堵石墙东侧。由上下两层叠砌而成，下层高 0.7 米，向墓室内凸出 0.04 米。上层南北宽 0.42、高 0.61 米。其近西端内侧有 "凹" 形槽口，东西长 0.59、南北宽 0.04 米。墓门门柱即置其上。

门柱　截面为长方形，东西长 0.6、南北可见宽 0.34、高 2.72 米。其底部内侧压在

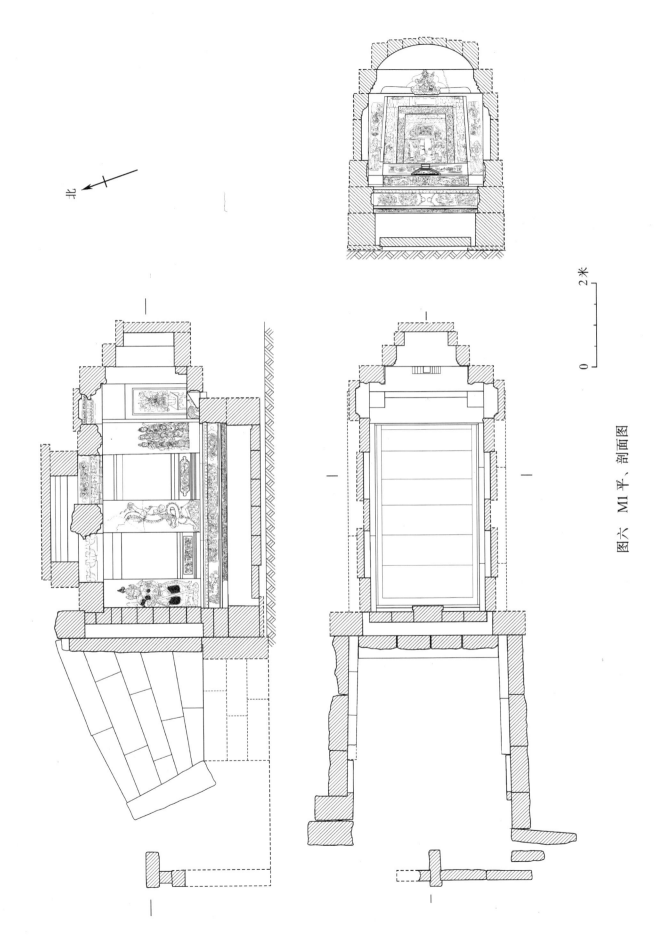

北

2米

0

图六 M1 平、剖面图

墓室左右侧壁台基前伸的端头上，叠压部分南北宽 0.15 米。门柱外侧面紧贴墓道左右侧壁后端，其中南侧门柱可见宽 0.34 米。门柱间间距为 2.83 米。

门梁 横压在门柱上，平底弧顶，长 3.87、宽 0.6、高 0.45 米。

墓门处以内层封门石封堵。

内层封门石 位于外层封门石东侧的墓门处，两层封门石间相距 0.28 米，其间填充含少量碎石的黄黏土。内层封门石由 5 组巨石组成，上撑门梁。中部由 8 块条石叠置而成，其中下部 6 块截面呈凸字形，外窄内宽。外宽 0.67、厚 0.3 米；内宽 0.73、厚 0.15 米，并伸进墓室 0.05 米。每块条石厚 0.24～0.44 米不等，通高 2.72 米。两侧各竖置两块石板封堵，石板宽 0.5、高 2.72、厚 0.24 米。

（三）墓室 长 6.63、宽 2.62、高（从墓顶券拱下至棺台上）4.6 米。由台基、甬道、前室、过道、中室、过道、后室及棺台、腰坑等部分组成，腰坑未清理。墓室内雕刻大量人物、动物、花卉及仿木结构建筑图案，均施彩绘（图七～九）。

台基 墓室台基为前、中、后室及甬道、过道的基础，分南、北、东三面构筑。每一面台基均由上下两层叠砌而成：下层台基下压墓底中央棺台周边铺设排水道底部的条石，高 0.7 米，内侧面素平，向墓室内凸出 0.04 米。上层台基左右两侧宽 0.42、后部台基宽 0.6 米。台基间构成一个长 4.37、宽 2.4、深 1.31 米的长方形空间，其底部中央构筑棺台，四周铺设排水沟。

上层台基均为须弥座式，其中左壁通高 0.618：上枋高 0.067、上枭高 0.095 米；束腰高 0.256、下枋高 0.125 米。右壁通高 0.615：上枋高 0.065、上枭高 0.1 米；束腰高 0.25、下枋高 0.13 米。后壁通高 0.624 米：上枋高 0.046、上枭高 0.095 米；束腰高 0.3、下枋高 0.01 米。

须弥座上枭均为仰莲瓣图案；束腰左、右壁图案的主题均为化生童子图，后壁为四株花卉图案；须弥座下枭高 0.074 米，图案均为连弧状卷草纹。台基上构筑仿木结构建筑的甬道、前室、过道、中室、过道、后室等。

甬道 西靠墓门，宽 2.64、高 2.27、进深 0.8 米。顶部置横梁一道，被门梁后部所压，长 3.5、宽 0.72、厚 0.43 米。梁底平，内侧面中央雕刻朱雀图案。梁下左右两侧壁各雕刻全身着盔甲武士一个。

前室 位于甬道后，宽 2.62、进深 1.16、高（从墓顶券拱下至墓室台基上）3.02 米。左右壁结构对称。

下部为须弥座式结构，通高 0.52 米。其中上枋高 0.072、上枭高 0.06、下枋高

100 厘米

图八　M1 右壁雕刻

图七　M1 左壁雕刻

0

100 厘米

0

0　　　　　　　　　　　　100 厘米

图九　M1 后龛雕刻

0.065、下枭高 0.086 米。均素平。中部束腰内各有一长方形壸门，长 0.92、宽 0.198、高 0.24 米（图一〇、一一；图版九，1、2）。

上部雕刻仿木结构斗拱，通高 0.505 米：下为一道素枋，高 0.093 米。素枋上前后各

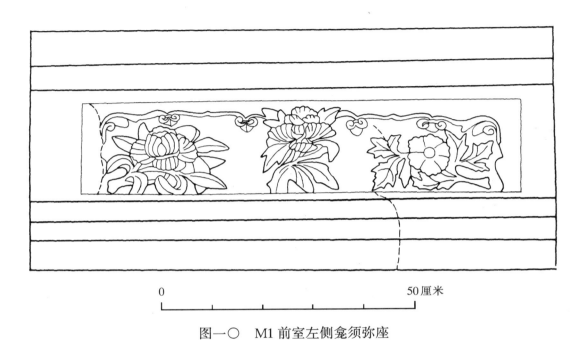

0　　　　　　　　　　　　　　　50厘米

图一〇　M1 前室左侧龛须弥座

0　　　　　　　　　　　　　　　50厘米

图一一　M1 前室右侧龛须弥座

雕半朵斗拱,中间一朵，均为双抄五铺作并出 45°斜华拱。栌斗上宽 0.13、下宽 0.102、平
0.02、㪷 0.04 米。斗拱上托素枋，高 0.164 米。

素枋上承半圆形横梁。横梁前部叠压甬道顶部横梁，后部出露 0.48 米。梁顶承墓顶
券拱（图一二、一三；图版一〇，1、2）。

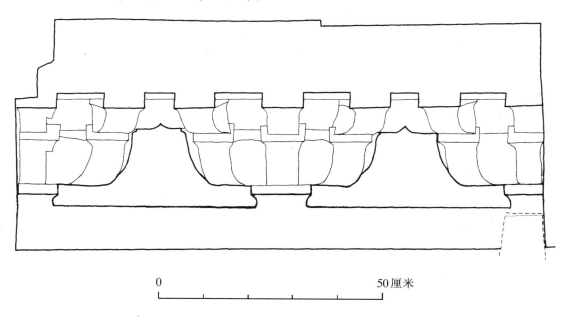

0 　　　　　　　　　　　　　　　　　50 厘米

图一二　M1 前室上部左壁斗拱

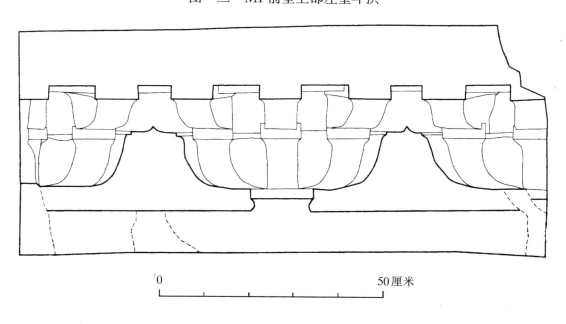

0 　　　　　　　　　　　　　　　　　50 厘米

图一三　M1 前室上部右壁斗拱

须弥座上有一侧龛，深 0.16、宽 1.16、高 1.51 米。龛内上部呈凹弧形，龛内壁面彩绘壁画，内容为人物图案。龛上为素枋一道，高 0.22 米。

前、中室间过道　宽 2.62、进深 0.74、高 2.26 米。由左右侧壁及顶部横梁构成。

左右侧壁均宽 0.74、高 2.26 米。左、右侧壁分别雕刻青龙、白虎。

顶部为仿木构月梁，下压前、中室过道的左右侧壁上端。可视长 2.59、宽 0.686 米。梁底左右两端分别为牡丹、菊花；中间共有七组图案：第一组位于正中，雕刻面平，饰繁密的卷草纹，其两侧各分别雕刻三组图案并基本对称；紧邻两侧为第二、三组，雕刻面向上弧凹，均饰连弧状忍冬花纹；再外侧为第四、五组，雕刻面弧凸，均饰花纹；最外侧为第六、七组，雕刻面内凸外凹，前部第六组饰环套状花实图案，后部第七组饰勾连状花草图案（图版一一，2）。横梁前侧面下部为一道素枋，高 0.09 米，枋上置四铺作斗拱五朵。在左右两端的素枋上下各雕有一层鸳鸯交手拱：下层鸳鸯交手拱的一头隐入前室侧壁上部的斗拱侧面并与其相交，另一头上托上层鸳鸯交手拱。上层鸳鸯交手拱上托檐口下两端的斗拱。枋上五朵斗拱的中间三朵均为单拱造，正中一朵还出有 45°斜华拱。坐斗上宽 0.1、下宽 0.09、平 0.014 米。斗拱上托檐枋（图版一一，1）。梁顶为仿木结构屋顶：屋面有 38 垄筒瓦，檐口有瓦当、滴水，左右檐角略上翘。屋脊上中央有圆雕人物像 2 个，均持物坐于云纹上，其中南侧一个在发掘时发现已塌落至棺台上。

中室　位于前、中室间过道后，宽 2.62、进深 1.16、高 3.02 米。左右壁结构对称。

下部为须弥座式结构，其中：左壁须弥座通高 0.63 米。其中上枋高 0.084、上枭高 0.066、下枋高 0.09、下枭高 0.103、束腰高 0.287 米。壶门内雕刻花果图案；右壁须弥座通高 0.629 米。其中上枋高 0.081、上枭高 0.063、下枋高 0.096、下枭高 0.101、束腰高 0.286 米。壶门内雕刻花果图案（图一四、一五；图版一二，1、2）。

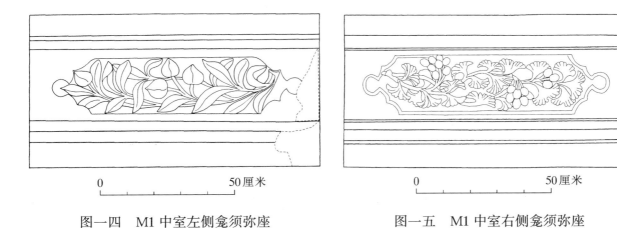

图一四　M1 中室左侧龛须弥座　　　　　　　图一五　M1 中室右侧龛须弥座

　　须弥座上为长方形侧龛，深 0.165、宽 1.16、高 1.31 米。龛内上部呈凹弧形；龛内壁面彩绘壁画，内容不详。龛上为素枋一道，高 0.26 米。

　　上部雕刻仿木结构斗拱，通高 0.505 米：下部为斗拱三朵，五铺作并出 45°斜昂偷心造，每跳均出琴面昂。坐斗上宽 0.176、下宽 0.108、平 0.1、欹 0.058 米。散斗平 0.03、欹 0.023 米。斗拱上托枋，枋侧面均雕刻压地隐起花卉图案，枋高 0.27 米；枋上承半圆形横梁。横梁后部叠压中、后室过道顶部横梁，前部出露 0.49 米。梁顶承栱（图版一三，1、2）。

　　中、后室间过道　宽 2.62、进深 0.8、高 2.62 米。由左右侧壁及顶部横梁构成。

　　左右侧壁宽 0.8、高 2.26 米。两侧壁上部均为云纹图案；下部壁面均为乐伎图案。

　　顶部为仿木构月梁，下压中、后室过道的左右侧壁上端，可视长 2.62、宽 0.735、厚 0.53 米。横梁外侧面为玄武大帝图案。梁底结构与前、中室间过道顶部横梁同（图一六；图版一四，1）。横梁内侧面素平。

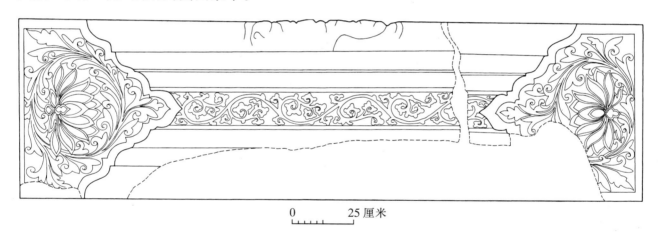

0　　25 厘米

图一六　M1 中、后室间过道顶部横梁梁底结构

　　后室　位于中、后室间过道后，进深 2.12 米（包括后龛进深）。左右侧壁中、下部各有一个侧龛，后壁中部为后龛。面宽 2.62、高（从顶部藻井至底部台基上）2.76 米。

　　底部台基后有一条排水沟，宽 0.14、深 0.18 米。左右两端后部各置一个截面呈直角三角形的踏步以通往后室后壁底部的仿木结构建筑台基，踏步斜面为长方形，长 0.44、宽 0.348、高 0.31 米。

　　左右侧壁底部均雕刻孔雀衔枝图案。

　　台基上两侧壁结构为仿木建筑一开间布置。前后两端置圆柱，其中前端圆柱置于斗形柱础上。圆柱间下部为一长方形两重深龛，其中外龛高 1.41、宽 0.65、深 0.345 米；内龛高 1.193、宽 0.58、深 0.243 米。龛内雕刻瓜棱花瓶图案，花瓶由兽足瓶座承托（图一七、一八；图版一五，1、2）。

0　　　　　50厘米

图一七　M1 后室左侧龛

0　　　　　50厘米

图一八　M1 后室右侧龛

圆柱上部横穿阑额，阑额下施角替。柱头及阑额上置斗拱：其中，前后的柱头铺作各只雕出半朵，中间有补间铺作一朵，均为四铺作并出 45°斜华拱。坐斗无耳，上宽 0.108、下宽 0.088、平 0.025、欹 0.027 米。上托平枋，高 0.046 米；枋上置三个单斗，上宽 0.081、下宽 0.065、平 0.026、欹 0.023 米，其上再托平枋，高 0.03 米；枋上置四个单斗，上托檐枋，檐枋高 0.03 米（图一九、二〇；图版一六，1、2）。

左右侧壁上部对称雕刻仿木结构图案：重檐式屋顶（屋顶后部有部分已塌落至后室平台上），屋面施筒瓦（其中下檐 13 垄，上檐 11 垄），檐口雕瓦当及滴水。屋顶上置一枋，高 0.17 米，枋侧面壶门内雕刻压地隐起"卍"字形复线图案。下檐口下的檐椽底面与第

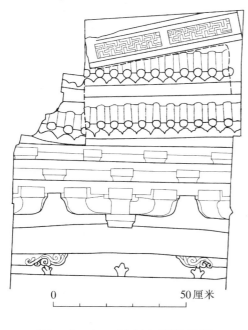

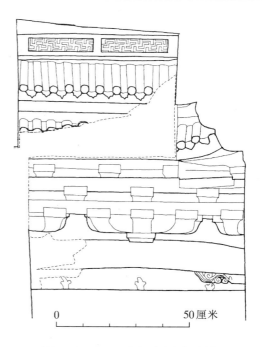

0　　　　　　　50厘米　　　　　　　　　　0　　　　　　　50厘米

图一九　M1后室左侧壁斗拱　　　　　　　图二○　M1后室右侧壁斗拱

0　　　　25厘米

图二一　M1后室顶部藻井

三道横梁底部平。通高0.48米，其中，上檐高0.275、下檐高0.205米。

后室顶部雕饰藻井图案（图二一、图版一四，2）。

后壁底部为仿木结构建筑的须弥座式台基，高出后室底部台基0.28米。台基宽2.615、进深0.613米。须弥座，通高0.36米。其中上枋高0.041、上枭高0.035、下枋高0.064、下枭高0.03、束腰高0.19米。束腰壶门内雕刻二龙戏珠图案（图二二、图版一七，1）。

0　　　　　　　　　　50厘米

图二二　M1后室后壁台基壶门内图案

台基上构筑三开间布置的仿木结构建筑（图二三；图版一七，2），其中当心间宽1.98、左次间宽0.39、右次间宽0.38米。柱脚置于边长为0.14米的方形柱础上，柱础高0.34米。柱脚前之廊宽0.2米。

檐额两端穿于当心间檐柱上段，檐额下施绰幕方。当心间柱头及檐额上施斗拱：其中柱头铺作两朵，补间铺作三朵，均为五铺作并出45°斜华拱，上托撩檐枋。坐斗上宽0.14、下宽0.112、平0.025、欹0.02米。

柱础上置檐柱。当心间左右檐柱分上下两段：上段较细，柱径0.11、高0.195米；下段较粗，柱径0.12、高1.365米。左右次间檐柱亦分上下两段：下段柱径0.12、高1.06米；上段柱径0.1、高0.19米。柱头承托左右侧壁后部斗拱之栌斗。

屋顶为单檐歇山式，屋面雕刻筒瓦28垄，檐口雕刻瓦当、勾滴。

后龛　当心间内为三重龛的后龛，进深1.24米。

外龛下宽1.852、上宽1.82、高1.788米，进深0.42米。后壁中央为中龛龛口；左、右两侧及上部为中龛外龛沿，宽0.318米。龛沿上雕刻蜂巢状六边形几何图案，上部中央有一个长方形额匾，匾内无雕刻。左右侧下部为手持腰鼓乐伎图案。后壁下部为须弥座式台基，中、后龛置于其上，高0.3、面宽1.87米。其中上枋高0.038、上枭高0.052、束腰高0.14、下枭高0.04、下枋高0.03米。壶门内雕刻有7组花卉图案。须弥座前部中央置一正视呈截角梯形的踏步，其下端两角在做阶梯时被截掉，踏步底宽0.608、上宽0.26、高0.202、厚0.185米。踏步左右两侧各有5级垂带踏道，拾级而上，通过置于踏步顶部中央的斗形踏步即通往中、后龛，斗形踏步长0.185、宽0.174、平高0.036、欹高0.039、底宽0.065米。

中龛下宽1.31、上宽1.266、高1.25、深0.49米。后壁中央为内龛。底部与内龛共用，略向前倾斜。左、右两侧及上部为内龛外龛沿，均雕刻连弧卷草纹。其中左沿宽

图二三 M1 后室后壁仿木结构建筑

0.182、右沿宽 0.179、上沿宽 0.205 米。

内龛下宽 1、上宽 0.92、高 1.04、进深 0.32 米。龛内满饰帷幔及侍女启门图。

棺室下部前、后、左、右四壁分别高 0.705、0.572、0.712、0.7 米。壁面素平。

棺台由六块巨石平铺而成，总长 4.07、宽 2.125、厚 0.22 米，左侧高出排水沟底部 0.175、前端高出 0.162、右侧高出 0.16 米。棺台四周为排水沟，左宽 0.12、右宽 0.13、前宽 0.168、后宽 0.103 米。

三、墓内装饰

墓内装饰有雕刻与壁画，雕刻上均遍施彩绘。残存彩绘颜色有红、黑二色，以红色为主。除前中室过道顶部横梁底、中后室过道横梁底及后室顶部藻井等处的色彩基本保存完好外，其他地方的均较差，尤以突出壁面的青龙、白虎、朱雀、玄武、乐伎及须弥座束腰内等雕刻上的色彩剥落较多。从色彩剥落处可见彩绘下施有一层白色地泥。

（一）雕刻

1. 甬道　左右侧壁各雕刻有全身着盔甲武士一个：

左侧壁武士高 1.75 米，上身略右侧，头略左偏。右手持剑，剑尖（已损）朝上，左手把住右腕。腰系飘带，飘带在两腰侧打结，飘带向上下左右上扬或下垂。双足并拢，足尖外撇呈八字形，足下踏云纹。双足高出平台 0.16 米（图二四；图版一八，1）。

右侧壁武士高 1.73 米，左手握拳上举，拇指上翘，右手持虎头钺头后部，钺柄下垂至左足下。腰系飘带，腰中央系一个虎头形腰饰，飘带向上下左右上扬或下垂。双足略分，足尖外撇呈八字形，足下踏云纹。双足高出平台 0.185 米（图二五；图版一八，2）。

2. 甬道顶部横梁内侧中央朱雀图案　朱雀头向左偏，冠分三支，双翅斜向上展，尾部箕张，尾端雕刻于第一道横梁上承之半圆形横梁底面。双爪各三趾。除头、尾、爪及双翅尾端外，其他部位均雕成鳞甲状（图二六；图版一九，1）。

3. 前室下部须弥座束腰壶门内雕刻　束腰中部各有一长方形壶门，壶门内各雕刻有三幅图案：左壁由前至后依次为菊花、牡丹、桃花等花卉图案（参见图一〇；图版九，1）；右壁由前至后依次为桃、枇杷、石榴等果实图案（参见图一一；图版九，2）。

4. 前、中室过道顶部横梁底部花草图案　左右两端分别为牡丹、菊花；中间共有七组图案：第一组位于正中，雕刻面平，饰繁密的卷草纹，其两侧各分别雕刻三组图案并基本对称；紧邻两侧为第二、三组，雕刻面向上弧凹，均饰连弧状忍冬花纹；再外侧为第四、五组，雕刻面弧凸，均饰花纹；最外侧为第六、七组，雕刻面内凸外凹，前部第六组饰环套状花实图案，后部第七组饰勾连状花草图案（图二七；参见图版一一，2）。

5. 前、中室过道两侧壁青龙、白虎图案　左侧壁壁面为青龙图案：龙头向上，右前爪上举，三趾。龙身前部蜷曲，后部向下弯曲，较为舒展，呈 S 形。右后足上举，四趾；左后足下伸，三趾。龙头左上方有火球一个，火焰向上。龙身高 1.93 米（图二八；图版二〇，1）。

右侧壁壁面为白虎图案：虎头在下，两前足分开踩于宝山之上，虎身前部屈甚，后部

图二四　M1甬道左侧壁武士

图二五　M1甬道右侧壁武士

0 　　　　　25厘米

图二六　M1朱雀

向上弯曲，较为舒展，呈S形，虎尾已残。两后足上下分开。虎身残高1.8米（图二九；图版二〇，2）。

6. 中室下部须弥座束腰壸门内图案　左壁饰桃子图案（参见图一四；图版一二，1）；右壁饰银杏图案（参见图一五；图版一二，2）。

7. 中、后室过道顶部横梁前侧面玄武大帝图案　玄武大帝头戴冠，褒衣博带。上身右屈，下身左屈。左手食指、中指并举向上，

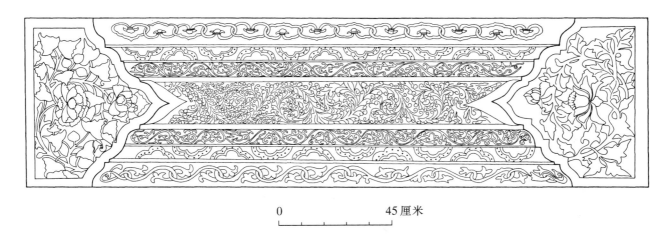

0　　　　　　　　　45厘米

图二七　M1 前、中室间过道顶部横梁底部花草图案

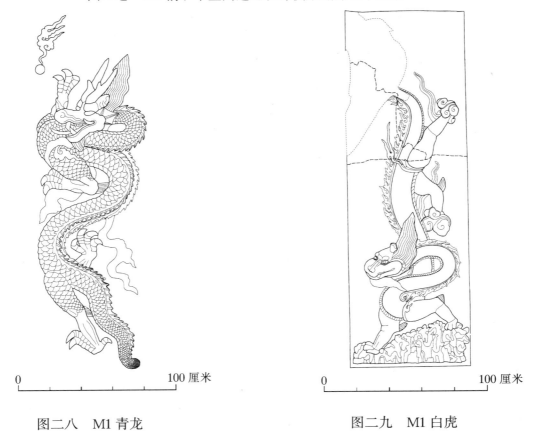

0　　　　　　　　100厘米　　　　　　　　　　　　0　　　　　　　　100厘米

图二八　M1 青龙　　　　　　　　　　　　图二九　M1 白虎

其他三指屈握，拇指压在无名指与小指上。右手持剑，剑尖向左，略上指。双足赤，踏祥
云。左足后雕龟、蛇各 1 个，龟头上举，蛇头吐信以向之（图三〇；图版一九，2）。

0 ———————— 50厘米

图三〇　M1 玄武

8. 中、后室过道顶部横梁底部图案　两端均雕刻莲花图案，中间的图案只有中央一组，为连弧状卷草纹（参见图一六、图版一四，1）。

9. 中、后室过道两侧壁图案　上部均为云纹图案；下部壁面均为乐伎图案一组，每组六人，分前后两排站立，每排三人：

左壁前排由外至内分别为吹横笛伎、拍板伎、舞伎，后排由外至内分别为腰鼓伎、吹觱篥伎、击鼓伎（图三一；图版二一）；

右壁前排由外至内分别为吹洞箫伎、弹阮伎、舞伎，后排由外至内分别为拍板伎、吹笙伎、渔鼓伎（图三二；图版二二）。

10. 后室

后室顶部藻井图案　图案分两层：地纹为近圆角方形之几何形纹组成的平行组合图案，每排 4 个一组，共有 16 组，中央被菱形藻井图案遮盖，两端各有 4 组图案较为完整。藻井中雕刻花卉图案（参见图二一；图版一四，2）。

后室侧龛花卉图案　龛内雕刻瓜棱花瓶图案，花瓶由兽足瓶座承托，花瓶中插菊花（参见图一七、一八；图版一五，1、2）。

后室侧龛下孔雀图案　图案分上下两层，地纹为花瓣组成的组合图案；上层图案为孔雀，头均向里，头上有冠。左侧孔雀开屏呈扇形（图三三）；右侧孔雀敛尾下垂，口衔花枝（图三四）。

后室底部两端踏步图案　前平台左右两端后部的踏步斜面上图案：四周为回形纹；中间为菱形，其间雕刻牡丹图案；四角各有一个三角形，其间为花卉图案（图三五、三六）。

0　　　　　　　　　50厘米

图三一　M1 中、后室间过道左壁乐伎

0　　　　　　　　　50厘米

图三二　M1 中、后室间过道右壁乐伎

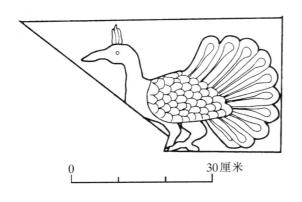

0　　　　　30厘米

图三三　M1 后室侧龛下左侧孔雀图案

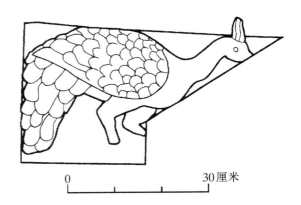

0　　　　　30厘米

图三四　M1 后室侧龛下右侧孔雀图案

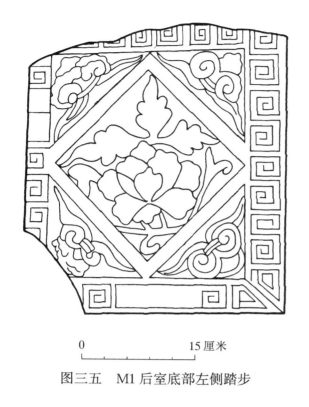

0　　　　　　　　15厘米　　　　　　　　　　0　　　　　　　　15厘米

图三五　M1后室底部左侧踏步　　　　　　图三六　M1后室底部右侧踏步

后室后壁仿木结构建筑须弥座式台基束腰内图案　图案有两层。左右地纹为复线网格纹，中央为菊花图案；上层图案主题为二龙戏珠：左侧龙头向左略弯垂，龙颈部屈甚，龙背略上弓，龙尾向后平伸，尾端上卷，右前肢前伸向上握珠，左前肢向后屈伸，肘以下前伸，右后肢前伸，左后肢后蹬；右侧龙头平抬，龙颈部屈甚，龙背略上弓，龙尾向后平伸，左前肢前伸向上握珠，右前肢后伸，左后肢前伸，右后肢后蹬（参见图二二；图版一七，1）。

后室后壁左右次间图案　各对称雕刻上下两组图案：上部为仙鹤衔攀枝童子飞升图，左侧仙鹤身体舒展，左翅上雕出火焰图案，左足抓枝，童子头部正视前方，双手左高右低抓于枝上，身上飘带两端一从后背左侧上扬，一从足底上扬，飘带上系一个绣球位于右足前；右侧仙鹤左翅上雕出祥云图案，童子头部右偏成90°，双手左高右低抓于枝上，身上飘带均从足后侧所系绣球后交叉上扬。下部为手持拍板乐伎图案（参见图二三；图版二三，1、2）。

后龛中龛龛沿图案　中龛外龛沿上有两层图案：地纹为蜂巢状六边形几何图案，上部中央有一个长方形额匾，匾内无雕刻。左右侧下部为手持腰鼓乐伎图案：左者右手置于鼓面。右者左手持腰鼓，右手小臂上扬（参见图二三；图版二四，1、2）。

中、后龛龛底须弥座式台基束腰内图案　龛底台基前梯形踏步正面为菊花图案，外饰两道复线梯形纹。台基须弥座束腰雕有六组对称矩形花卉图案：其中间一组为长方形，均雕刻菊花图案；另两组为正方形，雕刻花果图案（参见图二三；图版一七，1）。

内龛龛沿图案　均为连弧状卷草纹（参见图二三；图版一七，1）。

内龛龛内图案　上部为双层帷，左右为垂幔，垂幔中部有结系之。帷幔前为屏风，屏风上均为压地隐起图案，分左、中、右三部分：中部上方为长方形，内为草莓图案；左侧上部截去左上角，内为莲花图案；右侧上部截去右上角，内为牡丹图案。屏风中部下方为侍女启门图：双扇门，一侍女略启左扇门，左手扶右门边，侍女上身及左扇门上部被盗墓贼凿毁。门外左右两侧各有两位乐伎，门左侧为乐伎正在吹箫或演奏三弦，右侧为拍板乐伎和舞者（参见图二三；图版二五）。

墓室须弥座式台基上雕刻　上枭均雕刻仰莲瓣图案。

左右侧壁须弥座束腰内图案内容基本相同并且对称雕刻，图案主题均为化生童子图案：前端雕刻鹿回头衔草图，鹿身后为宝山；中部雕刻三个童子持连弧状菊花花枝图案；后端雕刻双凤相向旋转图。后室须弥座束腰壸门内雕刻四株花卉图案，左右各两株对称，左侧由外至内分别为菊花、莲花，右侧由外至内分别为桃花、牡丹。

须弥座下枭图案均为连弧卷草纹（参见图七、八、九；图版二六、二七）。

（二）壁画

壁画保存很差，大部已脱落。从保存情况观察，壁画是直接绘于石壁面的。壁画颜色有红、黑两种。

1．前室左侧龛壁画　壁画大部已脱落，中部似为一个着盛装的女性图像（图版二八，1）。

2．前室右侧龛壁画　壁画大部已脱落。龛内顶部绘有一条龙，龙身下有两个着胡服的人物像，两人似骑在动物（马或象）身上（图版二八，2）。

3．中室左侧龛壁画　壁画大部已脱落，中下部似绘有两个女乐伎像（图版二九，1）。

4．中室右侧龛壁画　壁画绝大部分已脱落，壁画内容不详（图版二九，2）。

四、随葬品

因该墓早年被盗，随葬品已被严重扰乱，陶、瓷器基本上都已破碎，散见于棺台、排水沟及从盗洞塌陷进入墓内的土中。残存的随葬品以三彩陶俑为主：有武士俑、文吏俑、侍女俑等人物俑及青龙、白虎、朱雀、玄武等四神俑；此外还有少量铜器。

　　（从 M1、M4 墓室内出土的随葬陶俑无论从种类、质地、釉色以及人物造型等各方面来比较，几乎完全相同，由此，可以断定这两个墓葬的随葬品是在同一时期、且在同一地点生产出来的。由于 M1 所残留陶俑中的某些标本较为破碎，因此在确定其类别时，以 M4 的完整或相对完整的同类标本的分类为其标准；同时，其形态描述亦以 M4 的同类标本为依据。敬请读者阅读本报告时前后参阅）

　　1. 陶俑：36 件。

　　所有陶俑均系泥胎模制。从残片观察，其模具分头、身两部分，且均系前后合范相扣而成。在制作坯胎时，先将头、身分别翻模，将双臂、双腿（分立者）与身子粘接好后，再将俑坯置于方形或长方形底板上，最后将头与身子粘接。在干坯后，再在坯上施一层白色地料，最后在陶俑表面施以绿、乳黄、褐三色釉。陶俑种类有文吏俑、武士俑、戏说俑、女侍俑、男侍俑、庖厨俑等人物俑以及青龙、白虎、朱雀、玄武等四神俑。

　　文吏俑：10 件，复原 4 件。以头顶帽饰的不同分为 A、B、C 三类。

　　A 类：8 件，造型基本相同，复原 3 件。标本 M1:3，基本完好，仅底板略有残损。通体施三色彩釉。头戴绿色进贤冠，冠两侧及额前施褐色釉。面部施乳黄釉，宽颊粗颈，大耳隆鼻，长目正视前方，嘴微张。身上外着绿色交领左衽宽袖长袍，内着乳黄色单衣，衣袖有内外两层。拱手持笏立于胸前，笏板缺佚。腰前垂一乳黄色大带，足蹬乳黄色圆头靴，站于底板上。通高 29.8 厘米（图三七，1；图版三〇，1）。标本 M:15，通高 29.8 厘米（图三七，2）。其他标本中有 1 件大致复原，4 件头部缺失，另有 1 件仅存左肩臂。

　　B 类：1 件，标本 M1:16，头上部残。头戴淄撮，面部施乳黄釉，宽颊粗颈，大耳隆鼻，长目正视前方，嘴微张。外着绿色交领左衽宽袖长袍，内着乳黄色单衣，衣袖有内外两层。拱手持笏立于胸前，笏板缺佚。腰前垂一乳黄色大带，足蹬乳黄色圆头靴，站于底板上。残高 28.3 厘米。

　　C 类：1 件，复原。标本 M1:11，通体施三彩釉。头戴黑色束发高冠，面略偏左，方脸，隆眉，双目圆而外凸，平视。嘴角抿起，露微笑状，神态逼真。身着绿色宽袖左衽交领短袍，袍下摆前后俱成三角形。双手圆握持笏（笏已佚）拱于胸前。腰系乳黄色长带，于腹前打结，带端下垂。下身着绿色裤，赤脚立于底板上。通高 31.8 厘米（图三七，3；图版三〇，2）。

　　武士俑：2 件。复原 1 件。标本 M1:4，基本完好。通体施三彩釉。站于底板上，身体前倾。头戴褐色盔帽，圆额方脸，挑眉竖目，高鼻抿嘴，表情严肃威武。肩披绿色披肩，于胸前打结。身着褐色宽袖长袍，袍下摆两侧开叉。长袖后拢，下端各绾一结。内着绿色窄袖单衣，双手圆握持兵器柄部（已缺佚），左上右下重叠置于胸前。腹裹腹围，围上束系扣革带一条。下身着乳黄色束腿圆筒裤。足蹬绿色圆头靴。通高 26.4 厘米（图版三一，1）。另一件标本 M1:26 仅存头部，造型与复原标本同。

戏说俑：3 件，复原 1 件，另 2 件残。

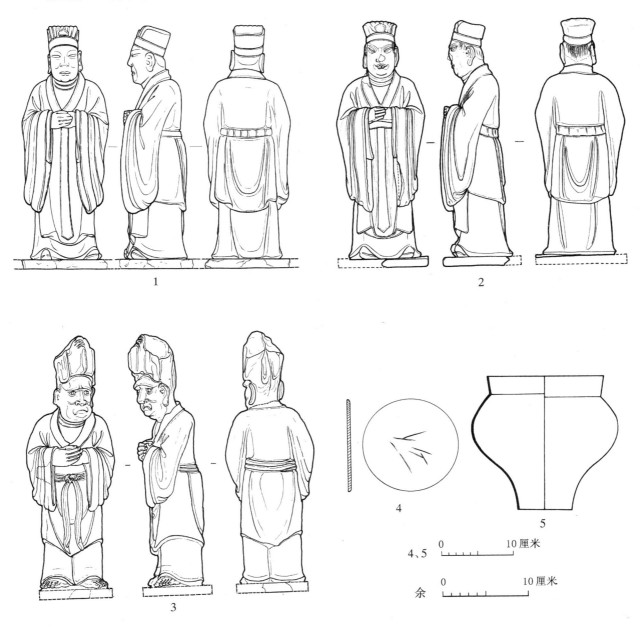

图三七　M1 出土随葬品

1.A 类文吏俑 M1:3　2.A 类文吏俑 M1:15　3.C 类文吏俑 M1:11　4.铜饼 M1:31　5.铜壶形器 M1:30

蹲坐女戏说俑：1件，残。标本 M1:29，上身、足、板残。与 M4:43 同。

歧发男戏俑：1件。标本 M1:28，仅存腰部以下，与 M4:10 相似。施三彩釉。腰间系乳黄色长带，于腹前打结。背后腰下围一绿色腰围，下身著乳黄色裙，赤脚立于底板上。残高 32.5 米。

男戏俑：1件，残，仅存下半身。标本 M1:13，残高 21.8 厘米。

男侍俑：16 件，复原 2 件。分 A、B、C、D、E、F、G 七类。

据对 M4 同类标本的整理排比，A 类标本又可分为 Aa、Ab 两类，M1 内仅有 Aa 类。

Aa 类：3 件，复原 1 件。标本 M1:27，基本复原。头戴深绿色幞头，脸部施酱色釉，内穿交领衣，外穿圆领窄袖绿袍，腰束带，并从右向左扎于腰侧。右臂贴于身侧，右手拢袖中；左臂弯曲，左手拳握执物贴于腰侧，物已佚。衣袍下摆前后均向左摆。下身穿及地长裤，足蹬尖头鞋，站于方形底板上。通高 27.5 厘米。标本 M1:7，头部残。残高 23.5 厘米。标本 M1:24，头部已残，残高 23.1 厘米。

A 类未定 1 件：标本 M1:35，仅存前胸。从残存部分观察，可以认定为 A 类男侍俑，但无法确定其准确分类。

B 类：4 件，复原 1 件，另 3 件均残。标本 M1:6，基本复原。头戴黑色方顶幞头，并将幞头脚向上结于幞头顶部，在两耳上方成环状。脸部施酱色釉，右脸颊残。上身内穿酱釉交领衣，外穿圆领窄袖及膝乳白釉袍，腰束带。右臂弯曲，右手残；左臂残。下身穿乳白色釉裤，足蹬圆头靴，站于底板上。通高 28.8 厘米。

C 类：1 件，残。标本 M1:20，无头，足板残。上身外穿圆领窄袖及膝乳绿釉袍，腰束带。双手执物于右胸前，右手在上，左手在下，物已佚。下身穿绿釉束腿裤，足板残。残高 22.1 厘米。

D 类：1 件，残。标本 M1:22，无头，下身残。上身身体施酱色釉，外着左衽绿袍，腰部系带绾于身前。左上臂贴左胸，肘部弯向右胸前，小臂及手残；右上臂略向身体右外侧伸展，肘以下残。残高 8.6 厘米。

E 类：1 件，残。标本 M1:19，无头，下身残，仅存肩部至腰部。上身外着绿色圆领左衽窄袖袍。腰系束带，束带在腰前打结。两手叉腰：左手施褐色釉，右手裹于袖内，袖末端自然下垂。残高 15.5 厘米。

F 类：抄手俑，2 件，均残。标本 M1:21，头残，内着乳白色交领衣，外着圆领酱釉窄袖过膝长袍，长袍两腰侧开叉，腰系革带。双手笼袖平置胸前。下身着乳白色束腿裤，裤脚扎靴中。双足及底板残。残高 21.6 厘米。另一件标本 M1:34 仅存前胸。

G类：1件，残。标本 M1：32，下身残。头戴绿色幞头，面部施淡褐彩釉。上身外着绿色圆领窄袖衫。腰间束一系扣革带，又有一革带从腰部经胸前与腰间带交于腰侧。左上臂紧贴身侧，肘以下残；右上臂略向外侧举，肘以下上举，小臂及手残。残高 13.5 厘米。

另有未能确定归属的男侍俑头 2 件。

女侍俑：1件，标本 M1：18，头及下身残。上身外着绿色窄袖背子，内着褐色抹胸。双手笼袖置腰前。右肩搭一褐色长带。残高 13.1 厘米。

四神俑：4件。

朱雀俑：1件，基本复原。标本 M1：5，通体施褐色釉。身体前伸立于底板上，翘首引颈，蹬腿展翅作欲飞状。喙尖而长，凤目，猫耳。额前有三道横向刻划纹，头顶有一圆形穿孔。颈部、躯干及尾部遍刻羽毛。尾下有一支撑圆柱与底板相连。两翼及背躬上有排列成 "T" 字形的小圆孔 5 个。两翼前部饰鱼鳞纹，后部饰刻划纹。两翼下及腹下亦有圆形穿孔五。尾部粗大，末端残缺。腿粗壮，脚三趾。头顶、腿部、右翼及尾部均有残缺。通高 23.2、残长 36、残宽 24.7 厘米（图版三一，2）。

玄武俑：1件，基本复原。标本 M1：1，基本完好。施绿、褐二彩釉。其中，龟通体施绿釉，蛇施褐釉。龟体态较大，四足立底板上，腹下与底板相连。头转左侧仰直向上，口鼻朝天，嘴微张。龟甲前后两端分开，龟体饰方格纹。龟背高隆，上饰回纹。足四趾，尾左摆收于甲内。蛇体细而长，盘踞龟背上。头部残缺，尾盘曲而下，置龟左前足上。通高 17.7、长 26.8 厘米（图版三二，1）。

白虎俑：1件，复原。标本 M1：2，通体施三彩釉。四足站立于底板上。张嘴呲牙，短吻，虎鼻，双眉隆起，眼睛圆而凸出。耳廓成扇形外张。头生犄角，后有三缕绿色鬃鬣，弯曲向上，下巴亦有两缕。虎躯干为乳黄色，颈长而弯曲，颈下左右两侧各有一带状云纹依虎身而后。虎身饰虎斑纹，尾长而卷曲。从颈前至尾端有褐色鬃毛，四腿肘部亦有四缕绿色鬣毛。通高 42.6、长 57.5 厘米（图版三二，2）。

青龙俑：1件，残。标本 M1：36，仅存小块身体上饰鳞甲的残片，与 M4 所见相同。

2. 铜器：2件。

铜饼：1件，青铜质。标本 M1：31，器身从中部断为两半，可复原。实为一个厚薄均匀的圆形铜器。侧缘有刻痕 9 道，器身两面各有无规律刻痕数道。直径 13.4、厚 4 厘米（图三七，4）。

壶形器：1件，青铜质。标本 M1：30，残破，可复原。敞口，斜直颈，溜肩，鼓腹，下腹凹收，至底端近直。无底。底缘上有刻痕 4 道。口径 16.4、底径 7.6、高 19.4 厘米（图三七，5）。

第三节　二号墓

位于 M1 南侧 3.4 米处（以两个墓葬间相邻的墓道侧壁后部计算）。南邻 M4，西为 M1、M2 墓前地面建筑遗迹。

一、发掘经过

发现　1996 年 3 月初，当地人因埋坟挖掘墓坑时，发现了 M2 的墓顶石及墓门右上方的盗洞。昭勋村的文物义务保护员立即向华蓥市文物管理所汇报了有关情况。市文管所文物干部立即赶到现场，勒令停止在此挖墓坑。在向市政府分管领导汇报了有关情况后，决定留专人守护，等待发掘。3 月 5 日，广安市文化体育局派出专职文物干部与华蓥市文化局、华蓥市文物管理所文物干部组成了联合发掘队，并拟定了发掘方案。

墓道清理　3 月 6 日，开始清理墓道内填土，填土为含大量碎石块的黄色黏土与风化砾岩混杂的堆积，结合较为紧密。清理中发现，盗洞位于外层封门石北侧顶部，高约 1.28、宽约 0.45 米。是日，在距地表 1.1 米深处发现 2 个石质圆雕女性头像（图版三三）以及"嘉定元宝"铜钱 1 枚（背文"折十"二字）。另还发现已残断为两截且可拼合的石碑，碑宽 0.626、厚 0.226、残高 1 米。石碑正面可见阴刻隶书"宋故宜人……"四字，其中"人"字仅见字上部（图版三四，2）；石碑背面为浮雕：上部为一菩萨二弟子图案，下部为仿木结构屋顶图案（图版三四，3）。3 月 7 日，发现外层封门石系横向叠置的巨石，其中最上面一块封门石北侧已为盗墓者凿坏。从盗洞处向内可见尚有内层封门石，其上部亦为盗墓者破坏。此日在墓道内出土荷叶形碑帽 1 个，其嵌口尺寸与前日发现的石碑吻合，二者当为一体（图版三四，1）。另在内外两层封门石间出土"嘉定元宝"铜钱 15 枚。3 月 8 日，在内外两层封门石间又出土"嘉定元宝"铜钱 6 枚。因墓道内填土堆积甚深，为方便出土，采取留出阶梯渐次发掘至外层封门石底部的方法进行清理。又令石匠将外层封门石北侧截断再行向下清理。3 月 9 日下午，墓道内填土已大部被取走，墓门完全暴露，墓道两侧壁上部也已基本出露，四块横向叠置的外层封门石亦已全部出露，遂停止取土。在紧贴内层封门石内侧发现已经碎成数块的石质墓志一通，墓志文字朝向墓室内。令石匠将北侧内层封门石取走后结束墓道清理。是日，在内外两层封门石间出土"嘉定元宝"铜钱1枚，铁锄、铁斧各1件。

4月10日，四川省文物考古研究所继续进行发掘工作。由于墓道前端情况未明，遂令民工揭取覆盖其上的填土，是日下午，发现有南北向条石露头。4月11日，墓道前端条石全部出露。为保护墓道两侧壁安全，未将墓道清理至底。至此，墓道清理结束。

墓室清理 3月10日上午开始清理墓室填土。首先清理从盗洞中陷入墓室内的黄色黏土，是为墓室内第一层堆积。堆积呈斜坡状，结构松软。在此层中出土有部分随葬陶俑残片、墓志石残件、"嘉定元宝"大铜钱1枚以及石质男性人头像2件。另外，在两层封门石间出土"嘉定元宝"大铜钱5枚、青铜壶形器1件、青铜盏1件。3月11日，清理墓室内下层黄色淤泥，厚约0.5米，未被扰动。在淤泥下棺台和排水沟中发现大量木炭，棺台上未见任何棺木及尸骨痕迹。大部分随葬品出于淤泥下的棺台和排水沟中，分布凌乱，基本上都为残损的碎片。随葬品绝大部分为陶俑，均已残损。此外，在棺台上出土青铜猴形锁1件、"嘉定元宝"大铜钱1枚，并偶见墓志石残块；在排水沟内出土有青花瓷碗残片。3月12日，在南侧排水沟内取得水银约500克。另发现直径1.5厘米的圆形玉质围棋子6枚、玉坠2件、"天下太平"金币1枚。下午结束墓室清理。

从3月6日至3月12日，对M2进行的先期抢救性清理发掘工作，前后历时7天。在先期进行的清理工作只是将墓道后部近墓门处的填土发掘至墓门底部，然后令石匠打碎横向封堵的外层封门石北侧及竖向封堵的内层封门石北部。而墓室内的清理工作亦仅将随葬品起取，既无随葬品出土照片，亦未留下任何绘图资料，故而随葬品分布图告缺。在4月以后四川省文物考古研究所主持进行的清理中，因为考虑到构筑棺台的条石太过巨大而无法操作，故未对腰坑进行清理。

寻找墓圹 6月27日，在清理M1、M2墓顶封土时，发现封土与其东、北、南三面的风化砾岩间的界线在平面上呈圆角长方形，沿界线边向下解剖确认这就是两个墓葬共有的大墓圹边界。由于M1、M2西侧为享堂及拜台遗迹，故墓圹西界不明。墓圹南北长约15.8米，东西可见长约13.5米（西侧以M1墓道前端条石东侧为界），经过钻探知道，墓底距墓门门梁顶部深5.5米。

2004年7月初，安丙家族墓地抢险加固工程开始施工，在M2墓室南壁与墓圹边之间的夯填土中发现了南北走向的条石遗迹。在接下来进行的考古钻探中，发现M1、M2除共有1个大墓圹外，在大墓圹内还各有1个小墓圹。继续钻探的结果表明，在大墓圹内的南、北两面有二层台结构，且两个小墓圹间亦留有基岩作为间隔。

二、墓葬形制

M2 坐东向西，墓向北偏西 81°。由墓道、墓门、墓室三部分组成（图三八）。

（一）墓道　由前端封堵石墙、左右侧壁、后端封堵墓门的外层封门石及其基石构成。已发掘出来的上部空间为竖井式。

左右侧壁平行构筑，长 4.5、前宽 3.7、后宽 3.6 米。经过钻探知道，墓道底部平铺有青条石或砂岩石，然后用条石分两层砌建左右侧壁：下层高 1.7 米；上层左右侧壁各向外退出 0.29 米，向上再用 6 层条石砌成前低后高的向前倾斜的墓道侧壁。在左右侧壁前部内侧各斜向砌置一块底部向内倾斜的条石封堵墓道侧壁前端。墓道左侧壁长 3.35、宽 0.36 米，其前端距墓道前端封堵石墙 0.23 米，前部封堵墓道侧壁前端的斜向条石内侧面有深 0.05 米的"凹"形槽口，宽 0.66、厚 0.37 米；墓道右侧壁长 3.34、宽 0.32 米，其前端距墓道前端封堵石墙 0.9 米，前部封堵墓道侧壁前端的斜向条石长 2.2、宽 0.37、厚 0.7 米，底部距墓道后壁门柱 2.31 米，其内侧面有深 0.06 米的"凹"形槽口，宽 0.7、厚 0.36 米。

墓道后部下层叠砌条石封堵，长 3.15、宽 0.53、高 1.7 米。从出露于地表的部分观察，其上侧面及东、西两个侧面均加工平整，并留有斜向凿痕。上层横向叠置四块巨石，将墓门封堵，是为外层封门石。其上端内侧上承门梁；其左、右两边距墓道侧壁分别留有 0.06~0.22 米的缝隙，其间填土。外层封门石内侧平，外侧留有凿痕，厚 0.22~0.51 米，四块封门石由下至上分别高 0.88、0.6、0.66、0.6 米，通高 2.74 米。

（二）墓门　由门基、门柱及门梁组成。面宽 3.03、进深 0.61、高 2.72 米。

门基　在墓道后部下层封堵石墙东侧叠砌两层巨石为墓门门基。下层巨石可见长 2.52、宽 0.85、高 0.67 米。其底边中央做有一个排水孔，宽 0.1、高 0.015 米。上层基石由三块石板并置而成，其中南北两块石板长 0.75、宽 0.7、高 0.64 米。中间一块石板长 1.03、宽 0.28、高 0.62 米。其西侧紧贴墓道后部下层封堵石墙。

紧贴门基南北两端砌置东西向的墓室左右侧壁台基，其西端紧抵墓道后部下层封堵石墙东侧。由上下两层叠砌而成，下层向墓室内凸出 0.04 米，高 0.67 米；上层南北宽 0.43、高 0.62 米。墓门门柱即置其上。

门柱　截面为长方形，东西长 0.61、南北可见宽 0.3、高 2.72 米。其底部内侧压在墓室左右侧壁台基前伸的端头上，叠压部分南北宽 0.17 米。门柱外侧面紧贴墓道左右侧壁后端。

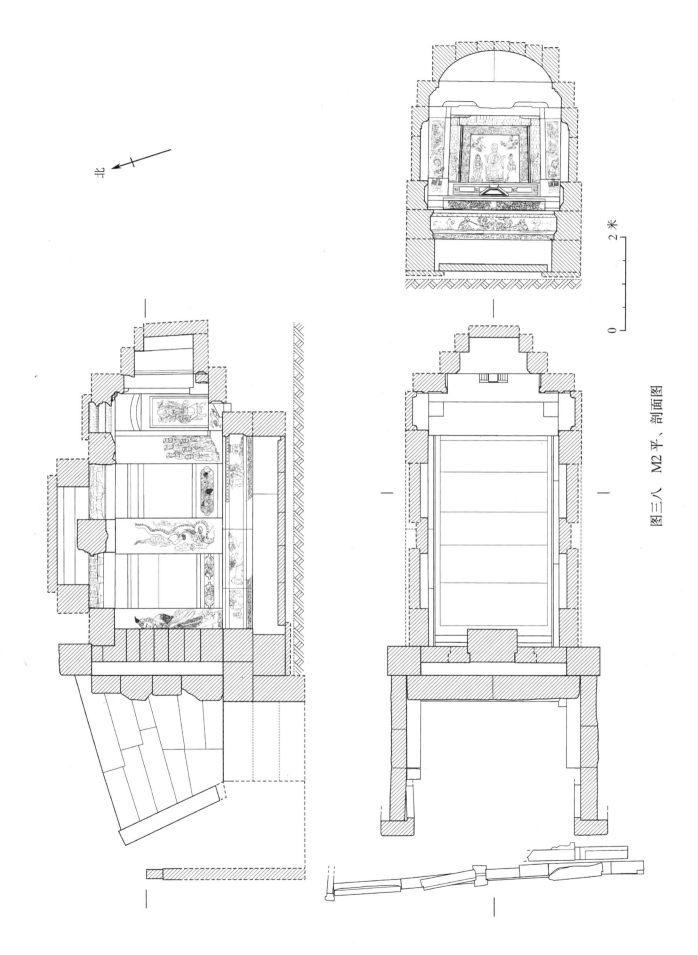

北

2 米

0

图三八　M2 平、剖面图

门梁　横压在门柱上，平底弧顶，长 4.13、宽 0.77、中部高 0.62、两侧高 0.51 米。

墓门处以内层封门石封堵。

内层封门石　位于外层封门石东侧的墓门处，两层封门石间相距 0.272 米，其间填充含少量碎石和石灰的黄黏土。内层封门石由 5 组巨石组成，上撑门梁（其中间一组顶部内侧还上撑甬道顶部横梁）。中部由 9 块条石叠置而成，其中下部 8 块截面呈凸字形，外窄内宽，外宽 0.95、厚 0.17 米，内宽 1.03、厚 0.5 米，并伸进墓室 0.27 米，通高 3.34 米。两侧各竖置高 2.27、宽 0.33~0.55、厚 0.3 米的巨石两块。

墓门内层封门石后放置墓志一通，出土时已裂成数十块，散布于从盗洞处塌入墓内的泥土中。

（三）墓室　长 6.78、宽 2.68、高（从墓顶券拱下至棺台上）4.56 米。由台基、甬道、前室、过道、中室、过道、后室及棺台、腰坑等部分组成，腰坑未清理（图三九～四一）。墓室内雕刻大量人物、动物、花卉及仿木结构建筑图案，均施彩绘。

上层台基均为须弥座式，通高 0.62 米，其中左右两侧台基长 5.1、宽 0.43 米，后部台基长 2.74、宽 0.515 米。台基间构成一个长 4.525、宽 2.51 米，左侧壁高 1.325、右侧壁高 1.3 米的长方形空间，其底部中央构筑棺台，四周铺设排水沟。

棺台由五块巨石横铺而成，总长 4.17、宽 2.22 米，左侧高出排水沟底部 0.16、前端高出 0.159、右侧高出 0.152 米。

棺台四周为排水沟，左右宽 0.132、前宽 0.215、后宽 0.102 米。

台基　墓室台基为前、中、后室及甬道、过道的基础，分南、北、东三面构筑。每一面台基均由上下两层叠砌而成：

下层台基下压墓底中央棺台周边铺设排水道底部的条石，高 0.67 米，内侧面素平，向墓室内凸出 0.04 米。

须弥座左壁上枋高 0.055、上枭高 0.075、束腰高 0.314、下枋高 0.113 米。

右壁上枋高 0.058、上枭高 0.075、束腰高 0.307、下枋高 0.116 米。

后壁上枋高 0.062、上枭高 0.085、束腰高 0.274、下枋高 0.126 米。

须弥座上枋均素平；上枭均为仰莲瓣图案；束腰内均为戏兽图案。下枋图案均为连弧状卷草纹。

台基上构筑仿木结构建筑的甬道、前室、过道、中室、过道、后室等。

甬道　西靠墓门，宽 2.78、高 2.25、进深 0.82 米。顶部置横梁一道，被门梁后部所压。横梁长 2.78、宽 0.77、厚 0.455 米。梁底平，内侧面中央雕刻朱雀图案。梁下左右

100 厘米

左壁雕刻

图三九　M2

100 厘米

/12 右壁立雕刻

0   100 厘米

图四一 M2 后龛雕刻

两侧壁各雕刻全身着盔甲武士一个。

前室　位于甬道后，宽 2.68、进深 1.16、高（从墓顶券拱下至墓室台基上）3.42 米。

下部为须弥座式结构。其中左壁须弥座通高 0.525 米。上枋高 0.072、上枭高 0.094、下枋高 0.067、下枭高 0.111 米。中部束腰高 0.181 米，束腰内的长方形壶门内有两幅花卉图案。右壁须弥座通高 0.529 米。上枋高 0.07、上枭高 0.085、下枋高 0.06、下枭高 0.1 米。中部束腰高 0.203 米，束腰内长方形壶门内有两幅花卉图案（图四二、四三；图版三五，1、2）。

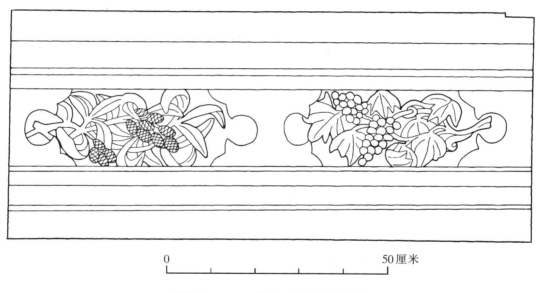

0　　　　　　　　　　　　　　50厘米

图四二　M2 前室左侧龛须弥座

左右壁须弥座上各有一长方形侧龛，龛上部呈凹弧形，龛内饰壁画（内容不详）。深 0.17、宽 1.16、高 1.32 米。龛上置一道素枋，高 0.25 米。

上部对称雕刻仿木结构斗拱，通高 0.55 米：下为一道素枋，高 0.28 米。素枋上雕斗拱三朵，均为单抄单昂五铺作并出 45°斜华拱偷心造，且上跳均出批竹昂。栌斗无耳，上宽 0.16、下宽 0.105、平 0.056、敧 0.064 米（图版三六，1、2）。斗拱上托枋，枋侧面为菊花图案。枋上承半圆形横梁。横梁前部叠压甬道顶部横梁，后部出露 0.49 米。梁顶承墓顶券拱。

前、中室间过道　宽 2.69、进深 0.76、高 2.24 米。由左右侧壁及顶部横梁构成。

左侧壁宽 0.76、高 2.24 米。雕刻青龙图案；右壁宽 0.758、高 2.247 米。雕刻白虎

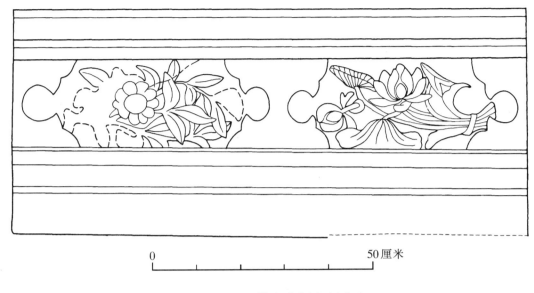

图四三　M2前室右侧龛须弥座

图案。

　　顶部为枋木结构月梁，下压左右侧壁上端。可视长 2.69、宽 0.703 米。横梁底部两端底面平，向内为斗拱图案，五铺作单抄单昂出 45°斜华拱。栌斗上宽 0.39、下宽 0.315、平 0.018、欹 0.005 米。交互斗耳 0.03、平 0.015、欹 0.04 米。昂身伸向横梁中央，昂底刻复线人字纹，昂头为三角形，伸至中部图案两端。昂身长 0.34、后端宽 0.132 米。中部饰七组图案，每组图案外框均为长方形，以中间一组为中心，前后各三组对称分布（图版三七，2）。

　　横梁顶上及外侧为仿木结构屋顶图案：屋面雕有筒瓦，檐口有瓦当、滴水，左右檐角略上翘。屋脊上为云纹。檐口下的横梁外侧面雕有斗拱五朵，中间三朵均为单拱造并出 45°斜华拱并偷心。左右两侧斗拱与横梁底部的斗拱共同构成下坐素枋、上托檐枋的斗拱结构（图版三七，1）。

　　中室　位于前、中室间过道后，顶部为墓顶券拱。宽 2.68、进深 1.175、高（下至墓室台基上）3.42 米。左右壁结构对称。

　　下部为须弥座式结构：左壁须弥座通高 0.64 米。上枋高 0.084、上枭高 0.071、下枋高 0.098、下枭高 0.109 米。中部束腰高 0.278 米，束腰壶门内为枇杷图案；右壁须弥座通高 0.623 米。上枋高 0.079、上枭高 0.065、下枋高 0.096、下枭高 0.102 米。均素平。中部束腰高 0.281 米，束腰壶门内为荔枝图案（图四四、四五；图版三八，1、2）。

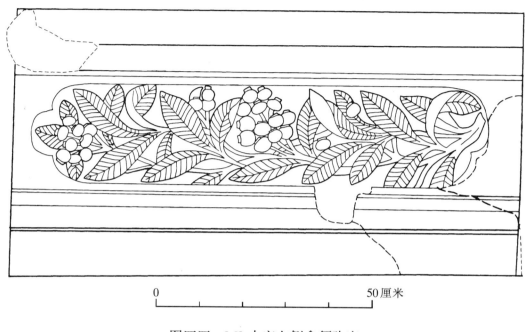

图四四　M2 中室左侧龛须弥座

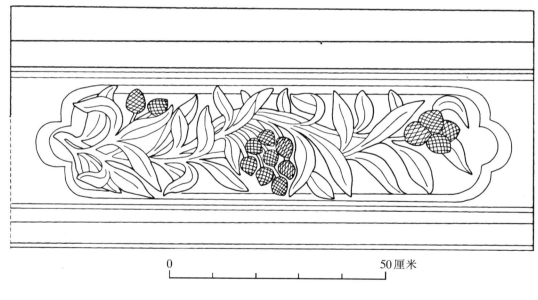

图四五　M2 中室右侧龛须弥座

　　上部雕刻仿木结构斗拱：通高 0.55 米。下为一道素枋，高 0.122 米。素枋上前后各有半朵斗拱，中间一朵，均为单抄单昂五铺作并出 45°斜华拱偷心造，昂面作批竹式。坐斗较小，无耳，平高 0.025、宽 0.126、㪷高 0.033、底宽 0.1 米。上托素枋，高 0.132

米。枋上承半圆形横梁，横梁后部叠压中、后室间过道顶部横梁，前部出露0.504米。梁顶承墓顶券拱（图版三九，1、2）。

须弥座上有一长方形侧龛，龛高1.335、深0.165、宽1.175米。龛内为壁画，内容不详。

中、后室间过道　宽2.68、进深0.8、高2.27米。由左右侧壁及顶部横梁构成。

左右壁宽均为0.8、高2.27米。其上部均为云纹图案，下部为文吏图案一组。

顶部为仿木结构月梁，下压左右侧壁上端。可视长2.68、宽0.676、厚0.525米。横梁外侧面为玄武大帝图案，底部雕刻花草图案，内侧饰荷叶图案（图四六；图版四〇，1）。

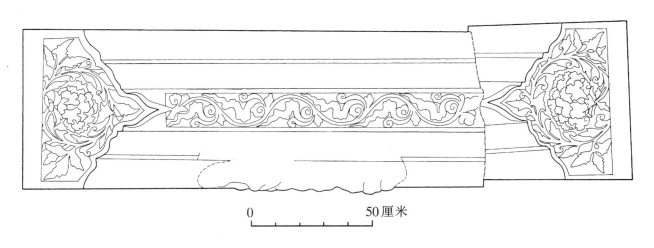

0　　　　　　　　50厘米

图四六　M1中、后室间过道顶部横梁梁底结构

后室　位于中、后室间过道后，左右侧壁中下部，后壁中部为后龛。面宽2.68、进深2.17（包括后龛进深）、高（从顶部藻井至墓室台基上）2.76米。

底部台基宽2.75、进深0.515米。后部有一条排水沟，宽0.194、深0.18米。左右两端后部各置一个截面呈直角三角形的踏步以通往后室后壁底部的仿木结构建筑台基，踏步斜面为长方形，长0.405、宽0.315、高0.31米。

两侧壁底部为孔雀图案，其中左侧图案已毁。

其上的两侧壁结构为仿木建筑一开间布置。前后两端置圆柱，其中前端圆柱置于斗形柱础上。

圆柱间下部各有一长方形两重深龛，外龛高1.395、宽0.84、深0.246米；内龛高1.23、宽0.64、深0.094米。龛内雕刻莲花图案，莲花置于瓜棱花瓶内，花瓶以兽足瓶

0　　　　　　　　　50厘米　　　　　　　　　　　　0　　　　　　　　　50厘米

图四七　M2后室左侧龛　　　　　　　　　　　图四八　M2后室右侧龛

座承托（图四七、四八；图版四一，1、2）。

圆柱上部横穿阑额，阑额下两端施角替。柱头及阑额上置斗拱：其中，前后的柱头铺作各只雕出半朵，中间有补间铺作一朵，均为四铺作并出45°斜华拱计心造。坐斗无耳，上宽0.105、下宽0.093、平0.021、斊高0.021米。上托平枋，高0.052米；枋上置三个单斗，上宽0.09、下宽0.07、平0.03、斊0.024米，其上再托平枋，高0.039米；枋上置四个单斗，上托檐枋，檐枋高0.03米（图四九、五〇；图版四二，1、2）。

两侧壁顶部均为仿木结构屋顶：重檐式屋顶（屋顶后部有部分已塌落），屋面施筒瓦（其中下檐14垄，上檐12垄）、瓦当及滴水。上檐口瓦当上置一枋，枋侧面为压地隐起长方形回纹图案。下檐口下的檐椽底面与中、后室间顶部横梁底部平。通高0.48米。

顶部雕饰藻井图案。因受内营力的影响，藻井前部中央纵向开裂。藻井内图案以一个前开放的复线钝三角将整个画面分成四部分：钝三角内雕刻变形的不规则四角形图案；钝三角的复线内雕刻连弧卷草图案；钝三角外的左右后侧雕刻花瓣组图图案（图五一；图版四〇，2）。

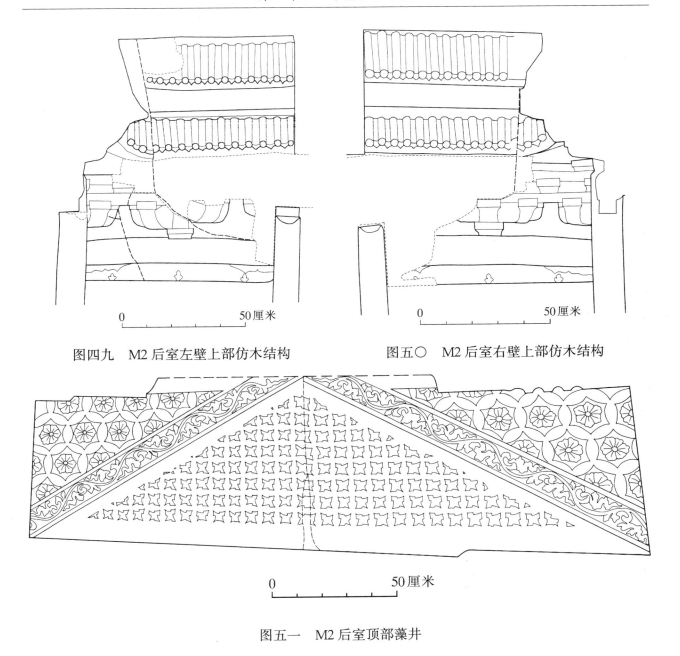

0 ————————— 50厘米

图四九 M2 后室左壁上部仿木结构

0 ————————— 50厘米

图五〇 M2 后室右壁上部仿木结构

0 ————————— 50厘米

图五一 M2 后室顶部藻井

后室后壁构筑为面阔三间的仿木结构建筑。

底部为仿木结构建筑的须弥座式台基，高出后室底部台基 0.306 米。面宽 2.75、进深 0.61 米。须弥座通高 0.391 米。其中上枋高 0.041、上枭高 0.038、下枋高 0.06、下枭高 0.06、束腰高 0.192 米，有二龙戏珠图（图五二；图版四三）。

台基上构筑面阔三间的仿木结构建筑，其中当心间上宽 1.91、下宽 1.95、左次间宽

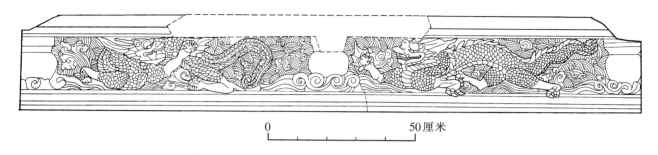

0   50厘米

图五二　M2后室后壁仿木结构建筑的须弥座式台基

0.4、右次间宽0.42米。柱脚置于边长为0.136、高0.367米的方形柱础上，柱脚前之廊宽0.192米。

柱础上置檐柱。当心间左右檐柱分上下两段：上段较细，柱径0.11、高0.166米；下段较粗，柱径0.12、高1.32米。

檐额两端穿于圆柱上端，檐额下两端施绰幕方。

当心间柱头及檐额上施斗拱：其中柱头铺作两朵，补间铺作三朵，均为五铺作并出45°斜华拱且上跳偷心。上托檐枋。坐斗无耳，上宽0.1、下宽0.08、平0.017、歃0.028米。

屋顶为重檐歇山式，其中部已塌落至棺台上。屋面雕刻筒瓦，檐口雕刻瓦当、勾滴。

左右次间各对称雕刻上下两组图案：上部为仙鹤食桃图，下部为着盔甲持骨朵武士图案。

当心间内为有三重龛的后龛，进深1.42米。

外龛龛口下宽1.92、上宽1.87、高1.775米，进深0.42米。后壁中央为中龛龛口；左、右两侧及上部为中龛外龛沿，左侧沿宽0.225、右侧沿宽0.22、上沿宽0.255、高1.483米。龛沿上有两层图案：地纹为蜂巢状六边形几何图案。左右侧下部各为一个持笏文吏。

后壁下部为须弥座式台基，中、后龛置于其上，面宽1.92、高0.298米。其中上枋高0.035、上枭高0.044、束腰高0.146、下枭高0.043、下枋高0.025米。左右各雕有二组对称花卉图案：其中中间一组为长方形；另两组为正方形。其前部中央置一正视呈梯形的踏步，其下端两角在做阶梯时被截掉，底宽0.578、上宽0.25、高0.2、进深0.18米。其正面为花卉图案，外饰两道复线梯形纹。左右两侧各做成四级垂带踏道。拾级而上，通过置于梯形踏步顶部中央的斗形踏步即通往后龛，斗形踏步长0.193、宽0.165米，平高

0.036、歃高 0.029、底宽 0.183 米。

中龛下宽 1.365、上宽 1.275、高 1.21、深 0.545 米。后壁中央为内龛；左、右两侧及上部为内龛外龛沿，左右宽 0.179、上宽 0.195 米。均为连弧卷草纹。

内龛下宽 1.04、上宽 0.988、高 1.03、深 0.308 米。龛内下部中间为墓主人安丙坐像，左右各侍立一女性。龛内上部左右各有减地平钑飞禽一对，均展翅飞向墓主人（图五三；图版四四）。

0　　　　　　　　　　　　　100 厘米

图五三　M2 后室后壁仿木结构建筑

三、墓内装饰

墓内装饰有雕刻与壁画，雕刻上均遍施彩绘。从残存的为数不多的部分来看，彩绘颜色有红、黑二色。保存很差，墓室内的重色调以黑为主，似乎经过烟熏火燎，从色彩剥落处可见彩绘下施有一层白色地泥。

1. 甬道

左右侧壁各雕刻全身着盔甲武士一个。

左侧壁武士高 1.865 米，头略向左偏。双手持上虎头钺柄中下部，钺刃向外侧。腰系飘带，飘带在腰正中打结，飘带下垂至足旁。双足分离，足尖外撇呈八字形，足下踏长方形条石，条石上刻连弧状卷草纹。条石长 0.67、高 0.088 米（图五四，1；图版四五，1）。

右侧壁武士高 1.896 米，力士双手上持虎头钺柄中部，钺刃向外侧。腰系飘带，飘带在腰正中打结，飘带下垂至足旁。双足分离，足尖外撇呈八字形，足下踏长方形条石，条石上刻连弧状卷草纹。条石长 0.712、高 0.08 米（图五四，2；图版四五，2）。

顶部横梁内侧朱雀图案　朱雀头向正前方，冠分五支，双翅对称斜向上展，尾部箕张，双爪各三趾，除头、尾、爪及双翅上部外，其他部位均雕成鱼鳞状。朱雀身外侧单线阴刻塔形图案（图五五；图版四六，1）。

2. 前室

左右侧壁须弥座花卉图案　左壁须弥座束腰长方形壶门内有两幅花卉图案：由外至里依次为葡萄、荔枝；右壁须弥座束腰长方形壶门内有两幅花卉图案：由外至里依次为菊花、荷花（参见图四二、四三；图版三五）。

3. 前、中室间过道

顶部横梁底部图案　左右两端图案对称布置，由两端向内共有五组：第一组为花卉图案。第二组为平行复线三角形图案。第三组为斗拱图案，五铺作单抄单昂出 45°斜华拱。昂身伸向横梁中央，昂底刻复线人字纹，昂头为三角形，伸至中部图案两端。第四组图案位于昂身左右，各为两组花卉：外侧均为菊叶，内侧均为菊花。第五组图案为平行复线内的复线对镶三角纹图案。中部图案由外至内共有七组，每组图案外框均为长方形，以中间一组为中心，前后各三组对称分布：第一组位于正中，饰连弧卷草花纹；紧邻两侧为第二、三组，饰复线对镶三角纹图案；再外侧为第四、五组，均饰花纹；最外侧为第六、七组，均饰单线回形纹（图五六；参见图版三七，2）。

0   50厘米

图五四　M2 甬道左右侧壁武士

1. 左侧壁武士　2. 右侧壁武士

图五五　M2 朱雀

两侧壁青龙、白虎图案　左侧壁壁面上为青龙图案：龙头在上部，龙头向外侧，张嘴吐舌。左前足上举抓一朵云，三趾，右前足紧贴龙身向后伸直，三趾。龙身弯屈，呈 S 形。右后足紧贴龙身向后伸直，三趾并张，肘部雕有一个乌龟，双后足站立，尾端部上翘，前足持一个山石状物。左后足向下伸直，似撑于地上，三趾。龙尾端卷曲，一人双手抱住龙尾作抬举状，怒目裂嘴，身体右倾，右腿弯曲，双足分立。龙身高 1.67 米（图五七；图版四七，1）。

右侧壁壁面上为白虎图案：虎头在下部，头

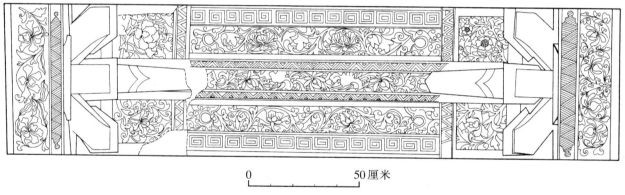

图五六　M2 前、中室间过道顶部横梁底部图案

向外侧，略下垂。虎口紧闭，犬齿外露。左右前足分开，右足上举，三趾，抓一块山石；右足斜向下伸直，肘以下残。胸前有火焰一朵。虎身前部屈甚，后部向上弯曲，较为舒展。左后足弯曲，肘部以下下垂，三趾。虎身左侧及右后足肘部后各有一朵火焰状图案，尾部旁右侧为云纹图案。虎身残高 1.665 米（图五八；图版四七，2）。

4．中室

左右侧龛须弥座图案　左侧龛须弥座束腰壶门内为枇杷图案；右侧龛须弥座束腰壶门内为荔枝图案（参见图四四、四五；图版三八）。

5．中、后室间过道

顶部横梁外侧玄武大帝图案　玄武大帝光头，褒衣博带，前胸裸露，腰系带状物，半

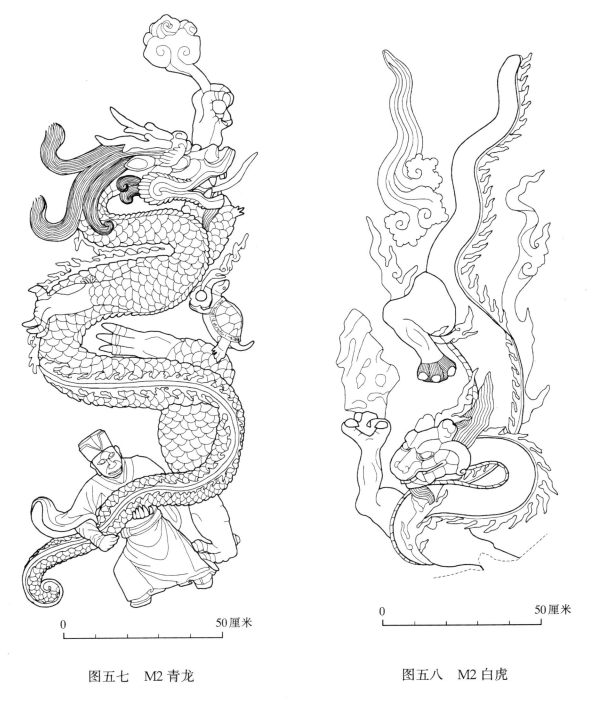

0　　　　　　　　　　　　50厘米

图五七　M2 青龙

0　　　　　　　　　　　　50厘米

图五八　M2 白虎

跏趺坐。左手箕张按于左膝上。右手持剑，剑柄置右膝上，剑身斜向左上方，剑尖圆。双足赤，左足屈，右足踏龟背，龟头向右上举。龟身后有一蛇，蛇身向右伸，蛇头后转，吐信以向之（图五九；图版四六，2）。

0　　　　　　　　　　30厘米

图五九　M2 玄武

　　顶部横梁底部花草图案　左右两端分别为牡丹、荷花;中间只有一组图案,位于正中,雕刻面平,饰连弧状菊花纹,其两侧各有两组对称结构:内侧弧凸;外侧弧凹,均无雕刻(参见图四六;图版四〇,1)。

　　顶部横梁内侧雕刻　饰荷叶图案(图六〇)。

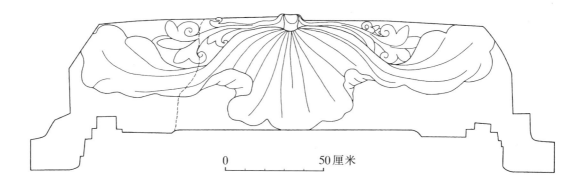

0　　　　　　　50厘米

图六〇　M2 中、后室间过道顶部横梁内侧荷叶图案

　　两侧壁文吏图案　上部均为云纹图案,下部为文吏图案一组共六人,分前后两排站立,每排三人,内高外底,手持笏板,面略向内侧(图六一、六二;图版四八、四九)。

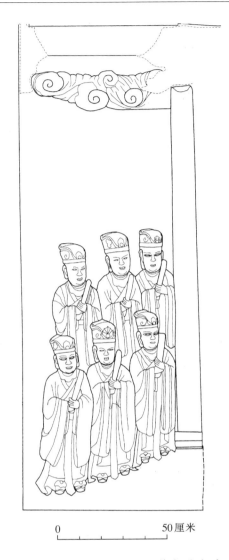

0　　　　　　　50厘米　　　　　　　　0　　　　　　　50厘米

图六一　M2 中、后室间过道左壁文吏　　　图六二　M2 中、后室间过道右壁文吏

6. 后室

顶部雕饰藻井图案　地纹为由内弧线边六角纹内饰一朵菊花的单体纹组成的交错组合图案，前部及中央被菱形藻井图案遮盖，藻井仅刻有半边，所见图案呈三角形，故地纹仅见于顶部后两角，为三角形。藻井分内外两部分：外部饰两道平行线，内饰连弧状菊花叶纹。内部为变形鸟纹。藻井前部中央纵向开裂（参见图五一；图版四〇，2）。

侧龛花卉图案　下部长方形深龛内下部各有四兽足方凳一个，方凳上置瓜棱花瓶，花瓶中插莲花（参见图四七、四八；图版四一，1、2）。

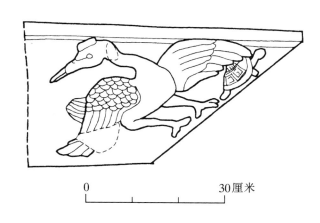

图六三　M2后室右侧龛下孔雀图案

侧龛下孔雀图案　其中左侧图案已毁。右侧图案分上下两层，地纹为水纹图案；上层图案为孔雀，身体向内侧，头向后扭，头上有冠。双翅伸展，左翅末端有一龟昂首上爬（图六三）。

后壁仿木建筑须弥座式台基束腰图案　图案有两层：左右地纹为复线网格纹，中央为花卉图案；地纹为翻卷的水浪图案。上层图案中央及两端各有一个兽足鼎图案，其间为二龙戏珠图：左侧龙头向内，龙尾向外。龙颈部屈甚，龙背略上弓，龙尾向后平伸，尾端上卷，右前肢前伸向上握珠，左前肢向后屈伸，三趾，右后肢前伸，左后肢后蹬。右侧龙尾在内侧，龙头在外侧，回头向内。龙颈部弯曲，龙背略上弓。龙尾前部略上翘，后部向下弯垂，尾端上卷。左前肢斜向前伸，向内，向上握珠，四趾；右前肢后伸，向外；左后肢上部后伸，向内，前部屈向前伸，向外；右后肢后伸，仅见一小部分（参见图五二；图版四三）。

后壁仿木结构建筑左右次间图案　各对称雕刻上下两组图案：上部为仙鹤食桃图，左侧仙鹤上下两只，上者头向内侧，下者头扭向外。下部为着盔甲持骨朵武士图案，头向左偏；右侧仙鹤上下两只，上者头向外侧，下者头扭向外。下部为着盔甲持朵武士图案，头向右偏（参见图五三；图版五○）。

后龛中龛龛沿图案　有两层图案：地纹为蜂巢状六边形几何图案。左右侧下部各为一个持笏板文吏（参见图五三；图版五一）。

中龛龛底须弥座式台基图案　后壁须弥座台基前中央的梯形踏步正面饰花卉图案，外饰两道复线梯形纹（图六四；参见图版四四）。

束腰内雕有四组对称花卉图案：其中中间一组为长方形；另两组为正方形。

内龛外龛沿图案均为连弧状卷草纹。

内龛龛内图案　内龛龛内下部中间雕刻墓主人安丙坐像，左右各侍立一女性。安丙坐于椅子上，头戴东坡巾，平视前方，颏下胡须垂至腰部，上身内着交领衣，外套宽袍，双手交叉拢于袖中，双足平分踩于脚踏子上，靴尖上翘。像高0.8米。其左侧女像头戴珠饰，双手捧于胸前，袖口下垂至踝部，下部被盗墓贼凿毁。像高0.645米；右侧女像扎有

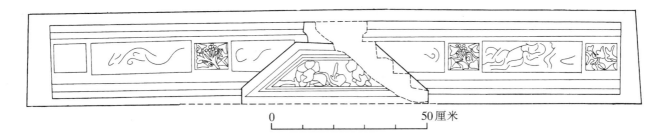

图六四 M2后室后壁中龛龛底台基图案

头巾，其两端垂于肩后，顶发上戴簪花一个，双手捧一布袋，布袋上置元宝一个，袖口下垂至踝部。像高0.625米。龛内上部左右各雕刻有减地平钑飞禽一对，均展翅飞向墓主人（图六五；图版五二）。

7. 墓室须弥座式台基雕刻 须弥座上枭均为仰莲瓣图案；束腰均为戏兽图案；须弥座下枋图案均为连弧卷草纹。

1）左壁束腰图案 有前后两组，前部为戏鹿图，后部为戏狮图。

前部戏鹿图：

最前端为一人斜坐于地上，头发中分，面朝墓内，上身仅系布带，布带从左肩向下穿过右肋，并于右胸缠绕向下，左手斜撑于地上，五指张开，右手上臂向内侧平伸，小臂斜向上伸；

中部为两层图案，地纹为一枝葵花纹，花枝平置于地，葵花在外侧，花蕊向墓内；上层图案为母、子二鹿，母鹿向内侧，头向左下侧略偏，前腿小腿以下平放于地，背部向后上弓，后腿屈向前蹬。子鹿位于母鹿前，身体倾斜，头向外侧，嘴部紧挨母鹿嘴，前腿蹬于母鹿胸部，后腿小腿以下平放于地，尾贴臀部；

后部为一人持绳牵鹿，人位于内侧，头发中分，面朝墓内，头略右偏，上身仅系有布带，布带从左肩向下穿过右肋，并于右胸缠绕向下绕过左胯，双腿分开，小腿内屈，两脚相交，左脚踩于右脚上，右手按于右膝上，左手向左平伸，手持绳索，绳索一头系在鹿脖上，一头垂于地上；鹿身向内侧，头部后扭朝向母、子二鹿，右前腿前伸，左前腿下部后屈，后腿双双用力蹬地（图六六；图版五三，1）。

后部戏狮图：

图案中间为双狮戏绣球，外侧狮子头向内，右前腿上举按压在另一只狮子腿上，左腿斜伸向前按压在绣球上，后腿跪于地上，颈部系带铃颈套，驯狮人立于狮身前，双手持绳

0　　　　　　　　　　　　　　　50厘米

图六五　M2后室内龛龛内图案

于头左侧，用力后拖狮子；内侧狮子身体向外侧，头扭向后，怒目以对驯狮人，右前腿屈伸抓住系绣球之绳带，左前腿与另一只狮子前腿相交，后肢蹲于地上，尾上翘，颈部系带铃颈套，驯狮人立于狮后，双手持绳于身前，左腿前伸，右腿后蹬，用力向后拖绳。

驯狮人身后雕花瓶一个（图六七；图版五三，2）。

2）右壁束腰图案　有前后两组，前部为驯象图，后部为驯熊图。

前部驯象图：

雕刻已残损一部分。最前端尽毁，现存部分前端为树枝图案；向内则为驯师横伏于象背上，驯师面朝墓内，头发中分，右手屈于胸前，左手弯曲，置于象腹部；象头向内，长

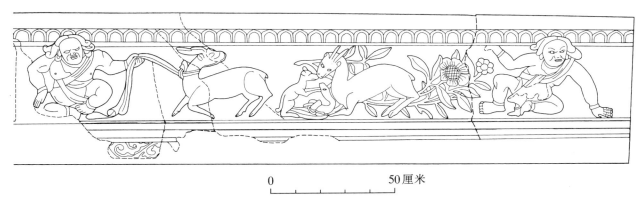

图六六　M2 墓室左壁须弥座式台基束腰内戏鹿图

图六七　M2 墓室左壁须弥座式台基束腰内戏狮图

鼻下垂，右门齿较短斜向上伸，颈部系套，四腿并立，左前腿略往后靠，左后腿略靠前，尾下垂，尾端略翘。其中长鼻、右前腿、左后腿及尾端外层已毁，仅轮廓可辨。

　　其内侧雕一跪象，头朝外，长鼻下垂，鼻端置前蹄上，颈部系套，尾斜向后垂于地。象后为另一个驯师，上身向左倾斜，头亦向左侧，头发中分，双臂张开上扬，左手食指弯曲，指尖压于拇指上，系有腰带，下部残损。内侧象与驯师间雕有火焰图案（图六八；图版五四，1）。

　　后部驯熊图：

　　前部雕刻尽毁，现仅存一熊一人，均坐于地。熊头向外，颈部系绳套，右前肢向右侧斜伸向上，左前肢向左侧屈伸，身体朝向墓内，双腿分置身前；驯师右手持绳坐于熊左侧，身体略向左倾斜，头左偏，头发中分，左手置于左膝上，双腿外分呈八字形，右腿斜

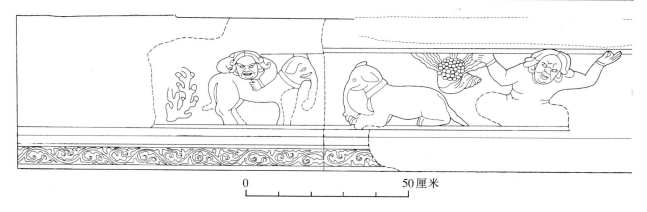

0　　　　　　　　　　　　50厘米

图六八　M2墓室右壁须弥座式台基束腰内驯象图

0　　　　　　　　　　　　50厘米

图六九　M2墓室右壁须弥座式台基束腰内驯熊图

伸，左腿侧屈。身着单衣，系有腰带（图六九；图版五四，2）。

3）后壁图案

左、右两侧分别雕刻一猪一象相向跪卧图，头向中央。左侧猪头朝向中央，耳贴于颊旁，犬齿上翘，颈部系套，前肢肘部着地，双蹄并置于胸前，上腹部着地，后肢肘部以下平置地上，尾上翘；右侧象头朝向中央，耳内卷，长鼻内卷至颈下，颈部系套，前肢肘部以下部分着地，后腿站立，左后腿斜向前伸，短尾下垂。

中部为驯麒麟图，有二人二麒麟。麒麟头部相对，张嘴露牙，身体向后向内弯曲，左侧麒麟右前腿前伸，肘部着地，三趾分张，左前腿后蹬，三趾抓地，右后腿平伸位于头顶上，三趾并伸，右侧麒麟左前腿前伸，肘部着地，右前腿后蹬，三趾分开撑地，左后腿平伸位于头顶上，三趾屈张。两只麒麟头部上方中央为一个球状物，其内雕螺旋状纹。麒麟颈部均有颈套，套上系铁链，麒麟身后各有一赤足人持铁链向左右分拉麒麟。左侧一人身体略左侧，左腿向左成弓步，右腿向右伸出，足尖向左蹬地，右臂伸直，右手向下抓住铁链，铁链绕过后颈，左臂屈肘，左手向下抓住铁链，按在左膝上；右侧一人上身左侧，右腿向右成弓步，左腿向左伸出，足尖向右蹬地，双手反向紧握绕过右肩之铁链。铁链尽头套有铁环（图版五五）。

四、随葬品

该墓早年被盗，随葬品已被严重扰乱，散见于棺台、四周排水沟及从盗洞塌陷进入墓内的土中。残存的随葬品以陶俑为主，有武士俑、文吏俑、女侍俑等人物俑等。出有 10 枚"嘉定元宝"铜钱，其背面有"折十"二字，并出有"天下太平"金币、青铜猴形锁、铁器、玉器、陶器、瓷器、水银等。

1. 陶俑：102 件。所有陶俑均系泥胎模制。从残片观察，其模具分头、身两部分，且均系前后合范相扣而成。在制作坯胎时，先将头、身分别翻模，将双臂、双腿（分立者）与身子粘接好后，再将俑坯置于方形或长方形底板上，最后将头与身子粘接。在干坯后，再将部分陶俑表面施以绿、乳黄、褐三色釉，釉下均有一层白色地料。按身份来分有文吏俑、武士俑、乐舞俑、女侍俑、男侍俑等人物俑以及青龙、白虎、朱雀、玄武等四神俑。

文吏俑：18 件，分 A、B、C 三类：

A 类：12 件，均残。施绿、黄二色彩釉，以绿釉为主。头戴六梁冠。双目微张，直鼻，耳垂较大。面部较为丰满。胸前佩戴方心曲领，身上外着绿色交领右衽宽袖长袍，内着单衣，衣袖有内外两层。拱手持笏立于胸前，笏板缺佚。腰系束带。手下身体正面垂一大带，足穿高头履，站于底板上。标本 M2：1，头上部及左脸颊、左胸、右小臂、右后背、两垂袖间、左足残坏。面部饰白灰，身穿绿釉圆领宽袖长袍，袖口镶金边。两手左前右后持笏板拱于胸前，笏板已佚。足穿高头履。残高 41.7 厘米（图七○，1；图版五六，1）。标本 M2：7，仅存头部及左胸、左臂。头戴六梁冠。双目微张，直鼻，耳垂较大。面部较为丰满。胸前佩戴方心曲领，身上外着绿色交领右衽宽袖长袍，内着单衣，衣袖有内外两层。拱手持笏立于胸前，笏板缺佚。残高 29.1 厘米（图版五六，2）。其他标本残缺甚多，造型无区别，本文不再逐一描述。

B 类：4 件，复原 2 件。头戴方形折巾，内着交领衣，外身着圆领长袍，双手笼袖环抱于裆前，坐姿，双足分踏于底座上。标本 M2：57，外着黄釉圆领长袍，底座两侧及前面施绿釉。颈部、左肘略残，前部裆以下残，右后部基座残。通高 35.9 厘米（图七○，

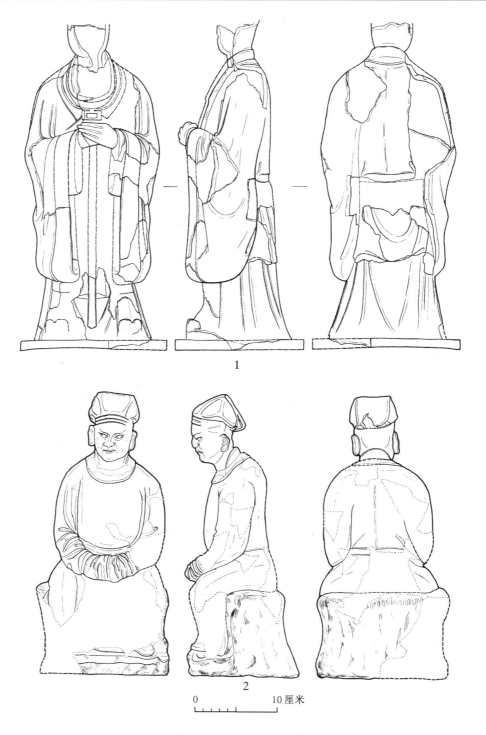

0　　　　　　　10厘米

图七〇　M2 出土陶俑

1.A 类文吏俑 M2:1　2.B 类文吏俑 M2:57

2；图版五七，1）。标本 M2:35，外着绿釉圆领长袍，底座两侧及前面施绿釉。左前头巾及右脸残，左臂、前裆及左后部基座残。通高 36 厘米（图版五七，2）。另两件标本残缺较多，此不赘述。

C 类：2 件，复原 1 件。头戴垂脚幞头，内着小袖交领衫，外着绿釉圆领宽袖长袍，双手持笏板（?）拱于胸前，笏板已佚，站于方形底板上。标本 M2:34，俯首躬背。双手、足尖残。通高 36 厘米（图七一，1；图版五八，1）。标本 M2:33，抬头挺胸。头部残，双手左前右后持笏拱于胸前，笏板已佚。足穿圆头鞋。残高 30 厘米（图版五八，2）。

武士俑：11 件，均残。分 A、B、C 三类：

A 类：7 件，均为坐姿，个体较大，分腿。

标本 M2:14，泥质红胎，火候较好。头残，后脑勺残留有头盔衬帧。上身内着铠甲，外着右衽宽袖翻领绿袍，腰系缀花革带。双臂微屈，双手张开置于分铺双膝上的衣袍下摆上。下身外着长裙，双腿着及膝长靴。双足微外撇，足跟踩于基座上。残高 34.5 厘米（图七一，2；图版五九，1）。标本 M2:19，基本复原，头顶及额部略残，头戴盔，右臂残。基座后部残。残高 38.6 厘米（图版五九，2）。

B 类：2 件，站姿，造型完全相同，均残。标本 M2:28，施绿、黄二色彩釉，以绿釉为主。泥质红胎，火候较好。头残，后脑勺残留有头盔衬帧。身着铠甲，披云肩，双臂肘下残，衣袖于腰侧结缩。腰系革带，足穿靴，分腿站于底板上。底板已残。残高 42.5 厘米（图版六〇，1）。标本 M2:29，仅存数块碎片。

C 类：2 件，坐姿，个体较小，分腿坐于凳（?）上。头部均残。外着绿釉紧身窄袖及膝长袍，腰束革带，左胸饰褶脚垂饰，后背至臀部有饰带一条。双腿着及膝长靴，双足踩于基座上。标本 M2:16，头残，残高 19.1 厘米（图七二，1；图版六〇，2）。标本 M2:20，头残，残高 19.8 厘米。

男侍俑：31 件，复原 5 件。分 A、B、C、D、E、F 六类。

A 类：9 件，基本复原 3 件。通体未施釉，头戴幞头，内着交领衣，外着圆领窄袖及地长袍，腰系革带。足穿尖头或圆头鞋，站于方形底板上。俑身着赭红色颜料。标本 M2:55，幞头后部折上部分残。面略右侧，双手右上左下交于腰前作持物状，物已佚。足穿尖头鞋。通高 33.4 厘米（图七二，2；图版六一，1）。标本 M2:77，复原。通高 33.8 厘米（图版六一，2）。标本 M2:81，基本复原。头上部幞头残。络腮胡，右臂残，左臂肘下残，从残留痕迹看，双手相交拱于腰前。足穿圆头鞋。残高 32.3 厘米（图七三，1；图版六二，1）。标本 M2:87，复原。通高 33.2 厘米。

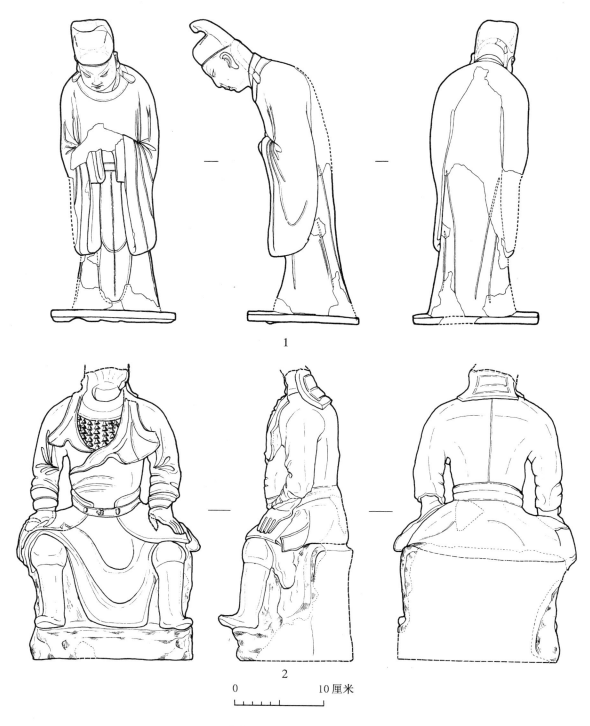

图七一　M2 出土陶俑

1.C类文吏俑 M2:34　2.A类武士俑 M2:14

图七二　M2 出土陶俑

1.C类武士俑 M2:16　2.A类男侍俑 M2:55

图七三　M2 出土陶俑

1.A 类男侍俑 M2：81　2.F 类男侍俑 M2：62

B类：7件，复原1件。头戴幞头，外着浅绿釉圆领窄袖及地长袍。标本 M2：90，通高 32.8 厘米（图版六二，2）。标本 M2：80，头残，残高 28.6 厘米。

C类：1件，标本 M2：68，头戴方形折巾，内着交领衣，外着赭红色圆领及地长袍，左半身残。右臂残，从残留痕迹可知肘以下部分屈向胸前。底板残。人像高 34.7 厘米（图版六三，1）。

D类：2件，均残。标本 M2：64，头戴方顶幞头，右面部残。内着交领衣，外着赭红色圆领窄袖长袍。腰束带并于腰前挽结。右上臂外展，弯肘，小臂上扬，五指张开作握物状；左上臂贴身，小臂向胸前弯曲，手残，与右手成右上左下持物形态。后背以下及前膝以下残。残高 22.7 厘米。标本 M2：65，头、胸、腰残。

E类：1件，标本 M2：76，头、胸、右臂、右足及底板残。内着窄袖衣，外着浅绿釉长袍，腰间系带，挽结垂于身前。左臂弯曲，左手屈张贴腰侧。足穿圆头鞋，站于底板上。残高 27.9 厘米。

F类：7件，基本复原1件。上身内着交领衣，外着绿釉圆领窄袖及膝外衣，腰侧开口。腰间系带，挽结于身前。下身穿长裤，并腿站于底板上。标本 M2：62，复原。通高 34.7 厘米（图七三，2；图版六三，2）。标本 M2：31，残高 26.8 厘米。标本 M2：27，胸以下残。从残留痕迹看，左手屈于胸前。残高 22.6 米。标本 M2：69，残高 27.9 厘米。

另有未辨类别者 4 件。

胡服俑：14件，复原3件。头戴幞头，外着浅绿釉圆领窄袖长袍，腰系革带。下身内穿长裤，足穿尖头或圆头鞋，站于方形底板上。标本 M2：82，头残，络腮胡，右臂略向右后伸直垂于身侧，笼手袖中；左臂微屈，左手贴于腰侧作握物状，物已佚。残高 30 厘米（图七四，1）。标本 M2：58，复原。通高 33 厘米（图版六四，1）。标本 M2：89，复原。通高 33.7 厘米（图版六四，2）。

女侍俑：3件，均残。分两类：

A类：2件。标本 M2：36，头顶盘单髻，面目清秀。身着绿色对襟长衣，双臂肘以下屈向胸前，已残。头后部、下身残。残高 24 厘米（图七四，2）。标本 M2：120，仅存头部。

B类：1件，标本 M2：52，个体较小，头残，上身着绿釉对襟窄袖衣，下身外着百褶裙。双手左上右下屈于胸前，五指伸展，似作舞蹈状。残高 20.1 厘米。

女乐舞俑（？） 12件，均残。头发系结于头顶，两鬓及头顶正中各有一个半圆形饰物。身着窄袖对襟长衣，双手屈伸向胸前，作持物状，足尖微露，站于底板上。标本 M2：

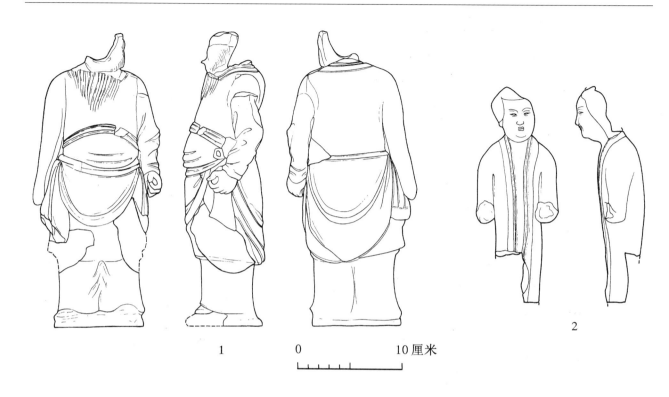

图七四　M2 出土陶俑

1. 胡服俑 M2:82　　2. A 类女侍俑 M2:36

39，胸以下残。残高 15.8 厘米（图七五，1；图版六五，1）。标本 M2:38，右手、左臂肘以下残，胸、背以下残。残高 19 厘米（图七五，2）。标本 M2:51，面部残，左臂肘以下残，底板残。人像高 41.3 厘米（图七五，3；图版六五，2）。

女舞蹈俑：1 件，标本 M2:37，头残，内着交领衣，外着圆领长袖衣。双臂张开，右臂微屈，长袖裹手；左肘以下残。胸背以下残。残高 14.5 厘米。

三身女俑：1 件，基本复原。标本 M2:26，底板较厚，或为圆形，残存较少。底板中央上置一直径为 3 厘米的中空圆柱，圆柱上部残。有三个女俑背靠圆柱对称站于底板上。女俑头发中分，于双耳下束发。面部较丰满。身着浅绿左衽宽袖及地长裙，双手相交于腰前，手均残。仅一个俑头保存完整，另两个面部均残。女俑高 23.8 米，残通高 25.3 厘米（图七五，4；图版六六，1）。

生肖俑：7 件，复原 2 件。

生肖羊俑：1 件。复原。M2:25，泥质红胎，火候较好。人物造型与 A 类武士俑相似。头戴武士巾，头顶贴卧羊头。双目圆张，眼角斜飞。上身略右侧，内着铠甲，外着右衽窄袖翻领绿袍，腰系缀花革带。双臂微屈，双手握拳置于分铺双膝上的衣袍下摆上。下身着长裙，双腿着及膝长靴。双足微外撇，足跟踩于底座上。通高 42.6 厘米（图七六，1；图版六六，2）。

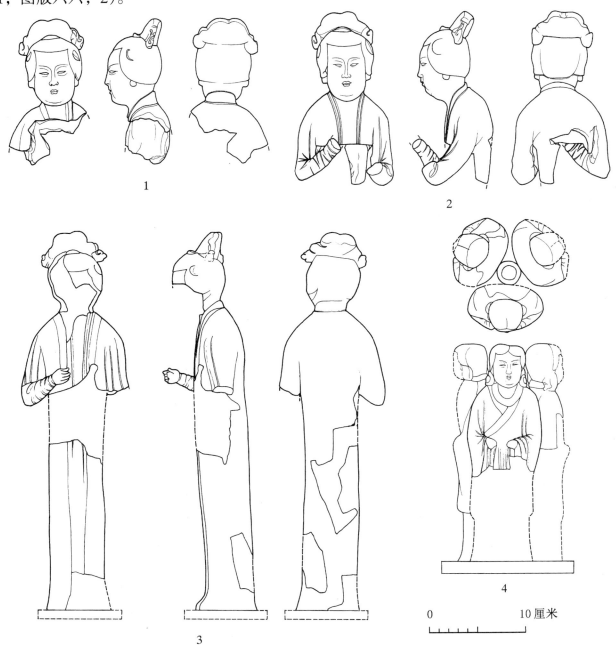

图七五　M2 出土陶俑

1. 女乐舞俑 M2：39　2. 女乐舞俑 M2：38　3. 女乐舞俑 M2：51　4. 三身女俑 M2：26

0　　　　　　　10厘米

图七六　M2 出土陶俑

1. 生肖羊俑 M2：25　　2. 白虎俑 M2：21

生肖鸡俑：1件，可复原。标本 M2：44，双腿残断。除鸡冠外通身施黄釉，头向正前方，直颈，双翅贴身，尾敛向下，双爪站于方形底板上。通高约为 19 厘米（图版六六，3）。

另有马俑、狗俑、猪俑、鼠俑、牛俑等，但都残破不堪。

生肖马俑：1件，残。标本 M2：45，仅 4 个马蹄可辨。

生肖狗俑：1件，残。标本 M2：121，颈、尾、腿部残。双耳下耷，闭口。

生肖猪俑：1件，残。标本 M2：122，头部仅存上颚以上左半部分。耳下耷，长鼻，圆鼻孔。残长 5.9 厘米。

生肖鼠俑：1件，残。标本 M2：123，仅存口、鼻、右脸部分。

生肖牛俑：1件，残。标本 M2：124，仅存额、眼部分。

四神俑：4件，均残。施绿、黄二色彩釉，以绿釉为主。四神附着在坐姿武士的基座或底座上。

青龙俑：1件。标本 M2：18，人像头残，披云肩，上身胸前残，着宽袖绿袍，腰系缀花革带。右臂肘下残，左臂微屈，双手握拳置于左膝上的衣袍下摆上。下身着长裙，足蹬长靴。右腿弯膝平抬，斜向前平伸于裆前，足尖向右前方；左足微外撇，踩于底座上。青龙头部位于人像右膝下，龙头斜向左上方，颈部向下向后弯曲，弓背，龙尾斜向后上方弯展。残高 32.2 厘米（图版六七，1、2）。

白虎俑：1件。M2：21，人像头残，披云肩，上身内着铠甲，外着右衽宽袖翻领绿袍，腰系缀花革带。右臂残，左臂微屈，双手握拳置于左膝上的衣袍下摆上。下身着长裙，足蹬及膝长靴。右腿弯膝平抬，斜向前平伸于裆前，足尖向右前方；左足微外撇，踩于底座上。白虎头部位于人像左膝前，虎头斜向右上方，颈部紧贴小腿向下弯曲，向后上弓为背部，又向下弯曲连接尾部，虎尾斜向后上方屈展。残高 31.6 厘米（图七六，2；图版六八）。

朱雀俑：1件。标本 M2：15，人像头残，右臂及右后背残。上身略右侧，内着窄袖绿色衣，外着黄色铠甲，腰系缀花革带。左臂微屈，左手伸展置于左膝上的衣袍下摆上。足蹬及膝长靴。右腿小腿以下置于基座上，斜向前平伸于裆前，足尖向右前方；左足微外撇，踩于底座上。朱雀位于裆下衣袍前，头向右上方上扬，双足站于底座上；双翅伸展，长尾上翘。残高 33.3 厘米（图版六九，1）。

玄武俑：1件。标本 M2：13，人像头、胸、后背上部残。上身略右侧，内着窄袖绿色衣，外着黄色铠甲，腰系缀花革带。双臂微屈，双手握拳置于双膝上的衣袍下摆上。下身着长裙，双腿着及膝长靴。双足微外撇，足跟踩于底座上。蛇身盘曲于两足间底座上，头上昂（已残），尾屈展至右足内侧。龟已残，不知位置所在。残高 29.8 厘米（图版六九，2）。

2. 陶器：17 件。

器盖　8 件，复原 4 件。泥质灰陶，尖角蘑菇状盖钮，盖内有一圈弦纹。标本 M2：133，盖口内敛。盖径 12.6、通高 5.4 厘米（图七七，1）。标本 M2：134，盖口平敞。盖径 12.6、通高 7.5 厘米（图七七，2；图版七〇，1）。标本 M2：135，通高 7.5 厘米（图七七，3）。

盘状器　1 件，标本 M2：148，应为某类陶俑的附件。泥质红陶，圆盘边缘用手指向上摁出 5 处小折痕，圆盘上部施浅绿釉，下部素面。中部似为一上小下大之圆柱，上下均残。圆盘直径 8.3、残高 2.5 厘米。

筒形器　2 件，复原 1 件。标本 M2：131，方口，直筒，方底。口下饰一周凹弦纹，四面上部饰兰草纹，下部饰上下两组山岩纹。底部饰一周弦纹，其四角与器底四角饰连线。边长 10.3、通高 18.4 厘米（图七七，4）。标本 M2：132，从残片观察，其造型和花纹均与标本 M2：131 基本相同，然已残破不可复原。

假山　5 件，均残。标本 M2：49，施绿釉。残高 13.6 厘米（图七七，5；图版七〇，2）。M2：50，白釉。残高 15.5 厘米。

笙　1 件，标本 M2：146，从残留在笙下部的痕迹观察，该件标本应为伎乐俑所持之乐器。残高 4.4 厘米。

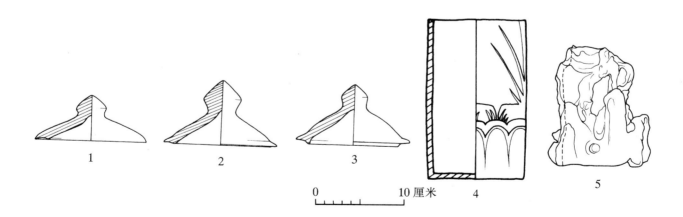

图七七　M2 出土陶器

1. 器盖 M2：133　2. 器盖 M2：134　3. 器盖 M2：135　4. 筒形器 M2：131　5. 假山 M2：49

3. 瓷器：24 件。

碗　16 件，复原 6 件。标本 M2∶139，圆唇，斜口，弧腹，浅圈足。口沿下外侧饰颜色很浅的青花花瓣纹，色块晕散；内侧靠近口沿处亦有淡淡的青花线条，边沿不清晰，亦有晕散现象。两面施釉，釉色呈白色略泛黄，有细碎的裂纹。胎致密、烧结，呈白色略显灰。胎厚约 0.3 厘米，口径 14.4、底径 6.4、通高 6.9 厘米（图七八，1；图版七〇，3）。标本 M2∶130，褐胎黄釉，圆唇，敞口，弧腹，浅圈足。口径、底径 6.4、通高 6.9 厘米（图七八，2）。标本 M2∶126，方圆唇，口微敞，弧腹，假圈足底。施黄釉。口径 10.2，底径 3.4、通高 5.2 厘米（图七八，3）。标本 M2∶128，圆唇，直口，浅圈足。施玳瑁色釉。口径 10.5、底径 4、通高 5.2 厘米。标本 M2∶129，圆唇，口微敞，弧腹，假圈足。施黑釉。口径 9.6、底径 3.6、通高 4.8 厘米（图七八，4）。标本 M2∶137，方平唇，斜口，浅圈足。施黄釉。口径 12.7、底径 4.3、通高 6.2 厘米。

盏　1 件，复原。标本 M2∶127，灰黑色，尖圆唇，浅盘，平底。口径 10、底径 3.1、通高 2 厘米（图七八，5）。

碟　2 件，基本完好。黄釉，圆唇，浅盘，圈足。标本 M2∶105，口径 5.7、底径 2.2、通高 2.5 厘米。标本 M2∶106，口径 5.6、底径 2.9、通高 2.4 厘米。

壶　1 件，标本 M2∶159，残存口、颈部，残高 11.5 厘米。

罐　1 件，标本 M2∶160，残存口、颈部，残高 5.1 厘米。

鸟头　1 件，残。标本 M2∶147，残高 2.7 厘米。

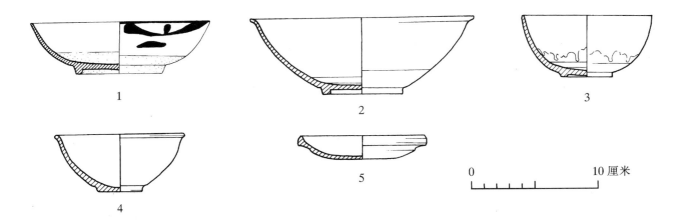

图七八　M2 出土瓷器

1. 碗 M2∶139　2. 碗 M2∶130　3. 碗 M2∶126　4. 碗 M2∶129　5. 盏 M2∶127

花瓶　1件，残。M2∶107，上部残，下腹斜直，底内凹。器表施青釉，近底部无釉，釉下饰花草纹样。底径9.5、残高13.6厘米（图版七〇，4）。

瓶　1件，残。标本M2∶108，口颈残，上腹部鼓，下腹斜收，小圈足，残高9.5厘米（图版七〇，5）。

4．铜器：3件。

壶形器　1件，青铜质，保存基本完好。标本M2∶92，由上、中、下三部分分范制成，合扣为一使用。上部为口颈部分，大体呈喇叭形，口内敛，颈近直，颈部有三道凸棱，在颈肩相交处起一道方棱，棱下内收部分扣于中部上端内侧。中部为肩腹部分，肩部与腹部各有一弧棱，腹下部外撇扣于下部上端外侧。下部为基座部分，其上端内收与中部下端相扣合，向下斜直接壶内底，内底平。其下为圈足，圈足下部外撇，至底部内收。圈足上亦有三道凸棱。口径8、底径14.8厘米。上部通高21.6、中部通高13.8、下部通高11.2厘米，合扣后通高45.4厘米（图七九，1；图版七一，1）。

烛台　1件，青铜质，完好。标本M2∶91，保存完好。通高11.4厘米（图七九，2；

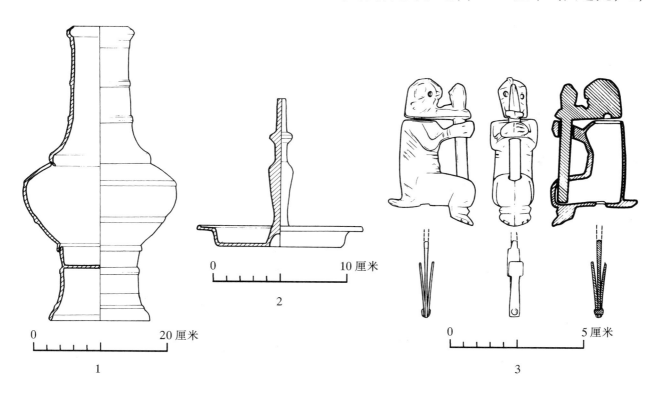

0　　　　　　　20厘米

1

0　　　　　　　10厘米

2

0　　　　　　5厘米

3

图七九　M2出土铜器

1．壶形器 M2∶92　2．烛台 M2∶91　3．猴形锁 M2∶103

图版七一，2）。

猴形锁　1件，标本 M2：103，青铜质，保存基本完好。整个器物分三部分分铸而成：猴头、锁栓合铸为一个整体。猴头头顶起一道脊，向前延伸连接鼻子，紧贴两侧鼻翼后上方各做一圆坑，是为眼睛。在颈前铸出一个平直前伸连接锁栓的构件，其下部锁栓为圆柱形，上部呈不规则扁三角形。猴头颈部中央留有锁眼，有部分锁钥已锈烂于内。高 4.1 厘米。猴身体为左右分铸后合成的一个整体。在与颈部相接的顶面中央有长条形锁眼。上臂紧贴身体，双手于胸前合抱并留出锁栓插孔。身体正坐，短尾向后略上翘，尾下前面有近长方形锁眼。背两侧各有斜向下方的刻痕十余道，腹两侧有水平方向刻痕七八道。双腿并拢平伸向前，在大腿近膝盖处中部留出锁栓插孔。小腿较短，并足前伸。身高 4 厘米。钥匙分为三个叶片。中间叶片较厚，其前段已残断，残存部分前端较窄，向下连接一个近长方形的突出部分；左右两个叶片在相应位置亦各有一个近方形的突出部分，其下端与中间叶片下端基本平齐，三个叶片合收于钥匙底端。钥匙残长 2.9 厘米。通高 5.8 厘米（不包括钥匙）（图七九，3；图版七一，3）。

5. 玉器：10 件。

坠饰　1件。标本 M2：93，保存完好。上部扁平，其后面与下部后面平。为不规则五边形，左右两边近直，有两个并列小穿孔。下部大体呈椭圆环形，环内上面中部向上加工成三角形。高 2.5、宽 2.85 厘米（图八〇，1；图版七二，1）。

钩饰　2件。标本 M2：95，正面及外侧面下部磨平，下端加工成近圆角方形柱状，应与其他物件相接。上部弯曲，残断。背面亦残。高 3.3、残宽 3.9、厚 1.1 厘米（图八〇，2；图版七二，2）。标本 M2：96，残。从残件观察，似由两个相连的近圆形饰件组成。两面中部磨平，两边各磨出一个斜缘，内外缘亦磨平。残宽 4.6 厘米（图八〇，3；图版七二，3）。

夹饰　1件。标本 M2：94，器身上部为一圆管状结构，已残。器身下部正视呈梯形，上窄下宽，下端呈弧形；侧视上窄下宽，上部中分为二，至下端内收相交。残长 7.85 厘米（图八〇，4；图版七二，4）。

围棋子　6枚，圆形，大小基本相同，保存完好。直径 1.5～1.6、厚 0.4～0.5 厘米（图版七二，5）。

6. 钱币　44 枚。

金币　1枚，标本 M2：104，保存完好。无廓，钱边阴刻圆圈一道，正面阴刻楷书“天下太平”四字，亚腰形孔，直径 3.6、厚 0.1 厘米。重 11.4 克。品相完好（图版七三，1）。

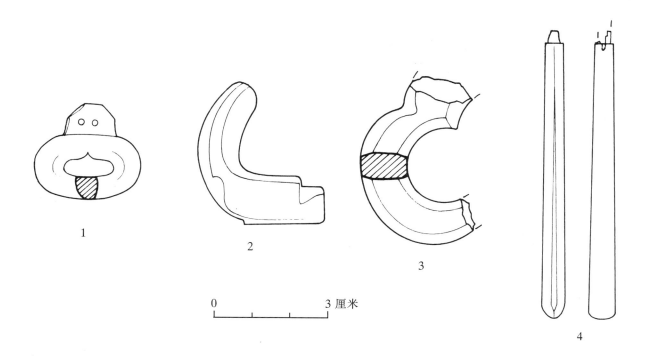

图八〇 M2 出土玉器

1. 坠饰 M2:93 2. 钩饰 M2:95 3. 钩饰 M2:96 4. 夹饰 M2:94

铜钱 43 枚，其中 13 枚出土于墓道内，20 枚出土于两层封门石间，10 枚出土于墓室内。除 5 枚残坏外，其他 38 枚品相完好。标本 M2:180，青铜质，方穿。直径 5.5、厚 0.3、孔边长 1.2 厘米。重 40.6 克。正面有"嘉定元宝"四字，背文"折十"二字，均为楷书（图八一；图版七三，2、3）。

7. 水银 共 750 克，出土时位于墓内排水沟中的右前部。

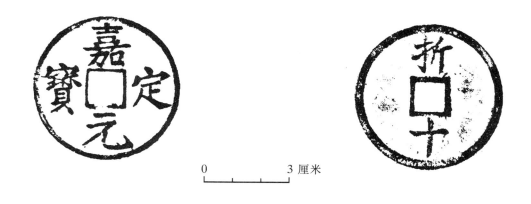

图八一 "嘉定元宝"（M2:180）拓本

五、墓　志

　　安丙墓内出土的墓志石质为青石料，出土时遭人为损坏，已成大小数十块残块，经拼合，志石上部中央、左侧中部及右侧下部缺失。中下部志石表面有很多凿痕，字迹模糊。从石质、保存状况及其在墓中所处的位置来看，志石的残毁当为盗墓者进入墓室时有意而为。墓志通高 2.26、上宽 1.67、下宽 1.72、厚 0.268 米。每行 80 字，共 64 行，原文为楷书，共约有 4960 余字，现存 3800 余字（图八二，另见附图）。现录文如下：

有□少傅保寧軍節度使致仕武威郡開國公食邑五千□……」
公□丙字子文姓安氏其先應州人九世祖諱福遷事後□□□□□□□□□ □□□□□□
□□□□□□□□□□□重誨明敏謹恪事明宗爲佐命功臣拜侍中兼中書令典掌機密後因
討潞王」從珂爲李洪昭等所譖不得白卒遇害死其妻及二子崇□□□□□□□□□□□
□□□□□□□□□□□□□族來蜀蘖居于宕渠渠江縣之涪洄富連阡陌遂占籍爲渠人
　國朝分渠江」及果合各一邑置廣安軍始爲廣安人數傳族浸蕃大迺□□□□□□□
□□□□□□□□□□□□□□顗崇績生文寶文寶生瓘瓘生康民即公之曾大父也贈
太師封申國公妣李贈」秦國夫人大父邾贈太師封衞國公妣趙贈魯國夫人□□□□□□
□□□□□□□□□□□□□□置鄒上口授論語孝經不數過成誦及從小學已
不類常兒衞公嘗引至田間觀」刈麦公與羣兒戲溪上俄溺水衞公暮歸始覺嘔沿溪□□□□
□□□□□□□□□□□□□回道人者數徃來清谿一日從學舍見公
遽加拊愛因指謂人曰畐山之神降生」人間更後五十年當以勳業致貴即此兒也言訖去□□□
□□□□□□□□□□□□□□□□侵牟家時或弗給公性孝慈未冠已
知養親乃折節從人假館敩學以□菽水間挾」册游金泉一時□行皆畏公爲雄□□歲甲午公年
□□□□□□□□□□□□□□□□□□□□第八明年　廷對登進士第
調昌州大足縣主簿時楚公與吳國皆在□官滿以舊」員未及格乃沿檄部綱至在所會　朝廷遣
使出疆□□□□□□□□□□□□□□□楚國憂阻不赴服除再
以檄詣在所更調利西帥屬帥吳武穆也得公大加敬遂與聞」軍旅事得熟究邊防利病於是諸將
悉歸心願交而□□□□□□□□□□□墨員改秩宣教
郎漕使楊公王休尤相器重復以綱事檄公一行且計可從□□□」然請徃事集授知成都府新
繁縣懷　勑歸將之宦□□□□□□□□□□□□□□□□□強者爲
然復命公宰新繁公又去之新繁裁四三月強者又以計奪之公不□□□□」去然亦無甚愠色獨
以將母徃來不遑寧處爲患耳居□□□□□□□□□□□□□□□□□□□□□□□

0　　　　　　　　　　　50厘米

图八二－1　墓志拓本（另见附图）

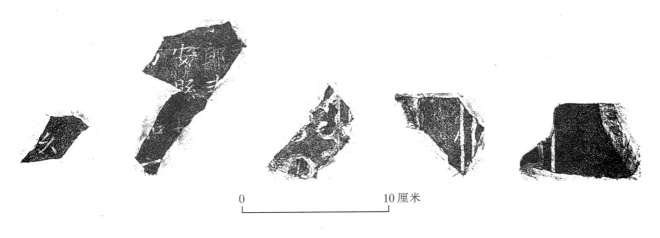

图八二-2　墓志残块拓本

刃恢恢有異政不擾而辦當途盡推服自紹熙癸丑通籍□下至慶元六年庚申□□」費八年始畢
須入而中間喪母哭子憂患半之一生禄□□□□□□□□□□□□□□□□□□□□□□□
□□□孟子所謂天將降大任者論之始爲知言也倅隆慶府艮其職□□□□□□□□□」開禧
改元除知大安軍稍始聞　朝廷有用兵意俄報隰□□□□□□□□□□□之區以書抵松論
今日之事□□可輕舉者十且師出無名即出師萬必誤　國願趣抗跅力回□□□四□□松皆
不」納及曦被　旨辟公隨軍轉運公雖知其必敗事然猶欲□□□□□庚不至大衂乃不知曦久
已包禍故繆爲布置囚□虜也丁卯春正月曦遂以蜀叛僭王者車服北面事虜改正月爲元年囚公
爲丞相長」史公乃卧病陰有圖曦之志曦三世積威勢傾中外黨與囮逆發端爲難公令子癸仲潜
出入市肆間詭爲貨金密覘物□欲糾合同志以助義舉或告以合江倉官楊巨源聞變日□□□□
□□□□□入山」中軍正將李好義受僞命日舉家相對泣下恥爲所污公知此兩人者可與共舉
大事亟招與語悉出褚中金與之縱所□不問於是癸仲與巨源交結義徒爲謀於外而使好義□□
□□□□於內賴天之靈」宗社之福神人共謀不以泄敗公乃矯詔以二月甲戌命好義夜集麾下
勇敢七十人宿其家告以大舉授以方略且戒圖曦之外毋妄殺人衆惟命翌日未犁明公曰可矣□
好義□□□□入僞宮李貴徑趨」曦寢斬其首以獻是日也風馳電擊忠義響應軍人鼓譟皆捨逆
復順公徐率官吏具冠履宣密詔以賊首徇三軍慰安反側又懼諸軍乘勢爲民害因縱令入僞宮剽
掠故一城□□□□□□不□吳晛」姚淮源徐景望等十數人皆曦謀臣次第斬之時景望在
利州迫逐王人奪其總計財賦所聚公恐小人好亂乘時數劫囮遣弟煥徃約諸將相與挕定故誅徐
之日軍民無一人敢譁者於是傳檄諸郡一日按」堵曠然如天日之復見也露布　奏聞隨函曦首
及虜詔印違制等物獻于　朝　上大悦羣臣皆奉表稱賀即日除公端明殿學士中大夫知沔州充

利州西路安撫使四川宣撫副使□恩數並□執政　詔」書奬諭賜賚有加始　朝廷聞變　君宰
相顧失色莫知所爲至有欲因而王之者既而奉　旨密降帛書遺公屬以討賊至則曦已誅矣惟關
表四州曦既□以遺□虜屯□兵□守□□□□公曰此不可緩」也緩則彼守益固蜀脣亡齒寒矣
乃悉遣同功諸猛將分道出師尅期進取義旗所至以次悉平類皆以少擊衆捷報至宣司無虛日蓋
我軍以討逆之後□□□□□□□□□不□敢□也前後所俘獲」以千數公念皆吾中原遺
黎悉厚遣之虜知公勇略不可犯乃始讋服會　主上奮發剛斷誅殄首禍復與虜議和明年嘉定改
元使人出疆和議成公□□□□□□不可時□□□將士□□□□以攻爲守」未幾　上以小使
回虜過有要索乃　親灑宸翰賜公有觀其用意必再衝突勢不獲已未能悉兵等語果不出公所料
二年除資政殿大學士改知興元府利州路安撫使四川制置大使時　朝廷更化之始」專倚分憂
西顧公於用蜀規摹素所講定大抵謂愛養根本使兵民兼裕其間開闔斂散要當與職總計者有無
緩急相救如一家始可以濟然非一心□□□□□言以□□□□未足與議也乃戮力研究」四
蜀民事之利病軍政之得失窮耗蠹之起審救療之宜取　旨罷行皆可經久其小者未易枚舉其大
者專謂蜀口屯十萬兵以三都統主之而沔州一□□□□有尾大不掉勢所必至況世爲吳氏所縮
號」吳家軍其化爲狼與豹也宜哉遂　奏上乞增置利州都統一司分隷其兵以懲偏重之患至如
省廢四都統司闕額人馬及軍中冗員以歲計之所省錢□□□□□□□□□□□□□□□直買
係官鹽井」不科調而財用足以月計之所得租息亦不下數十萬緡其他如經理關外屯田措置嘉
定錢監悉以隷諸總所而免輸代賦所在有之又其大者如多□□□於□□□□之時□□引□於
□度方急之際尤」□□□□□□□□□□□□□□以□□此舉誰敢爲尔也而議者猶謂公□當侵總計
之權此爲識治體否乎蓋公之勳業既已晃赫一世而天才高邁又復過人□□□□□□□□□□非
□□□故者所及至於攻」□□□□□□□□□□□□□□□年以嘉敘州邊界作過夷蠻歇塞□
降增公三秩六年　南郊慶成又增一秩公由□　命帥蜀以來自以起身□生□□而□□穹祿厚
是亦布衣之極雖殫忠盡瘁勤勞」□□□□□□□□□□□□□□報　國之義粗若無愧第功
成不退□道所忌且嫉功妬能自昔而有奈何以身犯之因籲　天勻祠章累上□□□嘉定七年三
月除同知樞密院事兼太子賓客且賜　」□□□□□□□□□□□□□□□用即理舟而東又踰月
已次廣德　上之召公也有言於　朝者況公唐藩鎮謂方桀驁召必不來已而迺來又速也□□□
□□□以公甞中道□辭命除觀文殿學士知潭」□□□□□□□□□□□□□□□□和淵明歸去來
辭使善恊律者歌之意其適蓋公歷年護塞軍旅事叢沓曾不得一伸眉寄興而潭巨州無事可□□
又□□□□□水瀟湘□□□絶海內公撫字之□□自」□□□□□□□□□□□□□□□生相與
講說經史每公庭晝靜凝香一室自謂爲郡之樂前此所無有也八年　上祀明堂覃恩進封武威郡
開國公公□一□□□□□□□□□□風雨對□之恩甞□」□□□□□□□□□□□□□□□

下而倅不果出峽公亦念此始浩然有歸老秋園之志九年正月遂援禮引年乞守本官致仕詞懇切
　詔又不允□□□□□□□□□□□□氣哭之□亟命子癸仲摰室」□□□□□□□□□
□□□月至十一月復一再乞骸骨以歸　詔又一再不允公知　上意未許致其仕十年春□月止
復露章乞奉祠聲益哀□□□□□□□除崇信軍節度使開府儀同三」□□□□□□
□□□□□□廷遣使者閤門舍人聞人璵趙坦來　錫命賜旄節及金印一鈕異數渥洽體貌益隆
公拜　詔感泣如弗勝荷耶且行且□□□□□田一年夏四月始□清溪里□慨□□」□□□□
□□□□□□□親舊時至則相與尋勝賞幽爲一觴一詠之樂山園有石洞號晶然洞天水竹
清奇掩映前後公每携客枰棋于此□□□□□□□□復醉臥石間陶然□□□□之」
□□□□□□□知果州十有二年春　朝廷遣侍臣聶子述來帥蜀先是董居誼爲帥不習邊事
大失軍士心虜人乘之舉兵破武休關直搗梁洋至大安軍宋師所至輒潰俱散入巴南山□□居誼
退」□□□□□□因子述既開幕府首務招安過果州即檄太守入議幕與俱然亦未始傾心與謀
夏四月紅巾賊反突入利州焚刧府庫殺王人楊九鼎大肆□掠子述退保劍門□僚皆犇迸賊焰□
□向內郡」□仲亟號召戎帥張威等軍與會合討賊既抵果州賊宵遁進焚遂寧所過無不殘滅公
以憂兼家　國即輕車來與癸□會議急散家財募兵以佐官軍時四川大震□□□□甚於曦反時
然上下物論皆謂」安公不再起則賊無由平蜀無由定俄有　詔起公爲四川宣撫使許便宜行事
繼除兼判興元府公力辭兼判之命專□宣威進討被　命慨然謂是皆誘於前□□□□□□□不
可復出此使爲民害乃訓」敕諸將厚激犒徑襲擊至遂寧賊聞公再除已膽寒公知賊欲延禍入西
州命分道遣兵遶出賊前邀擊之賊尚欲進圖普州城賴太守張巳之以計捍御不得入賊又負固於
普州之茗山公督勵諸軍示必剿」珍乃已賊計窮蹙一日盡俘以獻公皆斬之於遂寧於是蜀民再
受公賜矣方事之殷賊首張福莫簡潛約虜來爲寇以擾我師虜果引兵來窺西和聞賊平積□□去
□□□□已安靜十三年夏六月有　旨」特除少保仍命擇日宣鎖□制復遣使勞賜如初公力抗
疏辭免冊命公之再建帥閫也蜀人心皆泰然若有所恃而無恐惟財計以經亂之後府庫罄縣大窘
借億公□□□□本□不□更重□□歛今民間」多戶絕及逃亡田不歸于官而反爲姦民所盜占
者尚可發摘取爲財以濟國用即奏行之異時會稽根括所入多至一千萬緡而民間於常賦之外殊
不知有調度之取□□□興西□□從欲滅金虜夏人常」以書來約爲犄角之師公念卻之則示吾
之弱彼或反兵以向我從之則耗吾之力彼將無厭以索我故於是二者每依違而作轇焉使在我無
甚費而在彼無甚拂此又□□變之□□□蜀父兄方日夜祝公」千歲庶幾鎮撫夷夏休息疲甿□
可得數十年之安而蒼生寡緣將星俄殞先是宣閫築新衙落成公幸邊吏無謁時亦領客其中談咲
燕□□□□□□□□□□□矯如龍□□□□□作詩以自況其」一聯云會有風雲來借勢
恐生□角去登仙當時坐客見公良健殊未悟其爲曳杖之歌也明日忽自欲草奏告老尋以微疾薨

於正寢□□□□□有一月之十九日享年七十□四　□□□以公乞休致」制加少傅尚幸勿
藥之喜已而遺□隨上　上爲輟視朝兩日贈少師疏恩身後歸贈九原尚少慰蜀人無窮之思焉□
呼天之生一偉人□□□□以一事將有苗劉則生魏公□□逆亮□□□□皆蜀産也」公生戊辰
自戊辰至丁卯豈數周六十西南當有亂而公已生人間□□□六十年而曦反又十有二年而紅巾
反此二大變蜀存亡繋□□□□□於公之手雖其□□□□世□□之然謂□非天之所命吾」不
信也使生於漢誅呂之功不在平勃生於唐天寶之亂不煩李郭□公學術皆本經濟恥迂闊不適於
用及爲文章詞源浩渺下筆□□□□□□不喜作鈎□□□□□出當代□者□其厓壁
必」嶄絶難近而法門簡易持心近厚無如公者其所自奉養雖至貴□□置時不少改異亦未嘗以
其貴驕人推挽人才極力成就當其□□□□□□又□□□□□□□人□□知也□睦□
□骨肉恩」意皆懽□鄉人故舊見公既貴求之無不獲其所每任用人必厚□之幾其盡力然自古
知人爲難間亦有負公使令反爲盛德之□□□□□□□□□□□威以□□
□□□□服士心」□□涉險始終一節所以見於忠衛社稷德被生靈者可謂暴□天地而無愧質
諸鬼神而不疑然而十有五年之間事業如是□獨不得一觀□□□□□□□□□□顯休命
則□也□□□□嗜愛聲」□□□尤爲澹泊惟弈棊至老不倦雖倥傯不廢幾成癖矣素號晶然山
叟常所論著有晶□集藏于家積官自迪功郎至少保□自渠江縣開□□□□□□□
五百户累加至五千□□户食實」□□貳伯户至貳阡陸□户□李氏吳國之姝□封福國夫人享
年七十有九先公二年薨□民以癸仲賞典轉官申乞回授□□人子三人長□□□□□□
□□□子也生而母亡□以□□今朝散」□□□華文閣前四川宣撫使司主管機宜□字次寅仲
年十八卒于小溪之縣治次乙仲□□十歲以公　明堂恩補承奉□□三人長適故□□□□□
□□□□□□忠翊郎前□□□□同都巡」檢使□仲開次□朝請郎知嘉定軍府事王其賢
孫男二人長恭禮以公　明堂恩蔭補承□□公之從姪孫也命爲寅仲後□□行以公　明堂□□
□□□□□□□□□□府在□□□□孫女二人」長寶孫後公二年卒今祔公葬次文孫尚
幼外孫男女六人其餘堂從子孫以公賞典補官□□□姪良仲今宣義郎前知南□□南川縣震仲
□□□□□□□□□□□今修□□□□所大軍庫」恭靖補登仕郎癸仲與諸孤卜以
十七年正月己酉葬公于晶然山之麓而屬大榮以内誌□□諸壙中用詔不朽大榮於公□□□年
門下士□□異□□□□□□□□□□可□□□□□其始行德」業之大暨付之堅珉乃若
不世之功載在盟府紀于太常播之四海傳之萬世則有□史□□□□在又若行實有狀墓誌有□
神道有碑易名□□則□□□□□□□□□□□□□□□□□宋爲」無極焉可也□定
十六年歳次癸未十二月旦門生從事郎前金州司户參軍宕渠趙大榮謹□孫承事郎　奏差監潼
川府□城清酒務恭行□書。

第三章　三号墓、四号墓

第一节　墓前建筑

一、发掘经过

1996 年 4 月 19 日，在清理 M2 墓道前端条石时，发现条石继续向南延伸并折向东南方向。4 月 30 日，条石延伸至距 M3 墓道仅 1 米处。5 月 1 日下午，M4 墓前下层拜台遗迹开始出露，发现的条石距地表深 0.7 米。5 月 6 日，在距地表深 0.5 米的 M4 墓道前约 2.5 米处出土玉童子 1 件。其时，M4 墓前拜台遗迹亦开始出露。5 月 7 日，发现一大片板瓦碎片，位置在 M1、M2 墓前享堂东部排水沟南约 1.8 米处。5 月 8 日，M3 墓前拜台遗迹出露。至 5 月 11 日，M3、M4 前的附属地面建筑遗迹已全部出露。

二、遗迹

分为上、下两部分，上部遗迹位于 M3、M4 墓道西侧，地面平整，为拜台遗迹；下部遗迹位于拜台遗迹西侧，为护坎遗迹。

护坎遗迹　护坎为南北走向，由 2 至 5 层条石错位叠砌而成，即每下一层横砌条石向西出露 0.1～0.13 米。每层条石间均镶砌有东西向的条石，俗称作"丁字石"，"丁字石"前端出头于石坎外，前部与南北向条石连接处做有"凵"形卯槽。已经发掘出来的护坎遗迹共有四道，从上往下、由东向西依次为第一至第四道（图版七四，1、2）。

第一道护坎　南起 M5 拜台前端南侧，北至 M3 下层拜台的南端，南北长 10.5、残存长 9.65、高 1.2 米。由 4 层条石沿南北向砌成，其间镶砌纵向丁字石。每层条石高 0.27～0.33 米。

第二道护坎 东距第一道护坎0.75米，南起M5拜台前端南侧，向北延伸至M4下层拜台的西端，其延长线与M1、M2的墓道前端石坎相连。南北残长17.65、残高0.5～0.65米。仅存2层条石，沿南北向砌成。

在第一、二道护坎间的南端发现有倒塌的仿木结构屋顶残件2块，均为单檐歇山顶，屋顶雕有筒瓦，檐口有瓦当、滴水。檐下有斗拱，均为四铺作出45°斜华拱偷心造。

第三道护坎 南起M5拜台前端南侧，向北延伸至M4下层拜台的东北部，其延长线与M1、M2前的东部排水沟后坎相连。南北残长21.5、残高0.42米。现存2层条石，沿南北向砌成。

第二、三道护坎间的间距为0.88米，地面上平铺有一层石板，石板厚0.04～0.05米。

在第三道护坎南端发现有倒塌的仿木结构屋顶残件1块，单檐歇山顶，屋脊上有一个长18.5、宽9.5、深2厘米的长方形浅卯槽。屋顶雕有筒瓦，檐口有瓦当、滴水。檐下有3朵斗拱，均为四铺作出45°斜华拱偷心造。补间铺作与转角铺作间以鸳鸯交手拱相连，且转角铺作省斜华拱。

在第三道护坎上还出有一件头部与下身均残的石人翁仲，上身着圆领衣，右臂残，左臂屈于胸前。其体量较小，残高0.46米。

第四道护坎 南起M5拜台前端南侧，向北延伸至第三道护坎的东北部，其延长线与M1、M2前的享堂台基东边条石相连。南北残长24.7、残高1.3米。至少由5层条石沿南北向砌成，其间镶砌纵向丁字石。现仅存4层。

第三、四道护坎间的间距为0.95米，地面上平铺有一层石板，石板厚0.04～0.05米。

拜台遗迹 可分为上、下两层：

下层 又分南、北两部分，南高北低，以中部沿东西向用两层条石砌成的石坎为界，石坎宽0.23米，坎北侧并作出两级踏步。地面均铺有石板，石板厚4～5厘米。平台东端为三层条石（今仅存两层）叠砌成的石坎，往北延伸与M1、M2墓道前端封堵石墙相连；西端为第二道护坎上沿（图版七五）。

北部遗迹的中央正对M4，南北长8、东西宽2.7米，东部石坎残高0.675米。其南半部保存较好。紧贴东壁石坎的东西向中轴线上平行砌有两列条石，相距0.8米，现仅存底部一层，上层已遗失。环其周边的地面平铺有大小不一的长方形石板一层，厚约003至005米。根据保存下来的部分推测，其南北长为8米，东西进深为2.7米（图版七六，

1）；

南部遗迹的中央正对 M3，南北长 3.6、东西宽 2.67 米，东部石坎高 0.41 米（图版七六，2）。

上层　位于 M3、M4 墓道前，平面呈长方形，地面平整，南北长 13.85 米，东西宽 2.4 米。地面原平铺有一层薄石板，现仅存数块。东侧为 M3、M4 墓道前端封堵石墙，从保存下来的条石砌筑现象来看，这道石墙至少由上下四层条石叠置而成。其底部平铺一层条石，向西出露 0.2 米，其上每层被叠压条石均向西出露 0.07～0.09 米，每层条石厚 0.3～0.37 米不等。在 M4 墓道前仅存一层条石；M4 与 M3 墓道间存二层条石；M3 墓道前存二至三层条石。西至 M3、M4 墓道前下层拜台东侧；北到 M4 墓道前端封堵石墙北端营建的一道东西向条石；南至 M3 墓道左壁外西南位置与 M5 隔断的条石处。拜台前部的石坎为南北走向，由三层条石叠砌而成，向北延伸至拜台北端后，折而向下与 M2 墓道前端封堵石墙向南延伸的石坎相接；向南则与 M5 前的拜台相接。在西北部正对 M4 墓道中轴线的拜台前沿石坎边，有一个外轮廓为六边形的焚纸石槽埋于地下，其口部与拜台地面平。石槽内为 0.35×0.33 米的近椭圆形。

三、遗物

以灰陶筒瓦、板瓦为主，另有少量瓷器残片及 1 件玉童子。

陶碗：1 件。复原。标本②：5，泥质红陶，方圆唇，敞口，浅圈足。器表内壁与器表外壁上部施赭红色釉，口径 17.1，底径 6.6，通高 6.2 厘米（图八三，1）。

瓷碗：2 件。均复原。标本②：3，圆唇，敞口，弧腹，圈足。通体施青釉，釉下施青花。口径 13.9，底径 4.8，通高 4.2 厘米（图八三，2；图版七七，1）。标本②：2，白瓷，尖唇，大敞口，圈足。口沿下饰莲瓣纹。口径 16、底径 5.9、高 3.5 厘米（图八三，3；图版七七，2）。

玉童子：1 件，保存完好。标本②：4，头部略呈椭圆形，仅头顶前部雕刻有头发，发形为桃形。八字眉，小嘴上翘。上身着交领窄袖小衣，外套小夹衣。左臂上举，左手拳握贴于脑后侧；右臂弯曲贴于胸前，右手拳握。下身穿饰有菱形十字纹束脚裤，双腿右前左后交叉。全身有贯通圆孔 3 处：其一位于左手与头部相交处，上下贯通；其二贯通右手大、小拇指；其三位于两腿交叉处，前后贯通。另有未贯通圆孔一处，位于腰部左侧。通高 6.7 厘米（图八三，4；图版七七，3）。

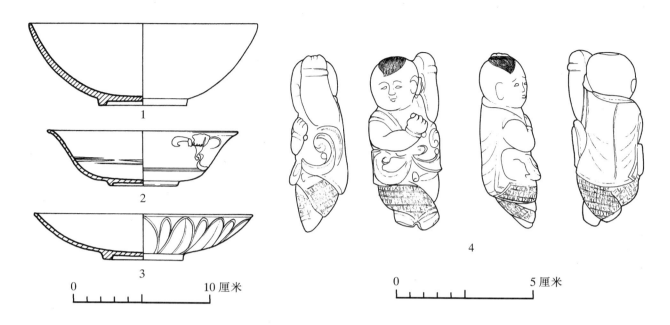

图八三　M3、M4 前遗迹出土器物

1. 陶碗②:5　2. 瓷碗②:3　3. 瓷碗②:2　4. 玉人②:4

第二节　三号墓

M3 位于墓地东南部，北邻 M4，南为 M5。

发现及保存现状　M3 位于 M4 南侧 1.5 米（以墓圹边计）处，为单室券拱式石室墓。1958 年大跃进时，因修建"广安华蓥铁厂"偶然掘开了 M3 的墓门。据当地村民回忆，墓室内出土的随葬品多为三彩陶俑，出土后即被民工打碎抛弃；腰坑亦被人为掘开，破坏殆尽。墓室内现存状况较差，风化严重。

一、发掘经过

封土清理　20 世纪 60 年代，当地修建茶厂时，墓顶的封土已遭破坏。4 月 10 日，清除完墓顶封土上 0.1 米左右的表层土后，其下即露出墓顶封土。封土南、北、东三面并露出墓圹，表明墓圹以上的封土俱已破坏。从已经暴露的墓门顶上的封土断面观察，现存封土高约 0.8~1.25 米。为今后长远保护计，决定保留封土，未进行解剖。

墓圹清理　4 月 10 日，清理墓顶封土时，发现墓葬东部的南、北、东三面露出墓圹。

墓圹系从黄色风化砾岩中挖成，前底后高。4月11日，上午寻找墓道两侧墓圹。将表层土做掉后，发现墓道两侧条石紧贴墓圹砌成。除墓圹前端位置不明外，已经暴露出来的墓圹平面形状呈长方形。由于在墓道前端位置处有很多条石呈无序堆积，故先令民工清理墓道内填土。墓道清理完后，在墓葬西侧发现地面附属建筑遗迹，无法确定墓圹西界。但从墓葬与遗迹的布局分析，墓圹西界可能位于墓道前端条石处。由于无法进行解剖，故停止寻找墓圹西界。至此，确知的墓圹范围大致为东西长9.8、南北宽3.2米。

墓道清理　墓道内填土在20世纪中叶即经破坏，此次清理前墓道后部已经暴露在外的有1米多深。4月11日下午开始清理墓道内填土，填土为杂少量黄色黏土的红褐色黏土堆积，结合极为紧密，似经夯打而成，与墓顶下层封土相同。向下清理约0.2~0.4米，陆续出露条石，个别条石上有精美的雕刻。是日，在墓道填土中清理出土"正隆元宝"铜钱2枚。4月12日后，对M3墓道的清理停止。

墓室清理　该墓墓室内和腰坑中的随葬品均已被盗掘。由于墓门长年暴露，墓内棺台上及四周排水沟内堆积了很多从墓门处填入的泥土与碎石。墓内壁面长满了苔衣。清理时仅用薄竹片和软刷将苔衣清理掉。

腰坑清理　对已经被盗掘的腰坑进行清理时，在浮土中发现1枚"正隆元宝"铜钱。仔细观察其堆积情况后，不能确认该遗物是M3的随葬品。

二、墓葬形制

M3坐东向西，方向北偏西78°。由墓道、墓门、墓室三部分组成（图八四）。

墓圹开凿于黄色风化砾岩上，东高西低，东西长9.8、南北宽3.2米。

墓顶封土分上下两层，上层封土为黄色黏土，结合紧密，现存厚0.15~0.3米；下层封土为杂少量黄色黏土块的紫红色黏土，结合紧密，直接覆盖墓顶券拱石及墓道，厚0.6~1.1米。

（一）墓道　由墓道前端封堵石墙、左右侧壁及墓道后部封堵墓门的外层封门石及其基石构成。前窄后宽，平面略呈"凸"字形。长3.7米、前宽2.4、后宽2.42、中部最宽处2.73米，深度不明，推测其后部与墓室底部大致相当（图版七八，1）。

墓道前端封堵石墙用条石砌成，现存两层，向南延伸部分存四层，向北延伸与M4墓道前端封堵石墙相连。

后部用条石砌成左右两侧壁，呈外"八"字形，其前端各镶砌一块倾斜条石。其中右侧壁长1.88米，倾斜条石内侧面有"凵"形槽口，距墓道前端封堵条石2.4米；左侧壁

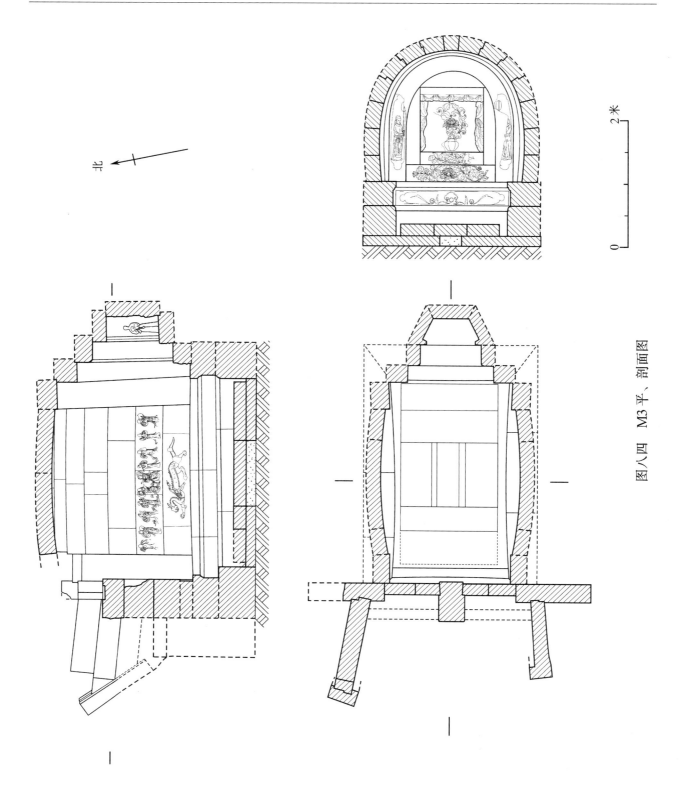

图八四　M3 平、剖面图

长 1.16 米，倾斜条石内侧面有"┘"形槽口，距墓道前端封堵石墙 2.2 米。前部为开挖于基岩上宽 2.4 米的土圹。

墓道后端下部从下至上叠砌四层条石封堵。其中下部两层为构筑墓室台基的前部台基：最下一层以两块巨石置于铺设墓底前部排水沟的石板上，可视长 0.19、高 0.35、向墓室内出露 0.17 米。其上置一块高 0.39 米的大石。台基上置门基石两层：下层平铺一块高 0.19 米的条石，上层以两块高 0.4 米的条石铺成。其上以内外两层三组封门石封堵墓门，其中中部一组内外共用一层封堵，而左右两边一组各以内外两层各两块竖向并置的石板封堵。外层封门石上部尽毁，从下部残存的部分可知：外层封门石封堵墓道后部墓门外侧左右两边。

（二）墓门　由门基、门柱及门梁组成。门梁大部已毁，仅存南端。面宽 2、残高 1.4、进深 0.24 米。

门柱截面为长方形，东西长 0.29、南北可见宽 0.22、高 1.4 米。门柱间间距 2 米。

门梁大部已毁，仅存南端。残长 1.5、高 0.255 米，饰勾卷纹。

门柱间以内层封门石封堵。

内层封门石由 5 组条石叠置组成，上撑门梁。中部现存 2 块，由截面呈凸字型的条石叠置而成，前部窄，后部宽，宽 0.4、厚 0.6、残高 0.8 米。左右两侧各竖置 2 块条石，残高 0.62~1.2、厚 0.19 米。

（三）墓室　单室券拱，长 4.2、宽 2.15、高（从墓顶券拱下至棺台上）2.72 米。由墓室及棺台、腰坑等部分组成。墓室内雕刻人物、动物及花卉图案，均施彩绘。

下部为须弥座式台基，平面为长方形，长 3.145、宽 1.798 米。须弥座为上下两层巨石叠砌而成：下枭及下枋（基座）为下层，前后各用 2 块，左右侧壁各用 3 块。束腰以上为上层，左右侧壁各用 3 块、前后壁各用 1 块条石平砌而成。其中：

左壁须弥座：通高 0.73 米，上枋高 0.11、上枭高 0.073、束腰高 0.215、下枭高 0.065、下枋高 0.272 米。

右壁须弥座：通高 0.74 米，上枋高 0.12、上枭高 0.06、束腰高 0.216、下枭高 0.063、下枋高 0.28 米。

后壁须弥座：通高 0.637 米，上枋高 0.112、上枭高 0.06、束腰高 0.21、下枭高 0.06、下枋高 0.195 米。后壁须弥座亦为后龛的外龛龛台。

前壁须弥座仅有束腰以上：通高 0.385 米，上枋高 0.12、上枭高 0.06、束腰高 0.205 米。束腰下坐石台，石台露明 0.165 米。

底部中央为棺台，长 2.8、宽 1.48 米。由 7 块条石平铺而成，其中中间 3 块纵铺，前后各横铺 2 块。

棺台四周为排水沟。深 0.17 米，排水沟左宽 0.102、右宽 0.13、前宽 0.185、后宽 0.034 米。

上部为不完整的椭球体状（后龛除外）。前为墓门。墓顶为券拱式，纵向呈弧顶形，前后低，中央高；横向亦呈弧形，使墓顶及左右侧壁构成的墓室内上部空间形成一个截取了前、后、下部的椭球体状。左右侧壁弦切线长 2.38、垂距 0.2 米。墓顶及左右侧壁均用长方形条石纵向错缝拼砌而成：墓顶正中用 2 块条石拼成，左右侧壁各以七层条石对称拼砌，其中，下部四层各用 3 块条石，上部三层均用 2 块条石。

后壁面为截取了底部的椭圆形，其中部开龛，为三重龛，其中：

外龛龛口为截取了底部的椭圆形，墓室后壁左、右两侧及顶部为后龛的外龛龛沿，侧宽 0.29、顶宽 0.3 米。龛口底部宽 1.26、高 1.72、深 0.175 米。

中龛龛口略呈梯形，下宽 0.95、上宽 0.875、高 1.195、深 0.27 米。左右侧壁宽 0.162 米。

后壁中央为内龛，龛口上部及左右两侧为帷幔图案，两侧垂幔上部系结。内龛龛口下宽 0.86、上宽 0.705、高 0.815、深 0.445 米。龛台高 0.2 米。左右两侧壁呈外八字形，各有双手捧物侍女一个。后壁中部雕刻花卉图案（图版七八，2）。

三、墓内装饰

墓室内雕刻有大量人物、花卉图案，其上均遍施彩绘。残存彩绘颜色有红、黑二色，以红色为主。色彩保存很差，从色彩剥落处可见彩绘下施有一层白色地泥。

1. 左右侧壁　对称雕刻上、中、下三层人物、神兽及花卉图案（图八五、八六）：

上层　由 3 块条石拼砌而成，高 0.42 米，其上雕刻由 10 个乐舞伎组成的乐队图案，其中外侧条石上雕刻 4 个乐伎，中部条石上雕刻 2 个舞蹈乐伎，内侧条石上雕刻 4 个乐伎。所有乐舞伎均为女性，头戴簪花步摇，身着交领曳地长裙，有披带缠绕身体，线条精细，体态生动。可惜雕刻风化严重，人物面部及衣纹均较模糊。人物高 0.33~0.38 米。

左壁 10 个乐伎（图版七九，1~3）由前至后依次为：

①击鼓伎：乐伎身体略向右侧立，右手持鼓于身体右侧，衣裙下部残毁。残高 0.33 米。

②弹二弦伎：乐器与三弦相似，但上面只有两个旋钮。乐伎身体略向左侧立，左手按

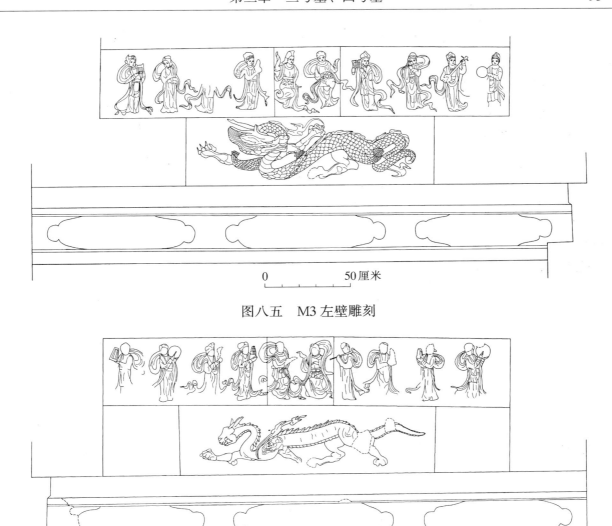

图八五 M3 左壁雕刻

图八六 M3 右壁雕刻

弦，右手作弹拨状。高 0.355 米。

③吹横笛伎：乐伎身体略向右侧立，双手按音孔，嘴作吹奏状。高 0.34 米。

④吹排箫伎：乐伎身体向右侧立，头略向左侧。双手持排箫下部两边的把手高举至头右侧。高 0.36 米。

⑤舞旋伎：舞伎身体向正面，衣袖旋扭拢手。左臂屈肘上举，右臂屈肘横于胸前，扭臀弯膝。高 0.34 米。

⑥舞旋伎：舞伎身体向左侧立，衣袖旋扭拢手。右臂屈肘上举，左臂贴于身侧，左手后扭。扭臀弯膝，右腿侧抬。高0.375米。

⑦吹笙伎：乐器已残损模糊，从留下的痕迹来看应为笙。乐伎身体向左侧立，双手捧住乐器下部，嘴作吹奏状。高0.34米。

⑧乐伎：乐伎上身已残毁，身体向左侧。残高0.175米。

⑨吹奏乐伎：乐伎身体向左侧立，双手捧乐器于胸前，乐器已残。从双手捧乐器这点推测，应该是吹奏乐器。高0.34米。

⑩吹排箫伎：乐伎身体向左侧立。双手持排箫下部两边的把手举至左肩处，嘴作吹奏状。高0.36米。

右壁10个乐伎（图版八〇，1~4）由外至内分别为：

①拍板伎：乐伎身体向右侧立，头略向左侧。双手持拍板举至头右侧。高0.36米。

②击鼓伎：乐伎身体向左侧立。左手托鼓于左肩前，右手持鼓槌作击鼓状。高0.35米。

③吹奏乐伎：乐伎身体向左侧立。双手托乐器于身前，乐器已残损，模糊不可辨。从双手托乐器这点推测，应该是吹奏乐器。高0.35米。

④吹笙伎：乐伎身体向左侧立。双手捧笙于身前，乐器吹嘴已残。高0.355米。

⑤舞旋伎：舞伎身体向左侧立，衣袖旋扭拢手。舞姿：右臂屈肘弯曲于胸前，左臂反扭于身后。扭臀弯膝，右腿微抬。高0.35米。

⑥舞旋伎：舞伎身体向右侧立，衣袖旋扭拢手。舞姿：右臂屈肘上举，左臂向左摆。扭臀弯膝，左腿向右抬起。高0.355米。

⑦吹横笛伎：横笛吹孔端头上弯作成龙头状。乐伎身体略向右侧立，双手右上举按音孔，嘴作吹奏状。高0.35米。

⑧拍板伎：乐伎身体向左侧立。双手持拍板举至左肩前。人像面部已毁。人像腰下部分残毁。残高0.315米。

⑨吹笙伎：乐伎身体向右侧立，头略向左侧。双手捧笙于身前，乐器吹嘴已残。人像面部已毁。高0.35米。

⑩击鼓伎：乐伎身体向左侧立，头略向右侧。左手托鼓于左肩前，右手持鼓槌作击鼓状。高0.35米。

中层　由三块条石拼砌而成，高0.415米。其中中间一块条石上分别雕刻青龙（左壁）白虎（右壁）图案。

0　　　　　　　　　　　　50厘米

图八七　M3后壁及后龛雕刻

左壁中部雕刻青龙图案，长 1.255 米：龙头在内侧，头扭向身后，颈部向下弯曲，龙背略上弓，身体向外侧蜿蜒舒展，龙尾向下盘曲，尾端蜷曲。双前肢前后舒张，右肢向前伸直，四趾向上张开，左肢向后伸直，位于龙背上部，四趾抓物；左后肢向后蹬直，右后肢半卷屈，肘以下向前（图版八一，1）。

右壁中部为白虎图案，长 1.26 米：虎头向外，颈部向下弯曲，身体向内侧蜿蜒舒展，尾部向后平伸。双前肢前后分张，右肢向前伸直，四趾向下紧握，左肢向后蹬地，肘以下残；左后肢向后蹬直，右后肢半屈蹬地，肘以下前伸（图版八一，2）。

下层　左右壁须弥座束腰内对称雕刻 3 幅图案，已毁。

2. 后壁

左、右两侧的外龛龛沿各雕刻一个侍者。侍者身体向中部的后龛侧立。左侧侍者右半身已残（图八七；图版八二，2）。右侧侍者头戴软脚幞头，垂脚于肩后；上身着圆领衣，系有腰带，下身着裙，双手持杖柄下部（图版八二，1）。

后龛中龛龛台雕刻牡丹花图案。

中龛后壁的内龛龛沿上部及左右两侧雕刻帷幔图案，两侧垂幔上部系结。下部的内龛龛台雕刻荔枝图案。

内龛左右两侧壁各雕刻双手捧物侍女一个。后壁中部雕刻花卉图案：下部为六边形瓜棱花瓶；花瓶中插菊花一枝（图版八三）。

后壁下部须弥座束腰内雕刻花卉图案（图版八四）。

第三节　四号墓

M4 位于 M2 南侧 2.4 米、M3 北 1.5 米处，比 M3 略靠前。两座墓的墓葬形制基本相同。

一、发掘经过

发现　1996 年 5 月 11 日下午临近收工时发现盗洞，从盗洞中可见墓内棺台上及排水沟内有黄色淤泥。淤泥上覆盖有从盗洞陷入墓内的黄色黏土，呈斜坡状堆积。从发现日起到 5 月 21 日清理完毕，历时 6 天。

封土清理　20 世纪 60 年代，当地修建茶厂时，将 M4 墓顶的封土破坏。5 月 12 日，清除完墓顶封土上 10 余厘米的表层土后，其下即露出墓顶封土。封土南、北、东三面并露出墓圹，表明墓圹以上的封土俱已破坏。现存封土高约 0.8 米。为保护计，决定保留封土，未进行解剖。

寻找墓圹 5月12日，清理墓顶封土时，发现墓葬东部的南、北、东三面露出墓圹。墓圹系从黄色风化砾岩中挖成，前底后高，平面形状呈长方形。从已经暴露的墓门顶上的封土断面观察，墓圹内第一层封土为黄色砂黏土与风化砾岩碎块的混杂堆积，第二层封土为深褐色黏土，第二层封土下压墓顶封盖石板。其堆积情况与 M3 墓顶封土几乎完全相同。5月13日上午，寻找墓道两侧墓圹。将表层土做掉后，发现墓道两侧条石紧贴墓圹砌成。除墓圹前端位置不明外，已经暴露出来的墓圹平面形状呈长方形。由于在墓道前端位置处有很多条石呈无序堆积，故先令民工清理墓道内填土。墓道清理完后，在墓葬西侧发现有地面附属建筑遗迹，无法确定墓圹西界。但从墓葬与遗迹的布局分析，墓圹西界可能位于墓道前端条石处。由于无法进行解剖，故停止寻找墓圹西界。至此，墓圹范围大致为东西长 6.9、南北宽 6.3 米。

墓道清理 5月12日，开始清理覆盖在墓道上的填土。填土为含少量碎石块的黄色黏土与风化砾岩混杂的堆积，结合极紧，似经过夯打。清理中发现，盗洞位于墓门右上角，直径约 0.52 米。封门石出露，呈横向叠置，墓道两侧壁上部也已露出。5月13日，墓道中陆续发现有陶俑头、身残片，青龙俑、朱雀俑残片以及板瓦残片。外层封门石情况渐渐明了：中央叠置截面略呈方形的条石，两侧横向叠置长条石，其中北侧封门石上面两层已经被盗墓者撬动。南北两侧封门石均已出露 2 层。下午，墓道前端条石全部出露。5月14、15日，南北两侧封门石出露 4 层。5月19日，出土有瓷器、三彩陶俑残片。外层封门石全部出露，中央叠置 5 层条石，南北两侧横向叠置 4 层长条石。墓道底部清理至外层封门石底部时，结束墓道清理。

墓室清理 5月19日下午开始清理墓室填土。首先清理从盗洞中陷入墓室内的黄色黏土，是为墓室内第一层堆积。堆积呈斜坡状。在此层上部出土有铁锄 2 件，下部出土有部分随葬陶俑残片。5月20日，清理墓室内下层黄色淤泥。淤泥厚约 0.5 米，绝大部分分布于棺台后部及排水沟中。淤泥下出土有较多陶俑残片。5月21日，在淤泥下棺台和排水沟中见有木炭，并在棺台上后部左侧发现有棺木痕迹。绝大部分随葬品出于淤泥下的棺台和排水沟中，分布凌乱，基本上都为残损的碎片。随葬品中的绝大部分为陶俑，均已残损，另有少量陶器、瓷器残片。在棺台上后部近棺室后壁处出土有银碗 1 件。到下午收工时，棺台上已经清理完毕。5月22日，清理棺台四周排水沟内淤泥，其中仍大量出土陶俑残片，并出土"宝庆元宝"金币 1 枚、金插针 1 枚。下午，绘制随葬品平面图，起取标本，结束墓室清理。

腰坑清理　棺台由6块石板平铺而成，后部1块及前部2块石板横铺，中间3块石板并列纵铺。6月21日下午开始清理。首先用钢钎、木棍撬开棺台中部北侧石板，其下出露"嘉定元宝"大铜钱59枚。由于墓室内空间狭窄，又无法将撬开的石板抬出墓室，因此，决定在照相、绘图后将钱币起取。6月22日上午，撬开棺台中部南侧石板，其下出露"嘉定元宝"大铜钱53枚，照相、绘图后将钱币起取。下午，撬开棺台中部的石板，石板下尽为石灰层覆盖。清理完石灰层，中部出露一个近长方形的石槽，在石槽东侧沿上出露8枚银质冥币，东侧沿上中央出露1枚"嘉定元宝"大铜钱。石槽内石灰厚0.05米，其下出露的石槽底中央放置有1面菱花铜镜，铜镜上及石槽底部四方用108枚金银冥钱按方位排成八卦中的坎、离、震、兑图案。照相、绘图后将钱币和铜镜起取，铜镜下出露一个直径为0.2米的圆坑，内置玉石1块。绘图、照相后起取玉石。最后将撬开的棺台石板放归原位，结束清理。

二、墓葬形制

M4坐东向西，方向北偏西78°。由墓道、墓门、墓室三部分组成（图八八）。

墓圹开凿于黄色风化砾岩上，东高西低，东西长10.3、南北宽6.3米。

墓顶封土现存厚0.8~1.2米，其上覆盖的耕土层厚0.2米。分上、下两层：上层为黄色砂黏土，结合紧密，厚约0.25米；下层封土为紫红色黏土，内杂少量黄色黏土块，结合紧密，直接覆盖墓顶券拱石及墓道，厚约1米。经局部解剖，封土上部堆积因雨水浸泡较为松软，下部堆积较为紧密，未发现有夯打痕迹。

（一）墓道　由墓道前端封堵石墙、左右侧壁及墓道后部封堵墓门的外层封门石及其基石构成。长3.28、前宽约4.02、后宽2.5米，深度不明，推测其后部与墓室底部大致相当。

墓道前端封堵石墙用条石砌于风化砾岩上，向南延伸与M3墓道前端相连。现仅存一层。

左右侧壁用条石叠砌而成。两侧壁后部基本平行，底部基石向墓道内出露0.22米，其上叠砌五层条石（左壁现存四层）。其中右侧壁长2.54米，其前端在距墓道前端封堵条石1.3米处折而向北砌筑两层条石，其中上层条石长1.23、宽0.25、高0.46米，下层条石长0.64、可见宽0.26、高0.5米。下层条石西侧面北端有一个"⌐"形槽口，距西侧墓道前端封堵石墙1米，其间应镶砌有一块相连接的条石，槽口深0.03、宽0.24米。左侧

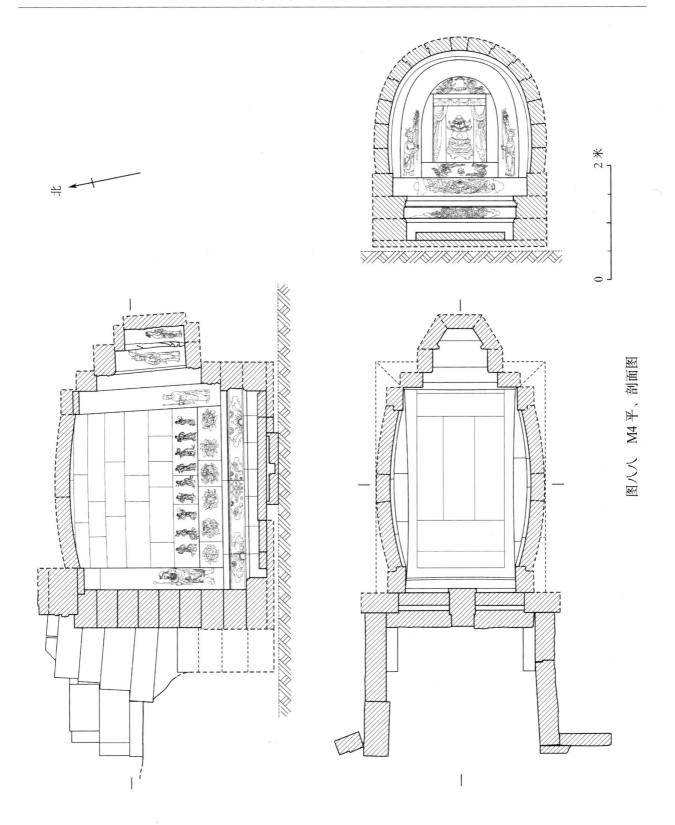

图八八　M4平、剖面图

壁长 2.34 米, 其前端在距墓道前端封堵条石 0.7 米处折而向南砌筑三层条石, 现存下部两层。其中下层条石南端与墓道前端封堵石墙相接, 可见长 0.54、宽 0.38、高 0.46 米; 上层条石长 0.92、宽 0.23、高 0.24 米。

墓道后端下部叠砌条石封堵, 为封堵墓门的内外层封门石及墓门门柱的基石。由于墓道未清理至底, 因此无法全然了解其砌筑详情。从墓室内观察, 最下层一块基石的结构与墓室左右侧壁及后壁底部的基石相同, 并与之共同构成墓室底部基础。下压墓底铺设排水沟的石板, 高 0.35 米, 伸进墓室内 0.2 米。其上叠砌两层条石, 分别高 0.39、0.42 米。内外层封门石中部的封堵条石即置其上, 由 6 块截面呈 "凸" 字形的条石叠置而成, 前部窄, 后部宽, 其顶部一块内侧上撑甬道顶部拱顶, 外侧上撑门梁底部, 内侧通高 1.975米, 外侧通高 2.12 米。内外层封门石中部的封堵条石底部的左右两侧砌筑内外两层条石, 高 0.4 米。两侧的外层条石上各横向叠置 4 块巨石, 其内侧上承门梁, 为外层封门石。其内侧加工平整, 外侧留有凿痕, 厚 0.2～0.27 米, 通高 1.68 米。两侧的内层条石上各竖置 2 块条石, 上承门梁, 为内层封门石, 通高 1.68 米。

(二) 墓门 由门基、门柱及门梁组成。面宽 2.12、进深 0.37、高 1.68 米。

门柱 截面为长方形, 东西长 0.37、南北可见宽 0.29、高 1.68 米。其底部压在墓道左右侧壁底部基石东端, 门柱外侧面紧贴墓道左右侧壁后端。门柱间间距为 2.12 米。

门梁 横压在门柱上, 正视为三角形, 其外侧面中部雕刻双狮戏绣球图案。长 3.15、宽 0.35、中部高 0.61、两侧高 0.32 米 (图版八五, 1、2)。

(三) 墓室 单室券拱, 长 4.65、宽 2.34、高 (从墓顶券拱下至棺台上) 3.17 米。由墓室、棺台及腰坑等部分组成。墓室内雕刻人物及花卉图案, 均施彩绘 (图版八六)。

下部为须弥座式台基, 平面为长方形, 长 3.45、宽 1.79 米。须弥座由上下两层巨石叠砌而成: 下枭及下枋 (基座) 为下层, 前部用 2 块, 左右侧壁各用 7 块, 后壁用 1 块。束腰以上为上层, 左右侧壁各用 3 块条石拼砌而成, 后壁用 1 块条石。其中:

左壁须弥座通高 0.743 米, 其中上枋高 0.13、上枭高 0.075、束腰高 0.21、下枭高0.033、下枋高 0.295 米。

右壁须弥座通高 0.765 米, 其中上枋高 0.103、上枭高 0.075、束腰高 0.215、下枭高0.082、下枋高 0.29 米。

后壁须弥座通高 0.732 米, 其中上枋高 0.104、上枭高 0.075、束腰高 0.214、下枭高0.063、下枋高 0.276 米。

底部中央为棺台, 棺台长 3.03、宽 1.46、高 0.127 米。由 6 块条石平铺而成, 其中外侧 2 块及内侧 1 块横铺，中间 3 块纵铺。

棺台四周为排水沟。深 0.14、左宽 0.181、右宽 0.177、前宽 0.19、后宽 0.06 米（图八九；图版八七）。

上部为不完整的椭球体状（后龛除外）。墓顶为券拱式，纵向呈弧顶形，前后低，中央高；横向亦呈弧形，使墓顶及左右侧壁构成的墓室内上部空间形成一个截取了前、后、下部的椭球体状。左侧壁弦切线长 2.89 米，垂距 0.2 米；右侧壁弦切线长 2.875 米，垂距 0.195 米。墓顶及左右侧壁均用长方形条石纵向错缝拼砌而成：墓顶正中用三块条石拼成，左右侧壁各用 8 层条石对称拼砌，其中，最底层为第一层，用 4 块条石，第二层用 3

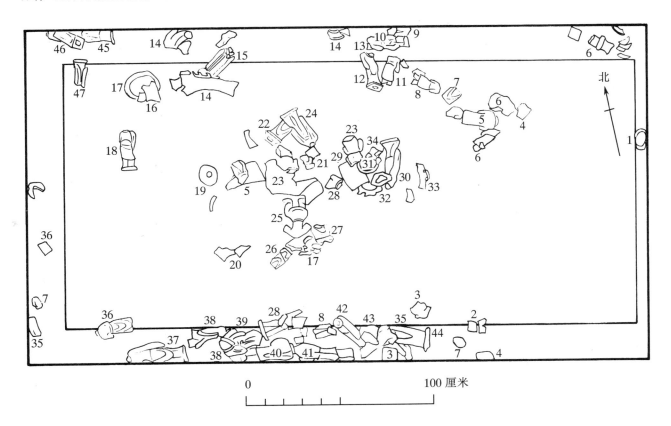

图八九 M4 棺台随葬品分布图

1.银碗 2、4、15、21、26、38、49、52、56.F 类男侍俑 3、36.庖厨俑 5、8、45、50、51.Ab 类男侍俑 6、19、64.陶罐 7、59.武士俑 9、28、46、58.B 类男侍俑 10.歧发男戏俑 11.E 类男侍俑 12、23、27、37、47.Aa 类男侍俑 13、40.侍女俑 14.白虎俑 16.击鼓女侍俑 17、34.铁环 18、24、30、35、41、42、44、48、55、60、61.A 类文吏俑 20.白瓷碗 22.D 类文吏俑 25.俯听俑 29.C 类男侍俑 31.C 类文吏俑 32.D 类男侍俑 33.朱雀俑 39.B 类文吏俑 43.蹲坐女戏说俑 53.瓷碗 54.仰观俑 57.G 类男侍俑 62.青龙俑 63.玄武俑 65.金簪 66.“宝庆元宝”金币（48~66 由淤泥中清出，位置不能确定）

块条石，第三层用 5 块条石，上部 5 层均用 3 块条石。

后壁面为截取了底部的椭圆形，通高 2.44 米。其中部开龛，为三重龛，其中：

外龛龛口为截取了底部的椭圆形，墓室后壁左、右两侧及顶部为后龛的外龛龛沿，侧宽 0.29、顶宽 0.3 米。龛口底部宽 1.235、高 1.79、深 0.254 米。龛台高 0.38 米。

中龛龛口略呈梯形，下宽 0.935、上宽 0.865、高 1.21、深 0.42 米。龛底与内龛底平。龛台高 0.243 米。

中龛后壁中央为内龛，龛口上部及左右两侧为帷幔图案，两侧垂幔上部系结。内龛龛口下宽 0.777、上宽 1.04、高 1.035、深 0.34 米。左右两侧壁呈外"八"字形。龛内壁下宽 0.46、上宽 0.38 米。

腰坑　棺台上中间 3 块纵铺的条石下为腰坑（图九〇；图版八八～九〇）。腰坑中央放置一个近长方形的石槽，长 1.27、前宽 0.44、后宽 0.53 米，石槽边沿宽 0.05～0.07 米，内深 0.05 米。石槽内中央有一个圆坑，口大底小，其内放置一块截面略成三角形且表面光滑并带有血红色痕迹的不规则形玉石。圆坑口以一面菱花铜镜覆盖，镜面向上。

石槽内及铜镜上放置 108 枚金银冥钱（实应放置 107 枚，其中离卦二爻误叠置 1 枚），其中金币 19 枚，银币 89 枚。

铜镜中央放置 5 枚金币，中间 1 枚，四角对称各置 1 枚与墓壁平行。

其余金银币按东震、西兑、南离、北坎四正卦之方位放置：

墓后端为东，置震卦，初爻为阳爻，用 7 枚金币、2 枚银币，二、三爻为阴爻，各用 8 枚银币，中间空出一枚钱币的位置；

墓前端为西，置兑卦，初、二爻为阳爻，初爻用 9 枚银币，二爻用 7 枚金币、2 枚银币，三爻为阴爻，用 8 枚银币，中间空出一枚钱币的位置；

墓左侧为南，置离卦，初爻、三爻为阳爻，各用 9 枚银币，二爻为阴爻，用 9 枚银币（实应放置 8 枚，其中叠置一枚），中间空出一枚钱币的位置；

墓右侧为北，置坎卦，初爻、三爻为阴爻，各用 8 枚银币，中间空出一枚钱币的位置；二爻为阳爻，用 9 枚银币。

石槽前沿（西侧）上中央放置"嘉定元宝"1 枚，石槽后沿（东侧）上放置 8 枚银币（实应放置 9 枚，但因离卦二爻误叠置了 1 枚，故此处缺 1 枚）。

石槽外共放置 112 枚"嘉定元宝""折十"大铜钱。其中正南方放置 3 枚，正北方放置 7 枚，其余铜钱在四角上按乾西北、巽东南、坤西南、艮东北之方位放置，放置方法与

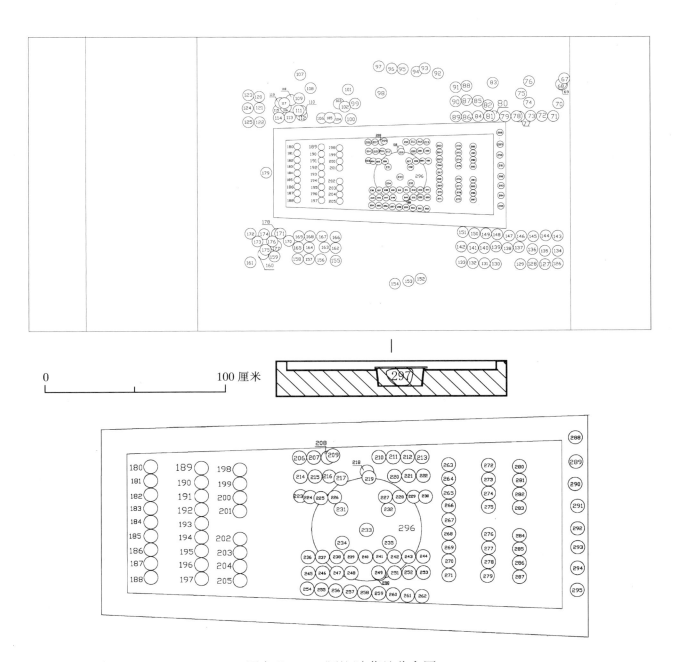

图九〇　M4腰坑随葬品分布图

67~179."嘉定元宝""折十"大铜钱113枚　180、220、222、276."金玉满堂"银钱4枚　181、189、223、284."子孙满堂"银钱4枚　182、288."子孙吉庆"银钱2枚　183、187、217、227、275、277、287、289."绍定元宝"银钱8枚　184、186、281、283、285、294."子孙富贵"银钱6枚　185、188、197、199、221、226、228、286."长命富贵"银钱8枚　190、193、266."金玉满堂"金币3枚　191、195、196、231、232、234、265."加官进禄"金币7枚　192、194、267、269、270."子孙荣贵"金币5枚　198、204、210、242、246、295."百"银钱6枚　200、241、247、249、251、271、293."五"银钱7枚　201、236、240、250、252、255、260~262、291."三"银钱10枚　202、203、211、216、237、238、243、244、258、263."利"银钱10枚　205、207~209、213、239、245、248、253、254、256、257、259."吉"银钱13枚　206、214、215."贰"银钱3枚　212."银"银钱1枚　218、219、278、290."永远大吉"银钱4枚　224、279."永远吉庆"银钱2枚　225、229、272、292."太平通宝"银钱4枚　230、273、280、282."万事大吉"银钱4枚　233、235、264、268."万事大吉"金币4枚　274."满堂吉庆"银钱1枚　296.菱花铜镜　297.玉石

四正卦相同，即阳爻用9枚，阴爻用8枚，阴爻中间空出一枚钱币的位置。

西北置乾卦，初、二、三爻均为阳爻，各用钱9枚；

东南置巽卦，初爻为阴爻，用钱8枚，二、三爻为阳爻，各用钱9枚；

西南置坤卦，初、二、三爻均为阴爻，各用钱8枚；

东北置艮卦，初、二爻均为阴爻，各用钱8枚，三爻为阳爻，用钱9枚。

钱币上均以石灰覆盖，其上放置棺台条石，放置时致使石槽外铜钱的位置有部分错位，但其原来的布局未被扰乱。

三、墓内装饰

墓室内雕刻有大量人物、花卉图案，其上均遍施彩绘（图九一～九三）。彩绘颜色有红、黑二色，以红色为主。除后龛内的色彩保存较好外，其他地方的均较差，尤以突出壁面的力士、乐伎及须弥座束腰内的雕刻上的色彩剥落较多。从色彩剥落处可见彩绘下施有一层白色地泥。

1. 左右侧壁武士图案　武士头扎巾，身着铠甲，铠甲上套布衣。上身侧向墓外侧，手持骨朵，双腿分立，足尖外撇呈"八"字形，足穿皮靴。左侧武士目上斜，双手握柄，高0.92米（图九四，图版九一，1）；右侧武士目平视，左手握柄，高0.95米（图九五，图版九一，2）。

2. 左右侧壁　各有上、中、下三层对称图案：

上层　由3块条石拼砌而成，高0.43米。其上雕刻由9个乐舞伎组成的乐队图案，其中外侧条石上雕刻3个乐伎，中部条石上雕刻2个舞蹈乐伎，内侧条石上雕刻4个乐伎。所有乐舞伎均为女性，头戴簪花步摇，身着交领曳地长裙，有披带缠绕身体，线条精细，体态生动。像高0.32～0.41米（见图九八、九九）。

左壁9个乐伎由外至内依次为：

1) 击鼓伎：乐伎身体向左侧立，左手持鼓把于腰侧，右手持鼓棰作击鼓状。高0.34米。

2) 击鼓伎：乐伎身体向左侧立，头略向右侧。左手托于鼓下部，右手持鼓棰作击鼓状。高0.355米。

3) 吹排箫伎：乐伎身体向右侧立。双手持排箫下部两边的把手举至头右侧。高0.355米（图版九二，1～3）。

4) 舞旋伎：身体向左侧立，头扭向右侧，衣袖旋扭拢手。左臂屈肘上扬；右臂屈肘

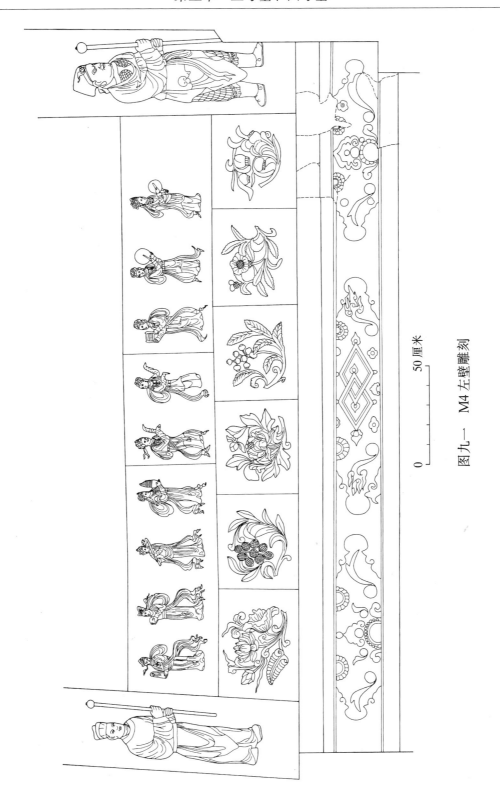

图九一　M4 左壁雕刻

50 厘米

0

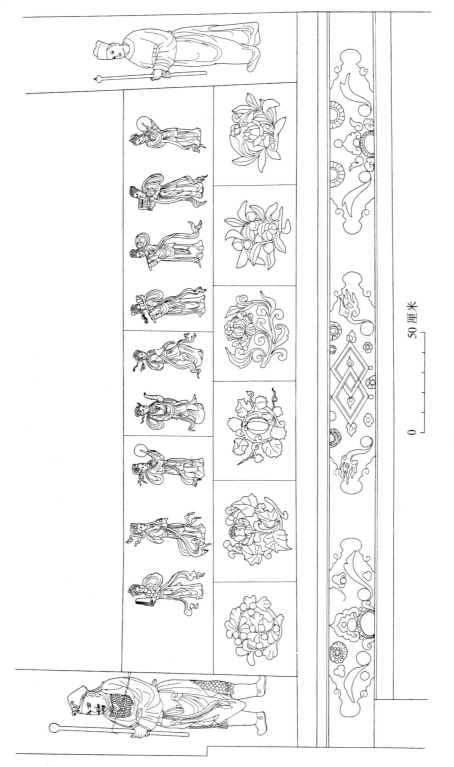

图九二　M4 右壁雕刻

0　　　　　　　　50 厘米

图九三　M4 后龛雕刻

横于胸前，衣袖下垂。高 0.36 米。

5）舞旋伎：身体向左侧立，衣袖旋扭拢手。左臂屈肘上举，右臂屈肘横于胸前，膝微弯曲。高 0.365 米。

6）吹笙伎：乐伎身体向左侧立，双手托住芦笙芦斗底部，含嘴作吹奏状。高 0.335 米（图版九三，1~3）。

7）吹横笛伎：乐器为龙头笛。乐伎身体略向右侧立，头扭向右作吹奏状，双手按音孔。高 0.33 米。

8）吹埙（?）伎：乐伎身体向右侧立，双手捧一个带有吹嘴的球形乐器于胸前，含吹嘴作吹奏状。此件乐器极为特别，如果没有吹嘴的话，与埙的造型倒很近似。高 0.33 米。

9）拍板伎：乐伎身体向右侧立，头略向左侧。左手托拍板于身体右侧。高 33.5 厘米（图版九四，1~3）。

右壁 9 个乐伎由外至内分别为：

0   25厘米

图九四　M4 左侧壁武士

0   25厘米

图九五　M4 右侧壁武士

1）拍板伎：乐伎身体向右侧立，头向左扭。双手持拍板举至头右侧。高 0.36 米。

2）吹筚篥伎：乐伎身体向左侧立。嘴含乐器上端吹孔，双手左上右下按于乐器下部音孔上。高 0.41 米。

3）击鼓伎：乐伎身体向左侧立，左手执鼓柄上举至头前，右手持鼓槌作击打状。高 0.345 米（图版九五，1～3）。

4）舞旋伎：舞伎身体向左侧立，衣袖旋纽拢手。左臂屈肘上举，右臂反扭于身后。高 0.335 米。

5）舞旋伎：舞伎身体向左侧立，衣袖旋纽拢手。右臂残毁，左臂摆向身侧，弯膝。高 0.335 米。

6）吹横笛伎：乐器为龙头笛。乐伎身体向右侧立，头扭向左作吹奏状，双手按音孔。高 0.365 米（图版九六，1～3）。

7）吹横笛伎：乐器为龙头笛。乐伎身体向右侧立，头向右侧作吹奏状，双手按音孔。高 0.35 米。

8）吹排箫伎：乐伎身体向右侧立。双手持排箫下部两边的把手举至头右侧作吹奏状。高 0.37 米。

9）击鼓伎：乐伎身体向左侧立，头向右扭。左手托鼓于左肩前，右手持鼓槌作击打状。高 0.36 米（图版九七，1～3）。

中层　由 4 块高 0.39 米的条石拼砌而成，其上雕刻有 6 幅花卉图案。其中第一、三块条石为方形，其上各饰 1 幅图案；另两块长倍之，其上各饰 2 幅图案。左壁 6 幅图案由外至内分别为石榴、菊花、枇杷、牡丹、荔枝、荷花（参见图九一；图版九八，1～6）。右壁 6 幅图案由外至内分别为银杏、牡丹、瓜果、菊花、桃、桃花（参见图九二；图版九九，1～6）。

下层　左右壁束腰各雕刻有 3 幅图案，相对的图案基本相同，且前后的图案亦基本相同（参见图九一、九二；图版一〇〇，1～3）。

墓室左右侧壁后部雕刻　各有一个身体向外侧立的持骨朵男侍像，头戴幞头，着圆领衣，腰束带。双手握柄，双足分立。左壁男侍像高 0.82 米；右壁男侍像高 0.79 米（参见图九一、九二；图版一〇一）。

3. 墓室后壁雕刻　左右两侧下部各有一个侍者像，身体向中部侧立。侍者头戴幞头，左右帽翅向上于头后成交叉状，上身着圆领衣，系有腰带，下身着裙，双手持杖柄下部。左侧雕刻高 1.2 米，右侧雕刻高 1.17 米（参见图九三；图版一〇二）。

后龛外龛龛台中央壶门内雕刻牡丹图案。高 0.38 米。

后壁须弥座壶门内雕刻葡萄图案（参见图九三；图版一〇三，3）。

后龛雕刻　后壁中央为中龛，左右两侧及顶部为中龛龛沿，顶部龛沿正面雕刻为左右两个飞天状侍女相向捧扶莲花座荷叶顶碑图案。侍女身着长裙，有飘带缠绕，左侧侍女左手下托莲花，右手上扶碑身，右侧侍女右手下托莲花，左手上扶碑身。碑面无文字，荷叶状碑首（参见图九三；图版一〇三，1）。

后壁下部为中龛龛台，中央雕刻变形兽首图案，左右两侧为双凤图案：左侧凤凰头部在上，朝向内侧，长颈弯曲，双翅略张，尾部向下、向左弯曲，尾羽伸向中央，位于身体下部；右侧凤凰头部靠下，长颈向下弯曲，双翅略张，尾部向上、向左弯曲，尾羽伸向中央，位于身体上部（参见图九三；图版一〇三，2）。

中龛左右侧壁　各雕刻一个侧身向外的持物男侍像。左侧男侍头戴幞头，双手左下右上持扇（？）柄下部于身前，双腿分立，靴尖上翘；右侧男侍头戴幞头，左右帽翎向上于头后成交叉状，右手下持扇（？）柄下部于右腰侧，左手上持扇（？）柄中部于胸前，食指、小指伸直，双腿分立，靴尖上翘（图九六、九七；图版一〇四，1、2）。

| 0 | 25厘米 |
| 图九六　M4 中龛右侧壁男侍像 | 图九七　M4 中龛左侧壁男侍像 |

后壁中央为内龛，左右两侧及上部为内龛龛口，龛口上部及左右两侧为帷幔图案，两侧垂幔上部系结。

内龛左右两侧壁雕刻　呈外"八"字形，各雕捧物侍女一个：左壁侍女头戴簪花，内着抹胸，外穿交领曳地长裙，腰系带。手捧熏香（?），高 0.64 米；右壁侍女手托食盒（?），高 0.61 米（图九八、九九；图版一〇五）。

图九八　M4 内龛右侧壁侍女　　　　　　　图九九　M4 内龛左侧壁侍女

龛内壁中部雕刻香炉图案：最下部为六边形变形兽足支座，座上为莲花；莲花上放置宝珠顶香炉（参见图九三；图版一〇六）。

四、随葬品

因该墓早年被盗，随葬品已被严重扰乱并且陶瓷器均被打成碎片，散见于棺台、四周排水沟及从盗洞塌陷进入墓内的土中，基本上都已移位。在棺台上发现有少量棺木痕迹及数枚铁棺钉。残存的随葬品以三彩陶俑为主，有武士俑、文吏俑、侍女俑等人物俑以及青龙、白虎、朱雀、玄武等四神俑。并出有"宝庆元宝"金币1枚，另有金簪、银杯、铁器、陶器、瓷器等。

1. 陶俑：57件。所有陶俑均系泥胎模制。从残片观察，其模具分头、身两部分，且均系前后合范相扣而成。在制作坯胎时，先将头、身分别翻模，将双臂、双腿（分立者）与身子粘接好后，再将俑坯置于方形或长方形底板上，最后将头与身子粘接。在干坯后，再在陶俑表面施以绿、黄、褐三色釉，釉下均有一层白色地料。从身份来分有文吏俑、武士俑、侍女俑、男侍俑、戏说俑、庖厨俑等人物俑以及青龙、白虎、朱雀、玄武等四神俑。

文吏俑：14件，复原8件。分A、B、C、D四类。

A类：11件，造型完全相同，复原5件。通体施三色彩釉。头戴绿色进贤冠。面部施乳黄釉或褐釉，宽颊粗颈，大耳隆鼻，长目正视前方，嘴微张。外着绿色交领左衽宽袖长袍，内着乳黄色单衣，衣袖有内外两层。拱手持笏立于胸前，笏板缺佚。腰前垂一乳黄色大带，足登乳黄色圆头靴，站于底板上。标本M4：55，复原。通高33.2厘米（图版一〇七，1）。标本M4：41，复原。通高32.8厘米（图版一〇七，2）。标本M4：30，复原。通高33.2厘米（图版一〇八，1）。标本M4：60，复原。通高32.1厘米（图一〇〇，1）。标本M4：61，复原。通高32.6厘米。

B类：1件，复原。标本M4：39，基本完好。头戴淄撮，面部施乳黄釉，宽颊粗颈，大耳隆鼻，长目正视前方，嘴微张。外着绿色交领左衽宽袖长袍，内着乳黄色单衣，衣袖有内外两层。拱手持笏立于胸前，笏板缺佚。腰前垂一乳黄色大带，足登乳黄色圆头靴，站于底板上。通高32.3厘米（图一〇〇，2；图版一〇八，2）。

C类：1件，基本完好。标本M4：31，通体施三彩釉。头戴黑色歧帽，帽略有残损。面偏左，方脸，隆眉，双目圆而外凸，平视。嘴角抿起，露微笑状，神态逼真。身着绿色宽袖左衽交领短袍，袍下摆前后俱成三角形。双手圆握持物（物已佚）拱于胸前。腰系乳黄色长带，于腹前打结，带端下垂。下身着绿色腰围，赤脚立于底板上。通高31.8厘米（图一〇一，1；图版一〇九，1）。

D类：1件，复原。标本M4：22，基本完好。老翁，通高29.8厘米（图版一〇九，2）。

武士俑：2件，造型基本相同，均可复原。通体施绿、乳黄、褐色三彩釉，站于底板上，身体前倾。头戴褐色盔帽，圆额方脸，挑眉竖目，高鼻抿嘴。肩披绿色披肩，于胸前打结。身着褐色宽袖长袍，袍下摆两侧开叉。长袖后拢，下端各缩一结。内着绿色窄袖单衣，双手圆握持兵器，已缺佚，左上右下重叠置于胸前。腹裹腹围，围上束系扣革带一

图一〇〇 M4 出土陶俑

1.A 类陶文吏俑 M4:60 2.B 类陶文吏俑 M4:39

图一〇一 M4 出土陶俑

1.C 类陶文吏俑 M4:31 2.武士俑 M4:7

条。下身着乳黄色束腿圆筒裤。足登绿色圆头靴。标本 M4:7,基本完好。通高 26.4 厘米（图一〇一,2;图版一一〇,1）。标本 M4:59,基本完好。通高 26.5 厘米（图版一一〇,2）。

男侍俑：27 件,复原 10 件。分 A、B、C、D、E、F、G 七类：

A 类：10 件,复原 7 件。又分 a、b 两小类：

A a 类：5 件,复原 3 件。标本 M4:23,复原。头戴包头巾,头巾顶部残。脸部施酱色釉，内穿绿釉交领衣，外穿圆领窄袖酱釉袍，腰束带，并从左向右扎于腰侧。左臂伸直贴于身侧，左手拢袖中；右臂弯曲，左手拳握执物贴于腰侧，物已佚。衣袍下摆前后均向左摆。下身穿及地绿釉长裤，足登尖头鞋，站于底板上。通高26.5厘米（图一〇二，1；图版一一一，1）。标本 M4:47，复原。头戴深绿色幞头，脸部施酱色釉，内穿交领衣，外穿圆领窄袖绿袍，腰束带，并从右向左扎于腰侧。左臂伸直贴于身侧，左手拢袖中；右臂弯曲，左手拳握执物贴于腰侧，物已佚。衣袍下摆前后均向左摆。下身穿及地长裤，足登尖头鞋，站于底板上。通高28.6厘米（图一〇二，2；图版一一一，2）。标本 M4:12，复原。头戴深绿色幞头，脸部施酱色釉，内着交领衣，外着圆领窄袖绿袍，腰束带，并从右向左扎于腰侧。左臂伸直贴于身侧，左手拢袖中；右臂弯曲，左手拳握执物贴于腰侧，物已佚。衣袍下摆前后均向右摆。下身穿及地长裤，足登尖头鞋，站于底板上。通高28.4厘米（图版一一二，1）。标本 M4:27，头及足板残。上身内穿绿釉交领衣，外穿圆领窄袖及膝绿釉袍，腰束带，并从右向左扎于腰侧。左臂伸直贴于身侧，左手拢袖中；右臂向身体右侧斜伸开，肘部弯曲，小臂上举，左手残。衣袍下摆两侧开叉。下身穿绿釉长裤，双足分立，站于底板上。足以下残。残高20.5厘米。标本 M4:37，右臂、足板残。头戴黑色幞头，脸部施酱色釉，外穿圆领窄袖及膝酱釉袍，腰束带，并从右向左扎于腰侧。左臂伸直贴于身侧，左手拢袖中；右上臂向身体右侧斜伸开，肘以下残。衣袍下摆两侧开叉。下身穿乳白釉长裤，裤脚扎于靴中。双足分立，站于底板上。双足及底板残。残高28.1厘米。

　　Ａb类：5件，复原4件。标本 M4:51，复原。头戴深绿色幞头，脸部施酱色釉，内穿交领衣，外穿圆领窄袖绿袍，腰束带，并从右向左扎于腰侧。右臂伸直贴于身侧，右手拢袖中；左臂弯曲，左手拳握执物贴于腰侧，物已佚。衣袍下摆前后均向左摆。下身穿及地长裤，足登尖头鞋，站于底板上。通高28.3厘米（图一〇三，1；图版一一二，2）。标本 M4:45，复原。头戴浅黑色幞头，脸部施酱色釉，内着绿釉交领衣，外着圆领窄袖酱釉袍，腰束带，并从右向左扎于腰侧。右臂伸直贴于身侧，右手拢袖中；左臂弯曲，左手拳握执物贴于腰侧，物已佚。衣袍下摆前后均向左摆。下身穿及地乳白色长裤，足登尖头鞋，站于底板上。通高27.8厘米（图版一一三，1）。标本 M4:50，基本复原。头戴黑色幞头，脸部施酱色釉，内穿乳白色及膝交领衣，下摆两侧开叉为绿釉色；外穿圆领窄袖酱色长袍，腰束带，并从右向左扎于腰侧。右臂伸直贴于身侧，右手拢袖中；左臂弯曲，左手拳握执物贴于腰侧，物已佚。衣袍下摆前后均向左摆。下身内穿乳白色及地长裤，足登尖头鞋，站于底板上。通高26.7厘米（图版一一三，2）。标本 M4:5，基本复原。头戴黑

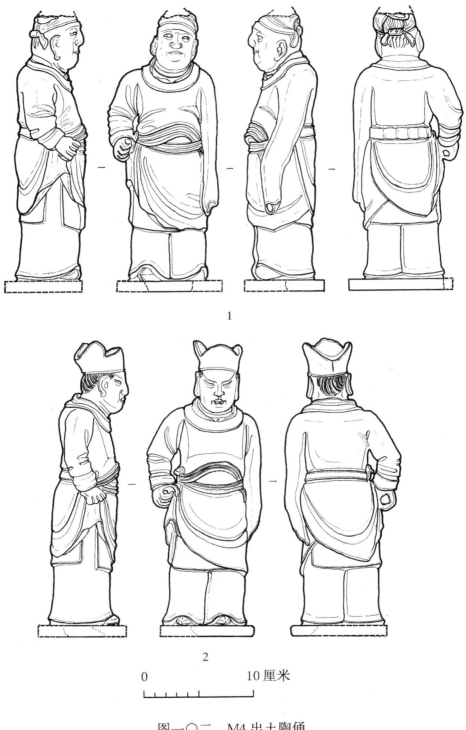

1

2

0   10厘米

图一〇二 M4 出土陶俑

1.Aa 类男侍俑 M4:23　2.Aa 类男侍俑 M4:47

1

0　　　　2　　　10厘米

图一○三　M4 出土陶俑

1.Ab 类男侍俑 M4:51　2.B 类男侍俑 M4:9

色幞头，脸部施酱色釉，内穿交领衣，外穿圆领窄袖酱色袍，腰束带，并从右向左扎于腰侧。右臂伸直贴于身侧，右手拢袖中；左臂弯曲，左手拳握执物贴于腰侧，物已佚。衣袍下摆前后均向左摆。下身穿及地绿釉长裤，足登尖头鞋，站于底板上。通高28.7厘米（图版一一四，1）。标本M4:8，面部鼻子以上残、头后部残；右臂肘部略残。脸部施酱色釉，内穿绿釉交领衣，外穿圆领窄袖绿釉袍，腰束带，并从右向左扎于腰侧。右臂伸直贴于身侧，右手拢袖中；左臂肘部略弯曲，左手拳握执物贴于腰侧，物已佚。衣袍下摆前后均向左摆。下身穿及地乳白色长裤，足登尖头鞋，站于底板上。残高26.5厘米。

B类：4件，复原2件。标本M4:9，复原。头戴油绿色方顶幞头，并将幞头脚向上结于幞头顶部，在两耳上方成环状。脸部施酱色釉，内穿酱釉交领衣，外穿圆领窄袖及膝乳白釉袍，腰束带。左臂肘部略弯曲，左手拳握执物贴于腰侧，物已佚；右臂向右上弯曲，手心向上握一棒状物，物已残。下身穿乳白色釉裤，足登圆头靴，站于底板上。通高28.5厘米（图一〇三，2；图版一一四，2）。标本M4:46，复原。头戴黑色方顶幞头。脸部施酱色釉，内穿酱釉交领衣，外穿圆领窄袖及膝乳白釉袍，腰束带。左臂肘部略弯曲，左手拳握执物贴于腰侧，物已佚；右臂残。下身穿乳白色釉裤，足登圆头靴，站于底板上。通高29.1厘米。标本M4:28，足以下残。头戴黑色方顶幞头。脸部施酱色釉，内穿交领衣，外穿圆领窄袖及膝乳白釉袍，腰束带。右臂肘部略弯曲，右手拳握执物贴于腰侧，物已佚；左臂残。下身穿乳白色釉裤，足板残。残高26.2厘米。标本M4:58，双臂及下身残。头戴黑色方顶幞头。脸部施酱色釉，内穿酱釉交领衣，外穿圆领乳白釉袍，腰束带。双臂仅存上臂。腰以下残。残高14.8厘米。

C类：1件，残。标本M4:29。头戴油绿色折角幞头。脸部施酱色釉，内穿酱釉交领衣，外穿圆领窄袖酱釉袍，腰束带。左臂肘部弯曲平贴于胸前，左手拳握；右上臂略向右侧伸开，小臂向胸前弯曲，右手拳握置于左手上，双手上下执棒状物，物已佚。腰部以下残。残高15.1厘米。

D类：1件。标本M4:32，头、后背、右胸残。内着乳黄釉交领及膝衫，下摆两侧开叉；外着酱色圆领袍，衣袍下摆前后均向左摆。胸前有一残存的长条形饰物。腰间束带，并从右向左扎于腰侧。下身穿及地乳白色长裤，足登尖头鞋，站于底板上。残高24.6厘米。

E类：1件，残。标本M4:11，头顶帽子残，双足及底板残。头裹绿釉巾，脸部施酱色釉，内穿绿釉交领衣，外穿圆领窄袖绿釉及膝长袍，腰系带并在腰前绾结。长袍腰下两侧开叉。左臂弯曲叉于腰侧，左手伸展，大拇指上分，其余四指并拢；右臂贴于身侧，肘部略弯曲，右手拳握作执物状，物已佚。下身内穿绿釉长裤，裤脚扎于靴内。足以下残。残高25.4厘米。

F类：9件，复原1件。标本M4:4，右腿残，可复原。头戴黑色幞头，面部施酱色釉。外着酱色圆领窄袖及膝长袍，腰部两侧开叉。双手笼袖于腹前，腰间束带，下身着乳黄色直筒束脚裤，足登黑色圆头靴，立于底板上。通高30.6厘米。标本M4:2，腰以下残。头戴黑色幞头，面部施酱色釉。内着绿釉交领衣，外着酱色圆领窄袖袍。双手笼袖拱于胸前，腰间束带，又有一腰带从腰部经胸前由右至左与腰间带交于腰侧，两带相交处有一长方形扣。残高14.4厘米。标本M4:15，足以下残。头戴黑色幞头，面部施酱色釉，左脸颊残。外着酱色圆领窄袖及膝长袍，腰部两侧开叉。双手笼袖于腹前，腰间束带，下身着乳黄色直筒束脚裤，足以下残。残高30.6厘米。标本M4:26，头及足以下残。内着绿釉交领衣，外着酱色圆领窄袖及膝长袍，腰部两侧开叉。双手笼袖于腹前，腰间束带，下身着乳黄色直筒束脚裤，足以下残。残高20.5厘米。标本M4:38，头、足残。内着绿釉交领衣，外着酱色圆领窄袖及膝长袍，腰部两侧开叉。双手笼袖于腹前，腰间束带，下身着乳黄色直筒束脚裤，足以下残。残高21.2厘米。标本M4:49，腿以下残。头戴黑色幞头，面部施酱色釉。内着乳黄釉交领衣，外着酱色圆领窄袖及膝长袍，腰部两侧开叉。双手笼袖置腰前，腰间束带，又有一腰带从腰部经胸前由右至左与腰间带交于腰侧，两带相交处有一长方形扣。腿以下残。残高22厘米。标本M4:52，腿以下残。头戴黑色幞头，面部施酱色釉。内着绿釉交领衣，外着酱色圆领窄袖及膝长袍，腰部两侧开叉。双手笼袖拱于胸前，腰间束带，又有一腰带从腰部经胸前由右至左与腰间带交于腰侧，两带相交处有一长方形扣。腿以下残。残高23.6厘米。标本M4:56，足以下残。头戴黑色幞头，面部施酱色釉。内着绿釉交领衣，外着酱色圆领窄袖及膝长袍，腰部两侧开叉。双手笼袖拱于胸前，腰间束带，又有一腰带从腰部经胸前由右至左与腰间带交于腰侧，两带相交处有一长方形扣。下身着乳黄色直筒束脚裤，足以下残。残高26厘米。标本M4:21，上身残。腰间束带，又有一腰带从腰部经胸前由右至左与腰间带交于腰侧，两带相交处有一长方形扣。下身着乳黄色直筒束脚裤，足以下残。残高16.2厘米。

G类：1件。标本M4:57，头、前胸、左臂及足以下残。外着绿釉及膝长袍。腰间束带，并绾结于腹部。下身穿绿釉直筒裤，裤脚扎于靴中。右臂屈肘前伸，右手拳握执棒状物，物已佚。残高18.9厘米。

女侍俑：4件，复原3件。通体施绿、黑、酱色、乳白四色彩釉。标本M4:40，基本完好。头顶盘双髻，头发为墨绿色。外着绿色窄袖背子，中着褐色抹胸，内着乳黄色单衣。双手笼袖置胸前。右肩搭一褐色长带。下身着褐色直筒裤，脚穿圆头鞋，立于底板上。通高 25.3 厘米（图一〇四，1；图版一一五，1）。标本 M4：13，基本完好。通高 25.7 厘米（图版一一五，2）。标本 M4：298，仅存头部。头顶盘双髻，残高 5.6 厘米。

击鼓女俑：1 件，残。标本 M4：16，无头、腰下残。上身穿绿釉交领窄袖衫，左手托鼓于胸前，右手持鼓棰置鼓面，鼓身施酱色釉。残高 9.2 厘米。

图一〇四　M4 出土陶俑

1. 女侍俑 M4：40　2. 庖厨俑 M4：36

庖厨俑：2件，均可复原。标本 M4∶3，基本完好。通体施三彩釉。叉腿立于底板后部。头戴绿色幞头，面部施褐彩釉。内着交领衣，外着褐色圆领窄袖短衫，腰部两侧开叉。双手笼袖拱于胸前，腰间束一系扣革带，又有一革带从腰部经胸前由右至左与腰间带交于腰侧，两带相交处有一方形扣，带端有圆头扣一。下身着乳黄色直筒束脚裤，足登绿色圆头靴。俑两脚前之底板上分置一带盖长方形的箱形物，箱面饰菱形压印纹，箱底有垫板一块，垫板四边为弧形，且底面向上弓起形成一椭圆形孔；通高 28.2 厘米（图版一一六，1）。标本 M4∶36，基本完好。通高 28.6 厘米（图一〇四，2；图版一一六，2）。

戏说俑：5件。复原4件。

仰观俑　1件，复原。标本 M4∶54，基本完好。通体施三彩釉。叉腿立于底板之上，身体微向前倾，头部向右扭转。短发，头戴绿色幞头，幞头于脑后系带，顶端有一三角形垂巾。面部施褐色釉，双眼斜视向上，嘴微张，舌尖吐露于唇间。神情戏谑。外着绿色交领左衽窄袖近膝短衫，在绿衫交衽处有一小圆穿孔。腰束乳黄色系带，系带在腰前打结。两手叉腰；左手施褐色釉，右手裹于袖内，袖末端自然下垂。腰部两侧开叉，衫内着褐色单衣。下身着绿色圆筒束脚裤，裆底正中有小圆坑一。足登绿色圆头靴。通高 27.3 厘米（图一〇五，1；图版一一七，1）。

蹲坐女俑　1件，复原。标本 M4∶43，基本完好。通体施四彩釉，曲腿蹲坐于底板上，身体右倾，头微右转。头发为墨绿色，头顶盘髻，髻前正中饰一片树叶，两边各别一梳。双眼斜睨，神态戏谑生动。右手支于腿上，左臂抬起，左手圆握持物（已缺佚）。身着绿色窄袖背子，内着褐色抹胸，下身着乳黄色襦裙，足登尖头弓鞋。通高 21 厘米（图一〇五，2；图版一一七，2）。

俯听俑　1件，复原。标本 M4∶25，基本完好。通体施四彩釉。俯卧于底板上，双腿跪俯，双掌撑地，肘弯曲，右袖拖地，右手裹于袖内。面向左侧视，似在俯听，神态专注逼真。短发，头戴绿色幞头，幞头于脑后系带，顶端有一三角形垂巾。外着绿色交领左衽窄袖近膝短衫，腰间系带，腰部两侧开叉，衫内着褐色单衣。下身着绿色圆筒束脚裤。足登墨绿色圆头靴。通高 8.3，长 25.6 厘米（图版一一八，1）。

歧发男俑：1件，复原。标本 M4∶10，通体施三彩釉。歧发，褐色，略颔首，面左扭微仰，隆眉，圆目凸睛，狮鼻，狮唇，宽嘴张开，舌吐于唇间。相貌丑陋，神态憨厚。身着褐色左衽窄袖短袍，袍下摆前后成三角形。双手右上左下叠置于胸前，作持物状（物已佚），腰间系乳黄色长带，于腹前打结。背后腰下围一绿色腰围，下身着乳黄色裙，赤脚立于底板上。通高 32.5 厘米（图一〇五，3；图版一一八，2）。

图一〇五　M4 出土陶俑

1. 仰观俑 M4:54　2. 蹲坐女俑 M4:43　3. 歧发男俑 M4:10

四神俑：4 件，复原 1 件。

青龙俑：1 件，残。标本 M4:62，头部基本完好，颈部残缺，身体呈弓背形，造型似白虎俑，饰鳞甲纹，尾端卷曲。从颈后部至尾端有褐色鬃毛，四腿肘部亦有四缕绿色鬣毛。四足站于底板上。因缺片较多，已无法复原，但从体量上观察，与白虎俑的大小相近（图版一一九，1）。

白虎俑：1 件，基本完好。标本 M4:14，通体施三彩釉。四足站立于底板上。张嘴呲牙，短吻，虎鼻，双眉隆起，眼睛圆而凸出。耳廓成扇形外张。头生犄角，后有三缕绿色鬃鬣，弯曲向上，下巴亦有两缕。虎躯干为乳黄色，呈弓背形。颈长而弯曲，颈下左右两侧各有一带状云文依虎身而后。虎身饰虎斑文，尾长而卷曲。从颈后部至尾端有褐色鬃毛，四腿肘部亦有四缕绿色鬣毛。通高 42.6，长 57.5 厘米（图版一一九，2、3）。

朱雀俑：1件，残。标本 M4：33，施褐色釉。仅存头部、颈部及底板。喙尖而长，凤目，猫耳。额前有三道横向刻划纹，头顶有一圆形穿孔。残长15，残宽4.6厘米（图一〇六）。

玄武俑：1件，残。标本 M4：63，仅存龟背部分碎小残片，与 M1 的玄武俑相似。

2. 陶器：有陶罐3件，均残。与 M2 出土的陶罐相似。

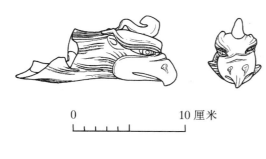

图一〇六　M4 出土朱雀俑（M4：33）

3. 瓷器：2件，均为瓷碗，可复原。标本 M4：20，基本完好。尖唇，斜壁，腹略鼓，圈足。口径16.2、底径6.6、通高4厘米。标本 M4：53，基本完好。尖唇，斜壁，腹略鼓，圈足。口径19.6、底径7.7、通高6.3厘米。

4. 金器：1件。

插针　标本 M4：65，完好。上下两端均成圆锥状，上端宽0.4米，下端宽0.15米。通长12.9厘米。重10克（图一〇七，1；图版一二〇，1）。

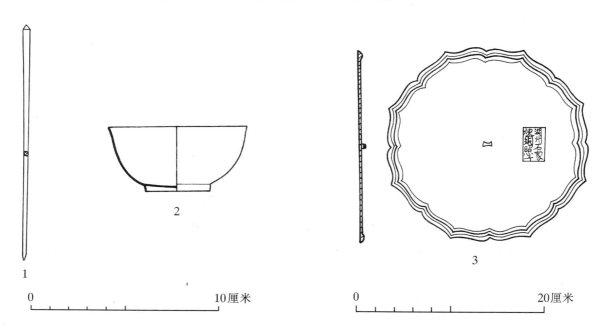

图一〇七　M4 出土器物

1. 金插针 M4：65　2. 银碗 M4：1　3. 铜镜 M4：296

5．银器：1件。

银碗　标本M4：1，出土时位于棺台后部，已破碎成无数小块，可复原。方平唇，薄弧壁，浅圈足。口径7.4，底径3.5，通高3.6厘米（图一〇七，2；图版一二〇，2）。

6．铁器：2件，均为铁环。标本M4：17，基本完好。直径17厘米。

7．铜器：1件。

铜镜　标本M4：296，完好。青铜质。八瓣菱花形，素缘。小钮，无钮座。镜背素地，钮右侧长方形印章式框内竖铸两行铭文"湖州石家炼铜照子"。镜面留有金银冥币印痕。最大径22.2厘米（图一〇七，3；图版一二〇，3，4）。

8．玉器：1件。

玉石　标本M4：297，完好。截面近三角形，白玉质，上有较大面积的暗红色，宽13.8厘米（图版一二一，1）。

9．钱币：共230枚，有金、银、铜三种质地的钱币，其中金币20枚、银币97枚、铜币113枚。除"宝庆元宝"金币出土于排水沟中外，其他均出自腰坑内。金银币各用金箔、银箔做成，除"宝庆元宝"金币铭文系刻成外，其余金银币均系模制而成，大小相近，直径3.1～3.2、孔边长0.6～0.9厘米。铜币均为"嘉定元宝"大钱，背文为"折十"二字，与M2所出相同。除2枚银币残损外，其余皆保存完好。

金币　有"宝庆元宝"、"金玉满堂"、"加官进禄"、"子孙荣贵"、"万事大吉"等五种（图版一二一，3）。其中，除"宝庆元宝"出土于墓室排水沟中外，其他皆出土于腰坑中。

宝庆元宝：1枚。标本M4：66，圆形方孔。正面阴刻"宝庆元宝"四字，其中"宝"字为简体。直径2.5、廓宽0.25、孔边长0.3厘米。重1.4克（图版一二一，2）。

金玉满堂：3枚。标本M4：186，重2.65克。标本M4：189，重2.3克。

加官进禄：7枚。标本M4：195，重2.7克。

子孙荣贵：5枚。标本M4：194，重2.8克。

万事大吉：4枚。

银币：均出自腰坑内。有"绍定元宝"、"金玉满堂"、"子孙满堂"、"子孙富贵"、"万事大吉"、"子孙吉庆"、"长命富贵"、"永远大吉"、"永远吉庆"、"太平通宝"、"满堂吉庆"等四字吉文以及"贰"、"三"、"五"、"百"、"吉"、"利"、"银"等一字文（图版一二一，4）。各种印文银币数量如次：

绍定元宝：8枚。

金玉满堂：4枚。

子孙满堂：4 枚。标本 M4∶189，重 2.2 克。

子孙富贵：6 枚。

万事大吉：4 枚。

子孙吉庆：2 枚。

长命富贵：8 枚。

永远大吉：4 枚。

永远吉庆：2 枚。

太平通宝：4 枚。

满堂吉庆：1 枚。

贰：3 枚。

三：10 枚。

五：7 枚。

百：6 枚。

吉：13 枚。

利：10 枚。

银：1 枚。

铜币：113 枚，均为大钱，正文为"嘉定元宝"，背文为"折十"二字，与 M2 所出相同。均出自腰坑内。

第四章　五号墓

第一节　墓前建筑

M5 墓前建筑遗迹分为上、下两部分，上部遗迹位于 M5 的墓道前，地面平整，为拜台遗迹；下部遗迹位于拜台遗迹西侧，为多层护坎。

一、遗迹

1. 护坎遗迹　墓前护坎（图版一二二，1）与 M3、M4 墓前护坎通连，已于第三章详叙，此不赘述。

2. 拜台遗迹　平面呈半圆形，地面略向西倾斜，南北长 4.5 米，东西宽 3.8 米。东侧紧邻 M5 墓道前端条石外侧，西至从 M3、M4 下层拜台前护坎向南延伸的石坎边；北到 M3 上层拜台南侧条石；南有条石隔断。拜台前部的石坎为南北走向，由三层条石叠砌而成（图版一二二，2）。

拜台南端用条石砌成，东西长 4.1 米；西端为第一道护坎上沿，南北长 10.5 米；北端为 M3 下层拜台的南端，东西长 4.3 米；东端为 M5 墓道前端，呈弧形，其中央最前突处东西宽 3.6 米。地面略有倾斜，东高西低。

紧贴拜台南端条石内侧有一个仿木结构屋顶构件，残面宽 1.58 米。单檐歇山顶，屋顶雕有筒瓦，檐口有瓦当、滴水。檐下存有斗拱四朵，均为四铺作出 45°斜华拱并偷心。

拜台南端条石外有一个条石砌成的内空为 1.28×0.95 平方米的长方形结构。

二、遗物

以灰陶筒瓦、板瓦为主，有少量瓷器残片。

第二节　五号墓

发现及保存现状　据民工介绍，在 20 世纪 60 年代修建茶厂时，当地人将墓顶及墓门、墓室上部石料拆除后用做房屋基础，墓室被回填土掩埋。1996 年 5 月 24 日下午，在清理 M3 墓顶南侧封土时，发现 M5 后龛顶部仿木结构建筑雕刻，从发现部分看，墓室顶部已经被全部揭取，与民工所述情况吻合。

一、发掘经过

封土清理　20 世纪 50 年代，M5 墓顶封土被人为破坏。5 月 25 日上午开始清理墓顶封土，清除完封土上 0.1 米左右的表层土后，封土全部出露。封土范围为东西长 10 余米，南北宽约 7 米，现存封土厚约 4 米左右。封土为黄色砂黏土与风化砾岩碎块的混杂堆积。继续向下清理，陆续发现其下的南、北、东三面露出墓圹。为今后长远保护计，决定保留封土，不再继续下挖。

寻找墓圹　1996 年 5 月 28 日，在清理墓顶封土时发现墓葬的南、北、东三面墓圹。除墓圹西端位置不明外，已经暴露出来的墓圹平面形状呈长方形。6 月 5 日，发现墓道前端条石，至此，墓圹范围大致为东西长 11.5 米、南北宽 6.4 米（西以墓道前端条石为界）。

墓道清理　6 月 6 日开始清理墓道内填土，填土为杂少量风化砾岩碎块的黄色黏土堆积，结合较为紧密。在向下清理的过程中，墓道两侧呈外八字形的墓道侧壁陆续出露，至深 1.1 米时，发现墓道后部的封门石已经被毁，为保护墓室前壁的安全计，未将墓道发掘至底。

墓室清理　该墓早年被毁，随葬品已被严重扰乱，棺台上淤泥也已被破坏殆尽。比照 M1、M2、M3 等 3 座墓葬墓室内的堆积情况，可以肯定 M5 墓室内棺台上的淤泥是当年为修建茶厂而拆毁其上部石料时被破坏的。现存随葬品散见于棺台及其四周的排水沟中，基本上完全失去了其下葬时的大致位置。在棺台上发现有少量棺木痕迹、数枚铁棺钉以及人齿 3 枚，其中 2 枚门齿为恒齿，1 枚臼齿为乳齿，墓主人当为一个年轻人，年龄约 15～20 岁左右。在排水沟前（西）端的南、北两个角上各发现一个陶质动物俑，分别为伏羲、女娲俑。

二、墓葬形制

M5 位于 M3 南侧 1.5 米（以墓圹边计）。坐东向西，墓向北偏西 90°。由墓道、墓门、墓室等三部分组成（图一〇八；图版一二三，1）。

墓圹开凿于黄色风化砾岩上，东高西低，东西（西端以墓道前端封堵石墙为界）长 11.5 米、南北宽 6.4 米（西以墓道前端条石为界）。

墓顶封土为紫红色黏土，内杂少量黄色黏土块。墓室后龛上现存封土高约 4 米，其上覆盖的耕土层厚 0.2 米。墓室顶部封土已经被破坏。经解剖，封土上部堆积因雨水浸泡较为松软，下部堆积较为紧密，未发现有夯打痕迹。

（一）墓道　由前端封堵石墙、左右侧壁、后端外层封门石及其基石构成。前宽后窄，平面呈梯形。墓道长 4.25 米，后部宽 2.58 米，深度不明，推测其后部与墓室底部大致相当。

墓道前端用条石砌成外弧形，向北延伸与 M3 墓道前端封堵石墙相连。

左右两侧后部用条石叠砌而成，呈外"八"字形，其前端各镶砌一块底部向内倾斜的条石。其中右侧壁现存两层条石，每层用一块条石，长 1.65 米，倾斜条石内侧面有"⌐"形槽口，距墓道前端封堵条石 2.15 米；左侧壁以四层条石叠砌而成，每层用一块条石，长 1.73 米，倾斜条石内侧面有"⌐"形槽口，距墓道前端封堵石墙 2.7 米。

墓道后端下部叠砌条石封堵，为封堵墓门的内、外层封门石及墓门门柱的基石。由于墓道未清理至底，因此无法全然了解其砌筑详情。从可见部分观察，内、外层封门石间留有 0.18 米的间距，其间填土，出土有"正隆元宝"铜钱 49 枚。因此，推测内、外层封门石底部的基石可能也分为内外两道。从墓室内部来看，最下层一块基石的结构与墓室左右侧壁及后壁底部的基石相同，并与之共同构成墓室底部基础。下压墓底铺设排水沟的石板，高 0.58 米，伸进墓室内 0.2 米。其上叠砌一层条石，高 0.29 米，内层封门石即置其上。推测外层封门石的基石上侧面也与内层封门石基石上侧面平齐，其上横向叠置巨型条石至少四块，现仅存两块，长 2.54、厚 0.36、残高 0.95 米。

（二）墓门　上部已毁。由门基、门柱及门梁组成。面宽 1.86、进深 0.47 米。

门柱　截面为长方形，其外侧面紧贴墓道左右侧壁后端，东西长 0.47，南北宽 0.35，残高 0.88 米。门柱间间距为 1.86 米。

门梁　缺失。

墓门处以内层封门石封堵。内层封门石由三块巨石竖置而成，其中中间一块较窄，宽

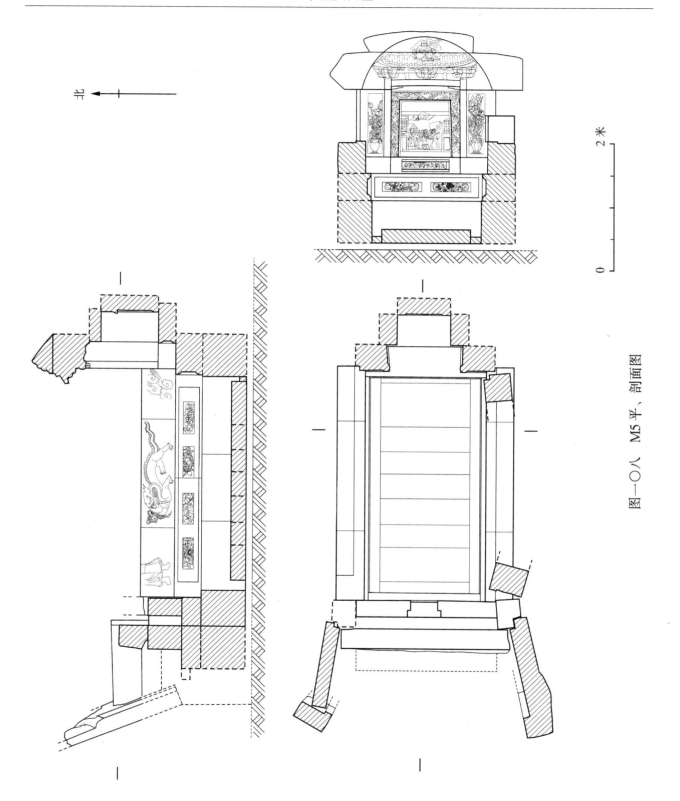

图一〇八　M5 平、剖面图

0.41、厚 0.27、残高 0.52 米；左右两块较宽，宽 0.84、厚 0.28 米，左侧一块残高 0.78 米，右侧一块残高 0.58 米。

（三）墓室　单室券拱，上部已毁，长 4.51、宽 1.84、残高（从后室顶部至棺台上）3.06 米。由台基、墓室、棺台、腰坑等部分组成。墓室内雕刻大量人物、动物、花卉及仿木结构建筑图案，均施彩绘。

底部中央为棺台，由七块条石平铺而成，长 3.35 米，宽 1.36 米。高出排水沟底部 0.23 米。棺台四周为排水沟，左右宽 0.15、前宽 0.17、后宽 0.08 米。

台基　墓室台基为构筑墓门、墓室左右侧壁及后壁仿木结构建筑的基础。

下层台基四面构筑，下压墓底中央棺台周边铺设排水沟底部的条石，高 0.58 米，内侧面素平。

上层台基仅构筑南、北、东三面，其内侧面均为须弥座式，束腰内雕刻花卉、果实图案。其中：

左壁须弥座：通高 0.4 米，其中上枋高 0.04、上枭高 0.05、束腰高 0.21、下枭高 0.05、下枋高 0.05 米。

右壁须弥座：通高 0.405 米，其中上枋高 0.05、上枭高 0.052、束腰高 0.21、下枭高 0.038、下枋高 0.055 米。

后壁须弥座：通高 0.405 米，其中上枋高 0.054、上枭高 0.05、束腰高 0.2、下枭高 0.056、下枋高 0.045 米。

左右侧壁仅存下部一层，高 0.5 米。

后壁面为面阔三间的仿木结构建筑。

底部为须弥座式台基，宽 1.84、进深 0.485、0.405 米。

台基上仿木结构建筑为三开间布置，其中当心间宽 1.18、左右次间宽 0.36 米。柱脚置于方形柱础上，柱方 0.385、高 0.28 米。柱脚前之廊宽 0.08 米（图版一二三，2）

当心间柱础上置檐柱。檐柱柱径 0.12 米，分为上下两段，下段高 1.033 米，上段高 0.162。

阑额两端穿于圆柱上段，阑额下两端施角替。

当心间柱头及檐额上施枓栱三朵：其中柱头铺作两朵，补间铺作一朵，均为五铺作并出 45° 斜华栱，上托檐枋。上跳均以鸳鸯交手栱相连接（图一○九）。

屋顶为单檐歇山式，屋面雕刻筒瓦 19 垄，檐口雕刻瓦当、滴水。屋脊上中央坐玄武大帝。玄武大帝身后为云纹（图版一二三，2）。

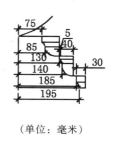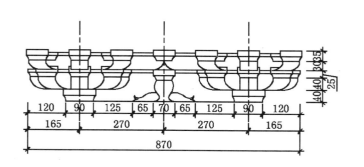

（单位：毫米）

图一〇九　M5 墓室后壁斗拱及剖面图

后龛位于墓室后壁仿木结构建筑的明间内，有内、外两重龛。

外龛下宽 1.106、上宽 1.035、高 1.37、深 0.402 米。后壁下部为内龛龛台，高 0.256 米。左右侧壁素平，顶部为卷棚顶。后壁中央为内龛龛口，左右两侧及上部为内龛龛沿，左宽 0.187、右宽 0.18 米。

内龛下宽 0.835、上宽 0.784、高 0.878、深 0.507 米。龛内雕刻隔扇门、帷幔、菊花、侍女等图案。

腰坑　棺台上中间的条石下为腰坑。腰坑中填土有两层，上层为黄黏土，厚 0.05 米，下层为粗沙，厚 0.03 米。黄黏土上放置铁钱 8 串，左右两侧各平行放置 4 串，与侧壁垂直。腰坑中央黄黏土与粗沙间放置"货泉"金币与"太平通宝"银币各 1 枚。

三、墓内装饰

墓室内雕刻人物、动物、花草和瓜果图案，其上均遍施彩绘（图一一〇、一一一）。彩绘颜色有红、黑二色，以红色为主。色彩保存较差，从色彩剥落处可见彩绘下施有一层白色地泥。

1.左右侧壁雕刻现存上下两层图案

上层图案　从前至后分别为力士、青龙（左壁）、白虎（右壁）和云文三组：

力士图案　近墓门处各雕刻有力士图案一个，均只存下半身，着裙，双腿分开，足尖外撇呈八字形。左壁力士残高 44 厘米；右壁力士残高 0.868 米。

青龙图案　位于左壁中部。龙头向外，张嘴吐信，颈部弯曲，龙背略上弓，身体向后蜿蜒舒展，龙尾略向上屈伸，尾端向上蜷曲。左前肢前伸，四趾上抓弯刀，右肢后蹬；左后肢前伸，三趾张开，右后肢后蹬，三趾分张踩地。长 1.533 米（图版一二四，1）。

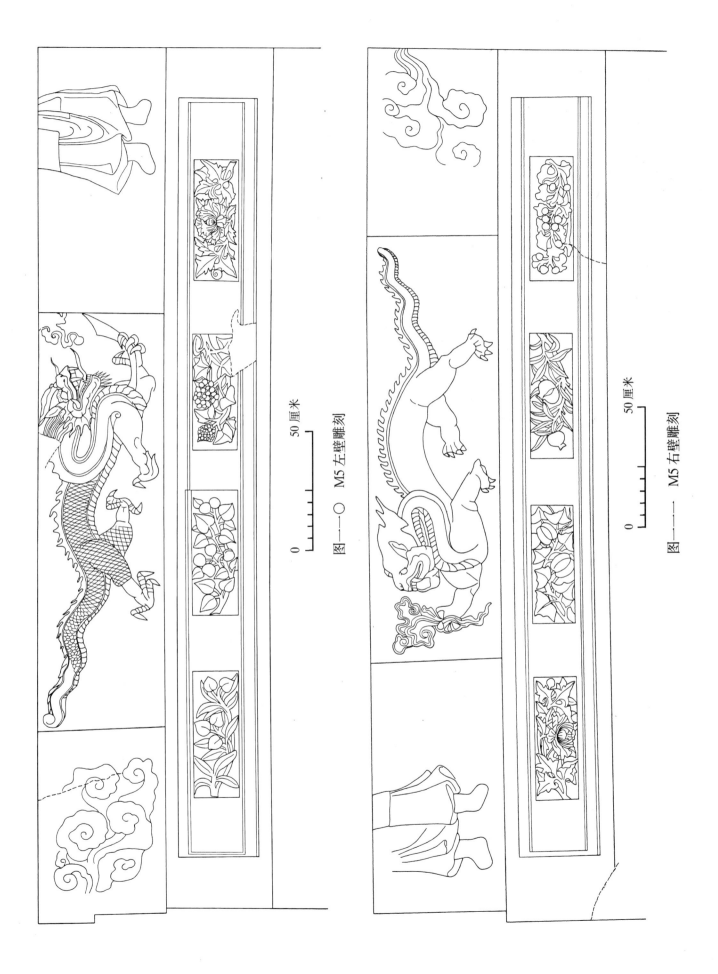

图一〇 M5 左壁雕刻

50 厘米

0

图一一 M5 右壁雕刻

50 厘米

0

白虎图案　位于右壁中部。虎头向外，颈部弯曲，背略上弓，身体向内侧蜿蜒舒展，尾部向后平伸。右前肢前伸，向上握物，左前肢向后蹬地；左后肢后蹬，右后肢前伸，均四趾。长1.6米（图版一二四，2）。

云纹图案　位于左右侧壁后部（参见图一〇九、一一〇）。

下层　为须弥座式。左右壁束腰壶门内各雕刻有4幅花卉图案。

左壁图案从外向内分别为牡丹、葡萄（图一一二；图版一二五，1、2）、樱桃、桃（图一一三；图版一二六，1、2）。

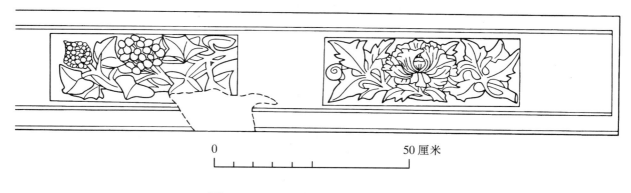

图一一二　M5左壁下层牡丹、葡萄

图一一三　M5左壁下层樱桃、桃子

右壁图案从外向内分别为菊花、瓜果（图一一四；图版一二七，1、2）石榴、银杏（图一一五；图版一二八，1、2）。

2. 后壁雕刻

上层为仿木结构建筑　屋脊上中央雕刻玄武大帝，半跏趺坐于筒瓦上。玄武大帝裹头巾，身披宽衣，裸胸。双手置膝上，右手持剑，剑身斜指左上方，右腿半屈，左足踏屋

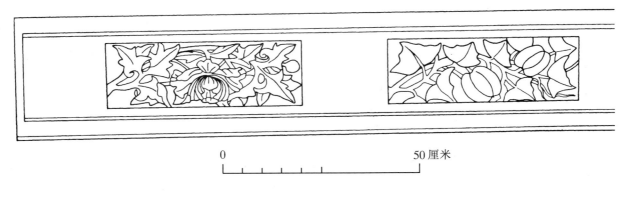

0　　　　　　　　　　　　50厘米

图一一四　M5 右壁下层菊花、瓜果

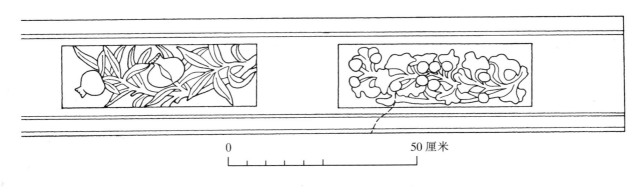

0　　　　　　　　　　　　50厘米

图一一五　M5 右壁下层石榴、银杏

面。玄武大帝身后为云纹（图一一六；图版一二九，1）。

内龛雕刻　内龛龛沿满饰连弧状卷草纹。龛台中央饰连弧状卷草纹。龛内上部及下部图案已模糊不清。中部左右侧为开启的隔扇门，门上段格心有方形和长方形孔，门下段裙板无雕刻，右侧一扇门的格心与裙板间的门中部雕有菱形图案。门内上方及左右侧为帷幔图案，帷幔前中央为菊花图案，菊花插于六棱形花瓶中，花瓶置于变形兽足支座瓶座上。左右两侧各有一个侍女，左侧侍女身体朝向中央，双手抱住垂幔；右侧侍女身体朝向门外，左臂向后挡住垂幔（图一一七；图版一三〇）。

左右次间均为荷花图案：荷花插于花瓶中，花瓶置于瓶座上（图版一三一）。

后壁底部为连弧形卷草纹图案（图版一二九，2）。

后壁下层为须弥座束腰壶门内雕刻有 2 幅花果图案：左为荔枝、右为枇杷（图版一三二）。

0   50 厘米

图一一六 M5 后壁雕刻

0   50厘米

图一一七　M5内龛雕刻

四、随葬品

残存的随葬品以陶俑为主，有武士俑、文吏俑、侍女俑等人物俑以及青龙、白虎、朱雀、玄武等四神俑，在排水沟前端两个角上各放置一件盘曲的陶蛇。另出有瓷器以及金、银、铜、铁质的钱币等。

1. 陶俑：70件，复原或基本复原13件。

所有陶俑均系泥胎模制。从残片观察,其模具分头、身两部分,且均系前后合范相扣而成。在制作坯胎时,先将头、身分别翻模,将双臂、双腿(分立者)与身子粘接好后,再将俑坯置于方形或长方形底板上,最后将头与身子粘接。在干坯后,再在部分陶俑表面施以朱砂。从身份来分有文吏俑、武士俑、男侍俑、女侍俑、戏说俑等人物俑以及青龙、白虎、朱雀、玄武等四神俑。

文吏俑:15件,基本复原2件。分两类:

A类:11件,基本复原2件。头戴进贤冠。身着左衽宽袖长袍,双手持笏拱于胸前(笏板均缺佚),站立于底板上。标本M5:51,基本复原,右肩、左臂残,双足残。残高24.8厘米。标本M5:54,基本复原,通高24.5厘米。

B类:4件,1件大部复原。头戴进贤冠,略向右偏。身着左衽宽袖长袍,双手置于膝上,坐姿。标本M5:24,左臂、双手及下身前部残,从后部可知为坐姿。通高22厘米(图版一三四,1)。

武士俑:5件,复原2件。分A、B两类:

A类:2件,均复原,为镇墓武士。头戴盔帽。肩披云肩,于胸前打结。身着铠甲,双足分立,站于心形底板上。标本M5:14,基本完好。通高54厘米(图版一三三,1)。标本M5:15,基本完好。通高54厘米(图一一八;图版一三三,2)。

B类:3件,均残。标本M5:16,头戴风翅盔,内着左衽衣袍,外着圆领衣,双手持兵器交于腰前,右手及兵器残,背部及腰以下残。残高14.7厘米。标本M5:17,胸背以下残。标本M5:26,仅存头部。

男侍俑:至少有31个个体,至多达42件以上。其中头身相连者14件,复原5件;有头无身者17件,有身无头者11件,并且头身无法连接。因碎片缺佚,尚有较多残片未能粘接,因此,此类陶俑总数绝不止31件。双臂上均有小孔。按其头饰及衣着来分至少有五类:

A类:复原1件。标本M5:28,基本复原,双足及底板残。头扎包头巾,身着左衽窄袖衣,双臂贴于身侧,双肘弯屈,双手残。腰束带结于腰前。双足立于底板上。人像高22.1厘米(图一一九,1)。

B类:复原2件。标本M5:30,基本复原,双足及底板残。头扎巾,身着圆领窄袖衣,右臂贴于身侧,右手托带状物。左臂肘以下残。腰束带,双足立于底板上。人像高22厘米(图一一九,2)。标本M5:31,基本复原,左足及底板残。头扎巾,脸向右偏。身着圆领窄袖衣,衣袖挽于肘部。右臂微弯曲,贴于身侧,右手握物紧贴腰带。左臂肘以

图一一八　M5 出土武士俑

10厘米

0

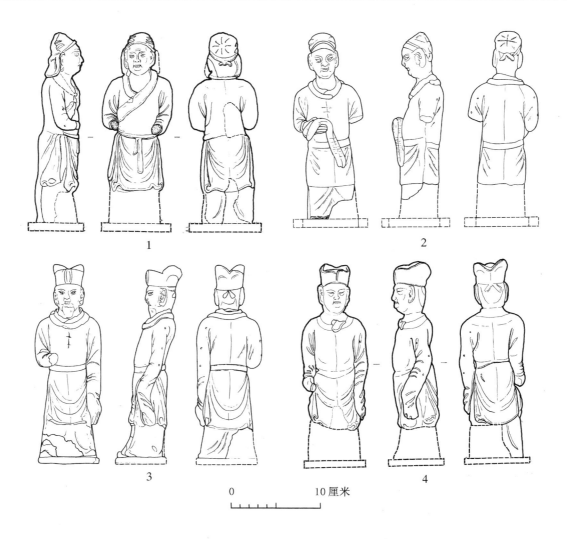

图一一九　M5 出土陶俑

1.A 类男侍俑 M5∶28　2.B 类男侍俑 M5∶30　3.C 类男侍俑 M5∶32　4.C 类男侍俑 M5∶34

下上弯,手作持物状。腰束带,双足立于底板上。人像高 22.3 厘米。

C 类:复原 2 件。头戴东坡巾,内着左衽及地长袍,外着圆领长袖及膝衣。左臂微屈贴于身侧,手拢于袖内,衣袖自然垂下。腰束带,双足分立,站于底板上。标本 M5∶32,左臂后侧有 4 个小孔;右臂后侧残留有 3 个小孔,肘以下向上弯曲,小臂以下残。右小腿后部与底板略残。通高 24.2 厘米(图一一九,3;图版一三四,2)。标本 M5∶34,左臂后侧有 4 个小孔;右臂略弯曲贴于身侧,袖口挽于腕处,手已残。前侧残留有 3 个小孔。双腿小腿前部与底板残。人像高 23.5 厘米(图一一九,4)。

D类：可辨者仅2件，均残。头戴幞头，内着左衽及地长袍，外着圆领长袖及膝衣，腰束带。标本M5:29，双臂贴于身侧，双肘以下向内弯曲，左下右上，手残。下身前面膝盖以下残，后面腰以下残。残高20.7厘米。

E类：1件，个体较小。标本M5:70，头残，后颈残留有幞头巾垂带。内着左衽衣，外着圆领及地长袍，领口贴饰倒"U"字形饰物，左臂残，右臂肘以下残。腰束带，双足站于底板上，底板已残。人像残高14厘米。

女侍（乐）俑：13件，复原2件。分A、B、C三类：

A类．双髻女侍俑：4件，复原2件，另2件仅存头部。标本M5:1，基本复原，底板残。头顶盘双髻。内着抹胸曳地长裙，外着左衽衣。右手执拍板屈于胸前，左臂贴于身侧，肘下残。腰束带，双足立于底板上。人像高20.3厘米（图版一三四，3）。标本M5:2，基本复原，底板残。头顶盘双髻（已残）。内着抹胸曳地长裙，外着对襟衣。右臂贴于身侧，手残。左臂残。双足立于底板上。人像高19.85厘米（图版一三四，4）。

B类．单髻女侍俑：7件，均残。标本M5:6，左臂及胸、背以下残。残高11.7厘米。标本M5:10，双臂腰部以下残。残高13.6厘米。另5件仅存头部。

C类．螺髻女侍俑：2件，均残。标本M5:8，左臂、右肘、足部残。残高26.5厘米。标本M5:9，仅存头部，残高4.1厘米。

伏羲俑：1件，基本完整，尾端略残。标本M5:18，灰褐陶，手制。龙首蛇身。龙头上昂，身体蟠曲，饰交叉刻划纹，背脊贴附7个泥条，尾端紧贴身侧。通高9.15厘米（图一二〇，1；图版一三五，1）。

女娲俑：1件，基本完整，尾部中段略残。标本M5:19，灰陶，手制。人首龙身。人首上昂，面部为女性，头上贴附2个泥条，似为双髻，后脑勺中间有一近圆形孔。长发贴身。前颈饰横向划纹，身体蟠曲，饰戳印纹以象龙鳞。龙尾紧贴身侧。通高7.8厘米（图一二〇，2；图版一三五，2）。

四神俑：4件，均残。

朱雀俑：1件，残。标本M5:22，灰陶，头残。体型较小，身上饰戳印纹，尾饰划纹，尾端向下弯曲。足四趾，站于长方形底板上。残高16.7厘米。

玄武俑：1件，残。标本M5:20，灰陶，仅存部分蛇身残片。

白虎俑：1件，标本M5:23，灰陶，仅存虎头部及部分虎身残片。

青龙俑：1件，残。标本M5:21，灰陶，仅存部分龙身残片。

2．瓷器：2件，均残。

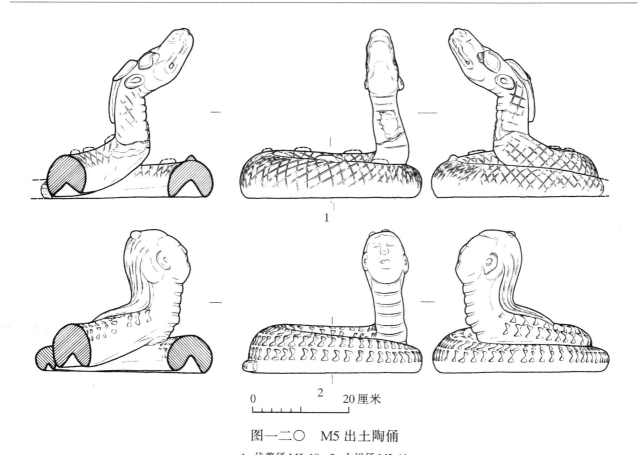

图一二〇　M5 出土陶俑

1. 伏羲俑 M5：18　2. 女娲俑 M5：19

罐：1 件，残。标本 M5：86，方平唇，直颈，溜肩，底残。口径 5、残高 5.2 厘米（图一二一，1）。

贯耳壶：1 件，残。标本 M5：85，青釉，圆平唇，直颈，双耳下部未穿。颈以下残。口径 3.2，残高 8.4 厘米（图一二一，2）。

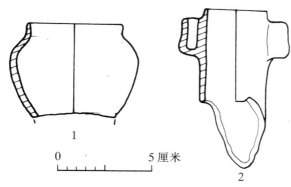

图一二一　M5 出土瓷器

1. 罐 M5：86　2. 贯耳壶 M5：85

3. 钱币　有金、银、铜、铁四种钱币。除铜钱出土于内外层封门石间外，其他均出自腰坑内。

金币：1 枚，标本 M5：82，保存完好。仿王莽"货泉"铜钱尺寸大小制成。圆形方孔，正面钱文为篆书"货泉"二字。重 7.1 克（图一二二，1；图版一三六，1）。

银币：1 枚，标本 M5：83，保存完好。

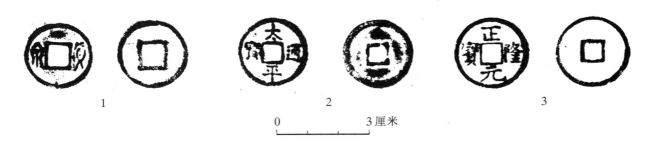

图一二二　M5 出土钱币

1."货泉"金币 M5：82　2."太平通宝"银币 M5：83　3."正隆元宝"铜钱 M5：96

仿"太平通宝"铜钱尺寸大小制成。圆形方孔，正面钱文为楷书"太平通宝"四字（图一二二，2；图版一三六，2）。

铜钱：49 枚，2 枚残，其余保存完好。标本 M5：96，圆形方孔。正面钱文为楷书"正隆元宝"四字（图一二二，3；图版一三六，3）。

铁钱：4 串，出土时已锈结成团，无法剥离。

第五章 结 语

一、墓主人身份及下葬年代

1、M2 的墓主人为安丙，生于绍兴十八年，卒于嘉定十四年，下葬于嘉定十七年正月

据墓室内出土的墓志载："公讳丙，字子文，姓安氏"（注：下划线处为笔者补，下同）。而《宋史·安丙传》载："安丙，字子文，广安人。"墓志志文所载墓主人生平事迹与《宋史·安丙传》基本相同。又据墓志，墓主人卒于嘉定十四年十一月十九日："寻以微疾，薨于正寝堂。时十四年十有一月之十九日，享年七十有四。"《宋史·宁宗本纪》："（嘉定）十四年……冬……十一月己亥，安丙薨。"又，《安癸仲卜葬先茔记碑》："己卯冬十有一月甲辰，不肖子癸仲丁先妣齐国夫人大丧，时方多艰，未克葬。后二年辛巳冬十有一月，先君守宣抚太师国公随亦薨背。"（见附录三）己卯年为嘉定十二年（1219 年），辛巳年为嘉定十四年（1221 年）。墓主人卒年亦与《宋史·宁宗本纪》所载安丙卒年相同。据此，足证该墓为安丙之墓，而在该墓的后龛中央雕刻的墓主人坐像亦应为安丙坐像。

又据墓志，安丙生于绍兴十八年（1148 年，戊辰）："公生戊辰"。从 1148 年安丙出生到 1221 年安丙去世刚好七十四年，与安丙享年同。

墓志："癸仲与诸孤卜以十七年正月己酉葬公于晶然山之麓。"墓志由安丙门生宕渠赵大荣作于嘉定十六年（1223 年）十二月。又《安癸仲卜葬先茔记碑》："明年壬午既卒哭，则载墓师与亲友之来会哭者，将穷晶山横亘之阳以葬。忽望见大山之下起峰，突然中有三亩余地独鲜润可贵，亟往抵龟而卜之。进士王震、赵大荣从旁合而言曰：'善斯卜也，是所谓名山大川还万古英灵之气者。'乃具畚锸，日饭二百。尾黑牯下取巨石，百堵并兴，几用二年之力，始成坟葬。前后凡三北而三修，至甲申之春正月己酉，始克葬我先太师国

公。"墓志与所引史料完全吻合。

根据上文考证，可知安丙生于绍兴十八年（1148年，戊辰），薨于嘉定十四年（1221年，辛巳）十一月十九日（己亥），安丙墓的始建年代为嘉定十五年（1222年，壬午），至少在嘉定十六年（1223年，癸未）冬天已竣工，前后历时约两年。嘉定十七年（1224年，甲申）正月己酉，安丙入葬。

2、M1的墓主人为福国夫人李氏，生于绍兴十一年辛酉，卒于嘉定十二年，于度宗咸淳元年归葬于此

M1墓葬形制与M2完全相同，且M1、M2墓前的享堂遗迹明显是祭祀这两个墓的，从等级制度来讲，只有封诰为福国夫人的李氏才可与安丙配享之。因此，M1为福国夫人李氏之墓无疑。墓志："□李氏，吴国之姝，□封福国夫人，享年七十有九，先公二年薨。"《安癸仲卜葬先茔记碑》亦云："己卯冬十有一月甲辰，不肖子癸仲丁先妣齐国夫人大丧，时方多艰，未克葬。"此处"齐国夫人"即墓志中的福国夫人，详见后文注释。福国夫人李氏薨于嘉定十二年（1219年，己卯）十一月甲辰，时安丙任四川宣抚使，在利州（今广元）任职①。福国夫人李氏墓的建造年代应与安丙墓同时，而福国夫人李氏葬于此处的年代则晚于安丙入葬的嘉定十七年（1224年）正月己酉。《安癸仲卜葬先茔记碑》："甲子，母宜人郑氏卒，癸仲时守资中垂满，因请持服归，襄先夫人暨郑宜人。明年乙丑夏四月景午，始克大葬。而归还之日，天色改容开霁，吊者塞途，因得以逸缓葬之罪。"安癸仲作此碑文时，安丙已赠太师、鲁国公，夫人李氏亦赠齐国夫人。且宜人郑氏卒于安丙及李氏之后，因此，此处所指甲子年，当为1264年，"明年乙丑"则为1265年。是年，安癸仲方将夫人李氏及宜人郑氏葬于安丙家族墓地，也就是说，福国夫人李氏在度宗咸淳元年（1265年，乙丑）才迁葬于此。

此外，M1李氏墓和M4出土的随葬品，其陶俑完全相同，应该是在同一时间、且在同一地点烧制而成的。这也与此碑文字叙述相吻合。

3、M4的墓主人为宜人郑氏。生年不详，卒于理宗景定五年（1264年，甲子），下葬于度宗咸淳元年（1265年，乙丑）

前文已经论证M1为福国夫人李氏之墓，且福国夫人李氏与宜人郑氏同时于1265年下葬于此。M1、M4两座墓随葬陶俑的种类、色泽、造型几乎完全相同，只是在数量上差

---

① 《鹤山先生大全文集》卷七十五《知文州主管华州云台观安君墓志铭》："未几，朝廷起少傅为宣抚使，治利州。"

别较大，肯定为同时同地烧制而成的器物。这与上文考证的福国夫人李氏与宜人郑氏同时迁葬于此的结果相吻合。又，把 M4 的墓室结构与 M1 相比较，可以看出其等级明显偏低，与宜人郑氏的身份亦相符合。因此，M4 为宜人郑氏之墓无疑。在 M2 墓道填土上部出土的"宋故宜人……"墓碑，有可能原来是立于 M2 与 M4 之间的，后来因故塌落至 M2 墓道内的。

据墓志载，安丙共有三个儿子：长子安癸仲、次子安寅仲、三子安乙仲。"子三人，长癸仲，年□十□□□□□□氏子也，生而母亡，□以为□，今朝散大夫、直华文阁、前四川宣抚使司主管机宜文字；次寅仲，年十八卒于小溪之县治；次乙仲，年□十岁，以公明堂恩补承奉郎。"从这段文字来看，安癸仲的生母在他出生时就已经去世，那么，宜人郑氏就绝不会是安癸仲的生母，而是另有其人。安寅仲在其十八岁时卒于小溪县，时当安丙丁内艰服除后知小溪县期间，大约为庆元二年～庆元六年（1196～1200 年）间（见附录一所附《安丙大事记》）。墓志"自绍熙癸丑通籍□下，至庆元六年庚申□□费八年，始毕须入。而中间丧母、哭子。"即指此也。绍熙癸丑为 1193 年。以是推之，安寅仲至迟出生于 1183 年（淳熙十年），最早出生于 1189 年（淳熙六年）。因此，安癸仲最迟也出生于 1182 年（即淳熙九年）。

4、M3 的墓主人可能是安癸仲生母。生卒年不详，下葬年代不详

M3 于 20 世纪 50 年代以来长期暴露于外，墓室内的随葬品早已荡然无存，甚至连覆盖腰坑的棺台条石也被撬开。其墓室结构与 M4 完全相同，墓室内雕刻的布局及内容也与 M4 大致相同，故墓主人的身份地位当与宜人郑氏相当，有可能为安丙的另一个侧室。据墓志中"□李氏，吴国之妖，□封福国夫人，享年七十有九，先公二年薨；□氏，以癸仲赏典转官，申乞回授为宜人"的文字推测，该墓有可能是早已去世的安癸仲生母之墓，据此推测，"人"字前所缺失一字当为"宜"字。

5、M5 的墓主人为安丙孙女安宝孙，生于嘉泰四年，卒于嘉定十六年，下葬于嘉定十七年正月

M5 出土的随葬品中，陶俑均为未施彩釉的素面俑，只有部分陶俑涂以朱砂，这与下葬较早的安丙墓的随葬品中素面陶俑的风格相似，而与另外两座下葬较晚的墓（M1、M4）出土的陶俑风格迥异。

从 M5 残存的后龛仿木结构雕刻风格来看，与 M1、M2 近似，但后龛仅为两重龛，明显有别于 M1、M2 的三重后龛。再从墓室左右侧壁中即对称雕刻的青龙、白虎以及后龛屋顶雕刻的玄武等所处位置来看，其墓室应为单室结构，四神中已经被破坏的朱雀应当

在墓室前部的拱顶下。

此外，在 M5 墓室棺台上还发现了部分人牙臼齿标本，齿根中空，为乳齿；而门齿标本却是恒齿。因此墓主人的年龄应在 15 至 20 岁之间。

据墓志："孙女二人，长宝孙，后公二年卒，今祔公葬。"《宣统广安州新志·金石志·安女宝孙圹铭碑》："宝孙，安氏子也。故四川宣抚使、赠少师、武威公之孙，朝请大夫、直华文阁癸仲北望之女。母宜人冯氏，外祖故朝请大夫、知金州使也。初，武威公以嘉泰甲子解隆庆郡丞，寓家宝峰下。是岁冬十有二月己酉，宝孙生。宝孙既生，而廼祖除知大安之命下，故尤钟爱焉。凡针缕女红之事，一试即精。天资雅静，视珠翠金玉泊如也。嘉定癸未夏五月景寅，忽得暍疾，匆遽以卒。会卜以明年正月己酉葬我先公于畾山之麓，念公自将贵至于薨背，与此女子实为始终，乃竁于其翁之侧而祔焉。时十二月之十六日也。是为铭。"这篇碑铭由安丙长子安癸仲作于嘉定十六年十二月，与赵大荣所撰的安丙墓志时间相近。从这篇碑文我们知道，安宝孙生于嘉泰四年（1204 年，甲子），卒于嘉定十六年（1223 年，癸未），明确指出安宝孙与安丙同时葬于嘉定十七年正月己酉。因此，M5 应该为安宝孙之墓无疑。

二、墓葬等级

安丙家族墓地的五座墓葬，共有三种等级：M1、M2 墓葬形制相同，等级最高；M3、M4 墓葬形制相同，等级次之；M5 上部结构已毁，从残存部分来看，其等级亦低于 M1、M2。

1. 从墓葬形制来看，M1、M2 为前、中、后三室并置侧龛、后龛的仿木结构石室券顶墓，且后龛为三重龛结构。墓室内雕刻内容极为丰富，有仿木结构建筑、花卉、四神、伎乐（或官吏）驯兽、化生图案等。

M5 上部已残毁，但从保存下来的部分来看，其墓葬形制为置有后龛的单室仿木结构石室券顶墓。雕刻内容有青龙、白虎、玄武（朱雀已残）及花卉、人物等图案，其风格与 M1、M2 相似，但其墓葬规模较 M1、M2 要小，规格明显偏低。

M3、M4 墓室均为单室石室券顶墓，上部为椭球体结构，墓室两侧壁各对称雕刻乐舞图案一组，与另外三座墓区别甚大，尤其是无仿木结构雕刻图案。其墓葬规格亦较 M1、M2 偏低。

2. 从安丙本人去世时的最高官职来看，根据墓志及史书所载，其文散品为最高一等的开府仪同三司，为从一品；爵品为武威郡开国公，为正二品；勋品生前为少保，死后以少傅致仕、赠少师，均为正一品；其职事官为同知枢密院事，为正二品，保宁军节度使，为从二品。《宋史·礼志》凶礼三"诸臣丧葬等仪"条下"辍朝之制"条云："《礼院例册》：文武官一品、二品丧，辍视朝二日，于便殿举哀挂服。……"又"赙赠"条云："凡近臣及带职事官薨，非诏葬者，如有丧讣及迁葬，皆赐赙赠，鸿胪寺与入内内侍省以旧例取旨。其尝践两府或任近侍者，多增其数，绢自五百匹至五十匹，钱自五十万至五万，又赐羊酒有差，其优者仍给米麦香烛。"墓志云："已而遗表随上，上为辍视朝两日，赠少师……"《宋史·安丙传》："丙卒，讣闻，以少傅致仕，辍视朝二日，赠少师，赙银绢千计，赐沔州祠额为英惠庙。"从此条史料可知，安丙之葬非诏葬已明。从四川各地发现的南宋时期的墓葬来看，这一时期的主要墓葬形制是石室墓。安丙既为封疆大吏，官居一品大员，又数度有功于朝廷，其死后的丧葬亦就异于常人。那么，安丙的丧事有否僭越之处呢？《宋史·礼志》对诸大臣的丧事并无更加详细的规定，因此，无法根据其墓葬形制来判明这一点。

三、几个问题的讨论

安丙家族墓地以其规模宏大的陵园布局、精美绝伦的雕刻技艺冠绝一时。发现的各种遗存涉及了南宋中期的政治、经济、军事、艺术的各个层面，为研究当时四川地区乃至整个中国社会的历史提供了极为重要的研究材料。对这批材料进行深入细致的研究，必将为这一时期的历史学研究起到很大的推动作用。笔者就发掘以来偶思偶得草成以下文字以求教于方家。

1、关于墓葬被盗掘的年代推测

在安丙家族墓地发掘的 5 座墓葬中，M3、M5 经过 20 世纪 60 年代以后的破坏，早期是否被盗或被盗情况已经不明。而 M1、M2、M4 等 3 座墓葬在发掘过程中均发现了早期盗掘的痕迹，并且无一例外地都是从墓道后部的墓门上方挖掘盗洞进入墓室实施盗墓的。下面从盗墓遗失物及其分布位置以及各个被盗墓室内的盗掘迹象等两方面进行初步分析以推测其被盗年代。

a、盗墓遗失物分布位置

就发掘时所见，盗墓遗失物主要见于 M1、M2、M4 墓道填土里以及墓区地面建筑遗迹原来的地表上。

　　散见于墓道里的遗失物　在 M1 墓道里发现了 1 件铁斧、1 件青铜壶形器、1 件薄圆饼形铜器以及瓷器残片、三彩陶俑残片等遗物；在 M2 墓道里发现有"嘉定元宝""折十"大铜钱 1 枚以及瓷器、陶俑残片若干，在两道封门石之间则发现有"嘉定元宝""折十"大铜钱 22 枚、青铜壶 1 件、青铜烛台 1 件、铁锄 1 件、铁斧 1 件。在 M4 墓道里发现有人物陶俑头、身残片，青龙俑、朱雀俑残片，瓷器以及板瓦残片。这些遗失物中，除 M1 墓道里发现的铁斧和 M2 两道封门石之间发现的铁锄、铁斧可能为盗墓所用工具外，其他均为各墓墓室内的随葬品。

　　散见于墓区地面建筑遗迹上的遗失物　墓区地面建筑遗迹上的地层堆积共有两层：表层为耕土及地表植物附着土；第二层为宋以后的堆积层，在该层的下部与地面建筑遗迹地表的结合部，发现了较多的与见于墓葬内的随葬品相同的瓷器和陶俑残片。经过整理，我们排除了因下葬时无意损坏遗弃的可能：以出土于 M2（安丙之墓）的白瓷花瓶（标本 M2：107）为例，此件标本因其色泽花纹为所有随葬品中所仅见，因此，在发掘中我们已经注意到其残片分别出土于 M2 墓室与墓道、M1 与 M2 前的享堂遗迹地表上，经过拼对，表明这些散见于不同出土位置的碎片竟是属于同一件标本的！如果说我们发掘时所见到的这件标本的分布状况是因安丙的后人在下葬时有意而为所致，那是无论如何也说不通的！

　　在地面建筑遗迹上还发现了较多的随葬陶俑残片，这些残片更多的与出土于 M1、M4 墓室内的三彩陶俑相同。而在 M4 拜台前的地表上发现的玉童子（标本②：4）则明显是遗失于此的原本属于墓葬内的随葬品。在第二层下部出土的其他标本中，除发现了 1 件明代的青花瓷碗（标本②：3）外，其他标本几乎均为宋代的陶器、瓷器以及板瓦、筒瓦等残片。

　　由于在第二层下部与地面建筑遗迹地表的结合部发现有明代青花瓷碗的这一事实，我们断定，墓区地面建筑遗迹的表层面在南宋末年至明代应该未被大面积覆盖，该层面上发现的遗物正好反映了该层面被覆盖前后的人类活动情况。因此，我们认为墓葬被盗的年代应该是墓区地面建筑遗迹的表层面被大面积覆盖以前！具体而言，更大的可能就是在南宋末年的宋元战争时期或元代末年的战乱时期。那么，二者间哪一种可能性更大呢？让我们再来看墓室内的盗掘迹象。

　　b、被盗墓室内的盗掘迹象

　　由于现在看到的 M3、M5 的情况是 20 世纪 60 年代以后造成的，我们已经无法窥测它们此前的保存状况。M1、M2、M4 则保存了它们被盗掘以后的真实状况。

　　墓室内随葬品的分布　发掘时发现 M1、M2、M4、M5 这 4 座墓葬墓室内的随葬品分布凌乱，大部分标本散处于棺台上，还有部分标本残片处于棺台四周的排水沟中，所有陶瓷标本均已残毁，鲜有完整者。由于绝大部分标本是各种类型的陶俑，在下葬时应该是井然有序地摆放在棺台上的，因此，我们现在所见的墓室内随葬品分布状态无疑是盗墓者造成的。

安丙墓内的人为损毁　墓室内有因地震等内营力造成的横梁垮塌与断裂、石壁壁面变形与剥落等现象，但这种自然的破坏力是不可能造成如下所述的破坏情况的：在墓室内发现的石质墓志的上部中央、左下角及右中部缺失，中下部石表有很多可能是因敲打留下的痕迹，字迹模糊。很显然，这主要是被盗墓者进入墓室时人为打碎的，由于墓志很大，盗墓者只有打碎墓志才能进入墓室，因此墓志志石的残断应该是盗墓时的一种必然行为所致。墓内还发现了其他的人为故意损毁现象：棺室左右壁和后壁雕刻的驯兽图部分被人为打坏，墓室右壁窄平台上也有人为打坏的迹象。另外，墓室后龛底部发现有凿洞。

我们认定，墓志下部留下的敲打痕迹与棺室左右壁、后壁雕刻的驯兽图以及墓室右壁窄平台上的损毁是盗墓者进入墓室盗窃时有意而为。值得注意的是，这种情形只发生在安丙墓内。究其原因，我们推测可能是盗墓者的一种泄愤行为。根据何在呢？

纵观安丙一生，在吴曦叛金以前，其官声尚佳，但仕途平平，快六十岁才做到从六品的朝奉大夫。而平叛以后，一跃而为端明殿学士（正三品）中大夫（正五品）[①]。平叛之事，既有功于朝廷，又遗利于百姓，虽不免有所杀戮，但所诛之人，如姚怀源、徐景望等俱为叛党一流。即使偶有误杀，当此大变之时亦所难免。于此事怀恨于心者，鲜矣！在此后的收复关外四州的战役中，俘获的附与叛逆者皆遣散回家了事，"前后所俘获以千数，公念皆吾中原遗黎，悉厚遣之。"[②] 而平叛之后，与功之人杨巨源、李好义先后死去，安丙实难辞其咎！尤其是杀杨巨源之后，朝野哗然，"巨源死，忠义之士为之扼腕，闻者流涕。"迫于情势，安丙亦不得不上书朝廷请罪，"丙以人情汹汹，封章求免。"[③] 嘉定十二年，兴元军士张福、莫简因不满时任四川总领财赋的杨九鼎克扣军饷而起兵作乱，由兴元入川，沿途烧杀抢掠，震动朝野。已经致休在家的安丙被重新起用任四川宣抚使，在安丙的组织下，兵变被迅速扑灭。而参与兵变的被俘士兵，竟被全部处死！"七月庚子，尽俘余党千余人，皆斩之。"[④]从以上所述安丙对待附与叛逆者与参与兵变者的截然不同的处置

---

① 见《宋史·职官志》：绍兴以后合班之制。
② 《安丙墓墓志》。
③ 《宋史·杨巨源传》。
④ 《宋史·安丙传》。

来看，不能不使被杀兵变者的亲友怀恨于心。再加上杀杨巨源引起的不良后果，安丙在时人心中的形象必是毁誉参半！

综上所述，结合墓地发掘所见堆积情况以及安丙墓墓室内发现的人为破坏情况，我们认为安丙墓及其他亲属墓被盗毁的时间极有可能发生在宋末的战乱之时。而出于泄愤的盗毁行为也合理地解释了为什么在地面建筑遗迹地表发现了较多随葬陶瓷器碎片这一现象；只发生于安丙墓墓室内的各种有意为之的损毁行为也反映了盗墓者对安丙的个人仇恨。

2、关于"嘉定元宝""折十"大铜钱

在安丙家族墓地的 M2、M4 中分别发掘出土了 43 枚和 113 枚"嘉定元宝""折十"大铜钱。其中，M2 的铜钱有很多出土于内外层封门石间和墓道内，分布零散，无规律可循；而 M4 的铜钱则全部出土于棺台下的腰坑里，它们与同样出土于腰坑里的其他金银币共同组成了后天八卦与洛书数的配置图。所有铜钱除个别因埋藏条件而发生锈蚀或破损外，绝大多数保存得相当完好。从这批铜钱的品相来观察，可以肯定它们都是未曾经过流通的。

检诸宋代史料，未见有关于这种钱币的任何记载。而在宋宁宗嘉定年间，见诸史料的大钱铸造只有嘉定元年铸造的"当五大钱"，并且还是铁钱，且其钱文为"圣宋重宝"和"嘉定重宝"：

《建炎以来朝野杂记》乙集卷十六"财赋"之《四川行当五大钱事始》："嘉定元年十一月庚子，四川初行当五大钱。时陈逢孺总领财赋，患四川钱引增多，乃即利州铸大钱，以权其弊。三年夏，制置大使欲尽收旧引，乃又铸于邛州焉。利州绍兴监钱以'圣宋重宝'为文，其背铸'利一'二字，又篆'五'字；邛州惠民监钱以'嘉定重宝'为文，其背铸'西二'二字，又篆'五'字。两监共铸三十万贯，其料例并同当三钱。时议者恐其利厚，盗铸者多，而总领所方患引直之低，则曰：纵有盗铸，钱轻则引重，是吾欲也。方钱之未行也，眉人有里居待次者，又欲创一监于眉州。论者以为丹棱虽产铁，岁额不多，而本郡又无薪炭。眉山之人亦以为不便，上下骚然，数月乃罢。由是止铸于利、邛二监焉。"又，《续编两朝纲目备要》："嘉定元年……十一月……庚子，四川初行当五钱。"《宋史·宁宗本纪》："嘉定元年……十二月……庚午，四川初行当五大钱。"

"嘉定元宝""折十"大铜钱却见于各种钱谱。

《古泉汇考》："嘉定元宝钱，二品。背上'折'下'十'。按，南宋钱中多'折二'，其'折三'间亦有之，亦不多见。《食货志》云：'嘉定元年，即利州铸当五钱。'或以前品铁钱，铜钱则未之见，更未闻有'折十'者。"……己未孟冬，在成都获此二品，精妙绝伦，或当时旋铸旋罢，故史不载欤。"

　　《古泉丛话》："嘉定元宝折十钱，此钱徐问翁、张叔翁皆有之，与此而三。"

　　《中国古钱谱》第270页载："嘉定通宝、元宝，宁宗年间（1208～1224年）铸。通宝分小平、折二，背纪年元至十四。铁钱分小平、折二、折五。元宝只有当十大钱，铁钱则分小平、折二、折三、折五。"而是书所载"嘉定元宝""折十"大钱从尺寸、钱文及品相来看均与安丙家族墓地所出相同，但是书钱下注文却为"铁·背：折十"。在是书所附《参考文献索引》中未注明所载拓本出处①。其他钱谱所载"嘉定元宝""折十"钱亦都未注明出处。

　　《宋史·食货志下》："钱有铜、铁二等，而折二、折三、当五、折十，则随时立制。行之久者，唯小平钱。""嘉定元年，即利州铸当五大钱。三年，制司欲尽收旧引，又于绍兴、惠民二监岁铸三十万贯，其料并同当三钱。"

　　笔者认为各书所载"嘉定元宝""折十"大铜钱均应为肆间传世品。从上文的讨论中我们已经知道，在安丙及其族人下葬后不久，他们的墓葬即经盗掘。而在墓地中的5座墓葬中，出土有"嘉定元宝""折十"大铜钱的只有M2和M4，且M4的"嘉定元宝""折十"大铜钱均出土于棺台下的腰坑中。因此，可能被盗墓者带出的"嘉定元宝""折十"大铜钱只能是M2——也就是安丙墓中的了。历代钱谱关于"嘉定元宝""折十"钱的铸造和藏品的出处皆语焉不详，因此，笔者认为肆间传世品极有可能是从安丙墓内盗掘而出的。

---

　　①　国家文物局《中国古钱谱》编纂组编：《中国古钱谱》，文物出版社，1992年。

附表

安丙家族墓地墓葬登记一览表

墓号	层位	墓向	墓圹结构	墓主人	性别	年龄	下葬年代	墓室随葬品
M1	②下	北偏西80°	竖穴土坑	福国夫人李氏	女	79	1265年	陶文吏俑10、武士俑2、男侍俑16、女侍俑1、戏说俑3、四神俑4；铜壶形器1、铜饼1；铁斧1
M2	②下	北偏西81°	竖穴土坑	安丙	男	74	1224年	陶文吏俑18、武士俑11、男侍俑31、女侍俑3、胡服俑14、女乐舞俑12、女舞蹈俑1、三身女俑1、生肖俑7、四神俑4、陶器盖8、盘状器1、筒形器2、假山5、笙1；瓷碗16、盏1、碟2、壶1、罐1、鸟头1、花瓶1、瓶1；铜壶形器1、烛台1、猴形锁1；玉坠饰1、钩饰2、夹饰1、围棋子6、金币1；铜钱43；水银750克；墓志1
M3	②下	北偏西78°	竖穴土坑		女？	？	？	
M4	②下	北偏西78°	竖穴土坑	宜人郑氏	女	？	1265年	陶文吏俑14、武士俑2、男侍俑27、女侍俑4、击鼓女俑1、庖厨俑2、戏说俑5、四神俑4；陶罐3；瓷碗2；金插针1；银碗1；铁环2；铜镜1；玉石1；金币20；银币97；铜币113
M5	②下	北偏西90°	竖穴土坑	安宝孙	女	19	1224年	陶文吏俑15、武士俑5、男侍俑31～42、女侍俑13、伏羲俑1、女娲俑1、四神俑4；瓷罐1、贯耳壶1；金币1；银币1；铜币49；铁钱4串

附录一

M1、M2 斗拱实测图

郭 英[*]

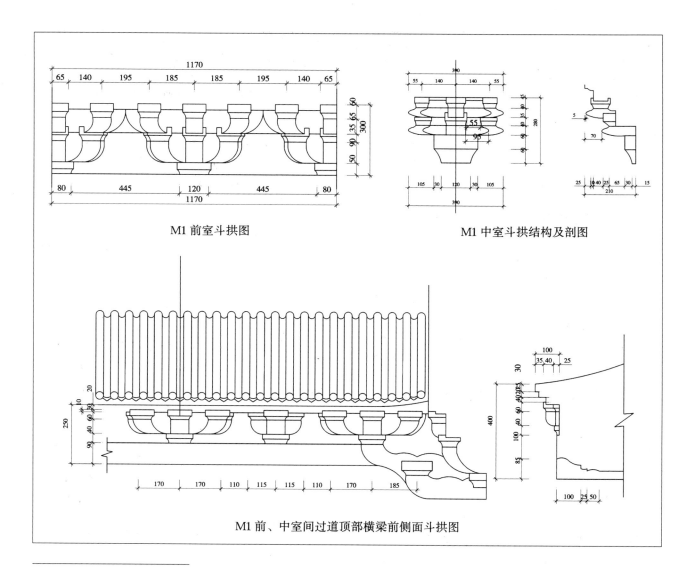

M1 前室斗拱图

M1 中室斗拱结构及剖图

M1 前、中室间过道顶部横梁前侧面斗拱图

* 郭英：太原市文物考古研究所。

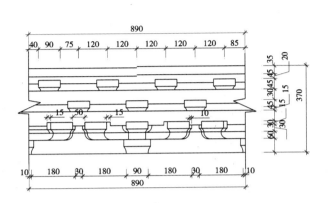

M1 后室侧壁斗拱

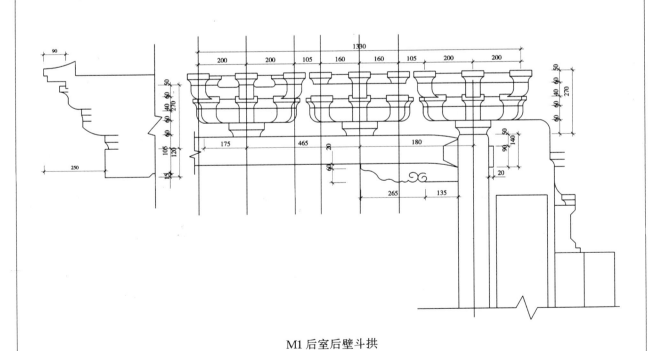

M1 后室后壁斗拱

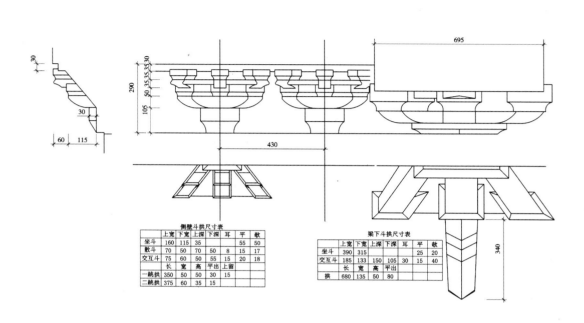

侧壁斗拱尺寸表

	上宽	下宽	上深	下深	耳	平	欹
坐斗	160	115	35			55	50
散斗	70	50	70	50	8	15	17
交互斗	75	60	50	55	15	20	18

	长	宽	高	平出	上留
一跳拱	350	50	50	30	15
二跳拱	375	60	35	15	

梁下斗拱尺寸表

	上宽	下宽	上深	下深	耳	平	欹
坐斗	390	315				25	20
交互斗	185	133	150	105	30	15	40

	长	宽	高	平出
拱	680	135	50	80

M2 前室斗拱局部、展开图及前、中室间过道顶部横梁底斗拱底视及平视图

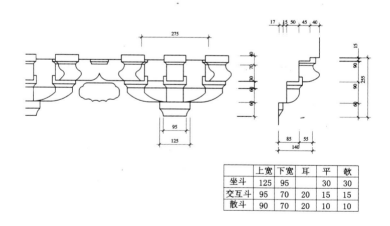

	上宽	下宽	耳	平	欹
坐斗	125	95		30	30
交互斗	95	70	20	15	15
散斗	90	70	20	10	10

M2 中室斗拱及剖面图

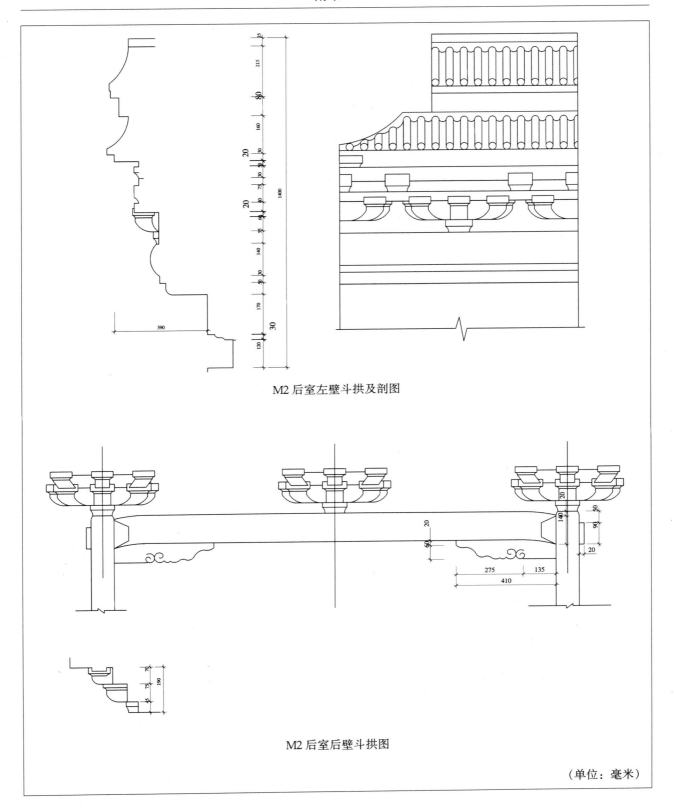

M2 后室左壁斗拱及剖图

M2 后室后壁斗拱图

（单位：毫米）

附录二

安丙墓墓志考释

　　碑文记载了墓主人安丙的世系及一生的经历，其内容涉及到了南宋中期的政治、经济、军事、文化以及社会生活的各个方面，与《新唐书》、《旧唐书》、《新五代史》、《旧五代史》、《宋史》、《建炎以来朝野杂记》、《续编两朝纲目备要》等史料可互相印证，具有极高的史料价值。现将志文标点如下，并对其作出初步的注释和考证：

有□[1] 少傅、保寧軍[2] 節度使致仕、武威郡開國公、食邑五千□……[3]」
公□[4] 丙，字子文，姓安氏。其先應州[5] 人。九世祖諱福遷[6]，事後□□□□□□□□□□ □
□□□□□□□□□□□□□□□□重誨[7]，明敏謹恪，事明宗[8] 爲佐命功臣，拜侍中、兼中書令，典掌機密。後因討潞王」從珂[9]，爲李洪昭等所譖[10]，不得白，卒遇害死，其妻及二子崇□、□□[11]□□□□□□□□□□□□□□□□□□□□□□□族來蜀，蘗居于宕渠渠江縣之渚洄[12]。富連阡陌，遂占籍爲渠人。國朝分渠江」及果、合各一邑置廣安軍[13]，始爲廣安人。數傳族浸蕃大，乃□□□□□□□□□□□□
□□□□□□□□囙[14]，崇績生文寶，文寶生瓘，瓘生康民[15]，即公之曾大父也。贈太師，封申國公，妣李贈」秦國夫人。大父郛，贈太師，封衞國公，妣趙贈魯國夫人。□[16]
□□□□□□□□□□□□□□□□□□□□□□□□□□□置郯上，口授《論語》、《孝經》，不數過成誦，及從小，學已不類常兒。衞公嘗引至田間觀」刈麦，公與羣兒戲溪上，俄溺水。衞公暮歸始覺，亟沿溪□□□□□□□□□□□□□□□□□□□□□
□□□回道人者，數徃來清谿[17]。一日，從學舍見公，遽加拊愛。因指謂人曰："畐山[18]之祖，降生」人間，更後五十年，當以勳業致貴，即此兒也。"言訖去□□□□□□□□
□□□□□□□□□□□□□□□□□□僵牟，家時或弗給。公性孝慈，未冠已知養親。乃折節從人，假館敎學，以□菽水。間挾」冊游金泉[19]，一時□行皆畏公爲雄。□□
歲甲午[20]，公年□□□□□□□□□□□□□□□□□□□□□□□□□□□□□第八。明

年，廷對，登進士第，調昌州大足縣主簿[21]。時楚公與吳國[22]皆在，□官滿，以舊」員未及格，乃沿檄部綱至在所。會朝廷遣使出疆，□□□□□□□□□□□□□□□□□□□□□□□□□□歴國憂阻不赴。服除[23]，再以檄詣在所，更調利西帥。屬帥吳武穆也，得公大加敬，遂與聞」軍旅事，得熟究邊防利病[24]。於是諸将悉歸心願交，而□□□□□□□□□□□□□□□□□□□□□□□□□□員，改秩宣教郎。漕使楊公王休[25]尤相器重。復以綱事檄公一行，且計可從□□□□」然請徃事集授知成都府新繁縣[26]。懷勑歸，將之宿□□□□□□□□□□□□□□□□□□□強者爲然。復命公宰新繁，公又去。之新繁，裁四三月，强者又以計奪之。公不□□□□」去，然亦無甚慍色。獨以將母徃來，不遑寧處爲患耳。居□□□□□□□□□□□□□□□□□□□□刀恢恢有異政，不擾而辦，當途盡推服。自紹熙癸丑通籍□下，至慶元六年庚申□□」費八年，始畢須入[27]。而中間喪母、哭子[28]，憂患半之，一生禄□□□□□□□□□□□□□□□□□□□□□孟子所謂天將降大任者論之，始爲知言也。倅隆慶府[29]扺[30]其職，□□□□□□□□□□。」開禧改元，除知大安軍[31]，稍始聞朝廷有用兵意。俄報□□□□□□□□□□□□之，□以書抵松，論今日之事□□可輕舉者十，且師出無名，即出師萬必誤國。願趣抗跕力回□□□四□□，松皆不」納[32]。及曦被旨，辟公隨軍轉運[33]。公雖知其必敗事，然猶欲□□□□□毌不至大衂。乃不知曦久已包禍，故繆爲布置以□虜也。丁卯春正月，曦遂以蜀叛，僭王者車服，北面事虜，改正月爲元年，以公爲□□□長」史。公乃臥病，陰有圖曦之志[34]。曦三世積威，勢傾中外，黨與醜逆，發端爲難。公令子癸仲[35]潛出入市肆間，詭爲貨金，密覘物□，欲糾合同志，以助義舉。或告以合江倉官楊巨源[36]聞變日，□□□□□□□□入山。」中軍正將李好義[37]受僞命日，舉家相對泣下，恥爲所污。公知此兩人者，可與共舉大事。乃招與語，悉出褚中金與之，縱所□不問。於是癸仲與巨源交結義徒，爲謀於外；而使好義□□□□，□□於內。賴天之靈，」宗社之福，神人共謀，不以泄敗。公乃矯詔[38]，以二月甲戌命好義夜集麾下勇敢七十人宿其家，告以大舉，授以方略，且戒：圖曦之外，毋妄殺人[39]。衆惟命。翌日，未犁明[40]，公曰：可矣。□好義□□□□入僞宮，李貴徑趨」曦寢，斬其首以獻。是日也，風馳電擊，忠義響應，軍人鼓譟，皆捨逆復順。公徐率官吏，具冠履，宣密詔，以賊首徇三軍，慰安反側。又懼諸軍乘勢爲民害，因縱令入僞宮剽掠。故一城□□□□□□□不□□吳晛、」姚淮源、徐景望等十數人，皆曦謀臣，次第斬之[41]。時景望在利州，迫逐王人，奪其總計財賦所聚。公恐小人好亂，乘時斅刼，□遣弟焕徃約諸將，相與拊定。故誅徐之日，軍民無一人敢譁者[42]。於是傳檄諸郡一日，按」堵曠然，如天日之復見也。露布奏聞，隨函曦首及虜詔、印違制等物，獻于朝。上大悦，羣臣皆奉表稱賀。即日，除公端明殿學士、中大夫、知沔州、充利州西路安撫使、四川宣撫副使，□恩數並□執政□詔」書獎諭，賜賚有加[43]。始，朝廷聞變，君宰相顧失色，莫知所爲，至有欲因而王之者[44]。既而奉旨，密降帛書遺公，屬以討賊，至則曦已誅矣[45]。惟關表四州，曦既□以遺□虜屯□兵□守□□□□。公曰：此不可緩」也，緩則彼守益固，蜀唇亡齒寒矣。乃悉遣同功諸猛將，分道出師，尅期進取。義旗所至，以次悉平。類皆以少擊衆，捷報至宣司無虛日[46]。蓋我軍以討逆之後，□□□□□□□□□不□敢□也。前後所俘獲」以千數。公念皆吾中原遺黎，悉厚遣之。虜知公勇略不可犯，乃始讋服[47]。會主上奮發剛斷，誅殛首禍，復與虜議和。明年，嘉定改元，使人出疆，和議成[48]。公□□□□□不可時□□□將士□□□□□爲守[49]。」未幾，上以小使回，虜過有要索，乃親灑宸翰賜公，有“觀其用意，必再衝突，勢不獲已，未能悉兵”等語，果不出公所料。二年，除資政殿大學士、改知興元府、利州路安撫使、四川制置大使[50]。時朝廷更化之始，」專倚分憂西顧。公於用蜀規摹，素所講定。大抵謂愛養根本，使兵民兼裕。其間開闔斂散，要當與職總計者，有無緩急相救如一家，始可以濟。然非一心□□□□□言以□□□□未足與議也。乃圈力研究」四蜀民事之利病，軍政之得失，窮耗蠹之起，審救療之宜取。旨罷行皆可經久。其小者，未易枚舉；其大者，專謂蜀□屯十萬兵，以三都統主之。而沔州一□□□□有尾大不掉，勢所必至。況世爲吳氏所縮，號」吳家軍，其化爲狼與豺也，宜哉。遂奏上，乞增置利州都統一司，分隸其兵，以懲偏重之患[51]。至如省廢四都統司闕額人馬及軍中冗員，以歲計之，所省錢□□□□□□□□□□□□□□直買係官鹽井，」不科調而財用足，以月計之，所得租息亦不下數十萬緡。其他如經理關外屯田[52]，措置嘉定錢監[53]，悉以隸諸總所。而免輸代賦，所在有之。又其大者，如多□□□於□□□□之時□□引□於□度方急之際，尤」□□□□□□□□□□□以□□此舉誰敢爲尔也。而議者猶謂公□當侵總計之權，此爲識治體否乎？蓋公之勳業，既已晃赫一世，而天才高邁，又復過人，□□□□□□□□非□□□故者所及。至於攻」□□□□□□□□□□□□□年，以嘉叙州邊界作過夷蠻欵塞□降，增公三秩[54]。六年，南郊慶成，又增一秩[55]。公由□命帥蜀以來，自以起身□生□□而□□穹禄厚，是亦布衣之極。雖殫忠盡瘁，勤勞」□□□□□□□□□□□□□報國之義，粗若無愧。第功成不退，□道所忌，且嫉功妬能，自昔而有，奈何以身犯之。因籲天勾祠章累上□□□。嘉定七年三月，除同知樞密院事、兼太子賓客，且賜」□□□□□□□□□□□□□□月，即理舟而東，又踰月，已次廣德[56]。上之召公也，有言於朝者。況公唐藩鎮謂方桀驁，召必不來，已而迺來又速也。□

□□□□□以公甞中道□辤，命除觀文殿學士、知潭」□□□□□□□□□57□□□□和淵明《歸去來辭》，使善恊律者歌之，意其適。蓋公歷年護塞，軍旅事叢沓，曾不得一伸眉寄興。而潭巨州，無事可□□又□□□□□水瀟湘□□□絶海内。公撫字之□□自」□□□□□□□□□□□□□□□生，相與講説經史。每公庭畫静，凝香一室，自謂爲郡之樂，前此所無有也。八年，上祀明堂，覃恩進封武威郡開國公58。公□一□□□□□□□□□□□□風雨對□之恩甞□」□□□□□□□□□□□□□□□□下而倅不果出峽。公亦念此，始浩然有歸老秋園之志。九年正月，遂援禮引年，乞守本官致仕，詞懇切。詔又不允。□□□□□□□□氣哭之□。亟命子葵仲挈室」□□□□□□□□□□□□□□月至十一月，復一再乞骸骨以歸，詔又一再不允。公知上意未許致其仕。十年春□月，止復露章乞奉祠，聲益哀□□□□□□□□除崇信軍節度使、開府儀同三」□、□□□□□59□□□□□□□廷遣使者閤門舍人聞人瑑、趙坦來，錫命賜旌節及金印一鈕，異數渥洽，體貌益隆。公拜詔感泣，如弗勝荷耶，且行且□□□□□60。田□厘夏四月，始□清溪里，□慨□□」□□□□□□□□□□□□親舊時，至則相與尋勝賞幽，爲一觴一詠之樂。山園有石洞，號晶然洞天。水竹清奇，掩映前後。公每携客枰棋于此，□□□□□□□復醉卧石間，陶然□□□□之」□□□□□□□□□□知果州。十有二年春，朝廷遣侍臣聶子述來帥蜀61。先是，董居誼爲帥，不習邊事，大失軍士心。虜人乘之舉兵，破武休關，直擣梁、洋，至大安軍。宋師所至輒潰，俱散入巴南山62。□□居誼退」□□□□□□因。子述既開幕府，首務招安。過果州，即檄太守入，議幕與俱，然亦未始傾心與謀。夏四月，紅巾賊反，突入圛州，焚刼府庫，殺王人楊九鼎，大肆□掠63。子述退保劍門，□僚皆犇迸，賊焰□□向内郡。」□仲亟號召戎帥張威64等軍與會合討賊。既抵果州，賊宵遁。進焚遂寧，所過無不殘滅65。公以憂兼家國，即輕車來與葵□會議。急散家財，募兵以佐官軍66。時四川大震，□□□□甚於曦反時。然上下物論皆謂：」"安公不再起，則賊無由平，蜀無由定"67。俄有詔起公爲四川宣撫使，許便宜行事，繼除兼判興元府68。公力辤兼判之命，專□宣威進討，被命慨然謂是，皆誘於前□□□□□□不可復出此，使爲民害。乃訓」敕諸將，厚激犒，徑襲擊至遂寧。賊聞公再除，已膽寒。公知賊欲延禍入西州，命分道遣兵，遠出賊前邀擊之。賊尚欲進圛普州城，賴太守張巳之以計捍御，不得入69。賊又負固於普州之茗山。公督勵諸軍，示必剿」殄乃已。賊計窮蹙，一日，盡俘以獻。公皆斬之於遂寧，於是蜀民再受公賜矣70。方事之殷，賊首張福、莫簡潛約虜來爲寇，以擾我師。虜果引兵來窺西和。聞賊平，積□□去□□□□已安静。十三年夏六月，有旨」特除少保，仍命擇日宣鎖□制，復遣使勞賜如初71。公力抗疏，辤免册命。公之再

建帥閫也，蜀人心皆泰然，若有所恃而無恐。惟財計以經亂之後，府庫罄縣大窘借億。公
□□□□本□不□更重□□歛。今民間」多户絕及逃亡，田不歸于官，而反爲姦民所盜占
者，尚可發摘取爲財，以濟國用。即奏行之。異時會稽根括所入，多至一千萬緡。而民間
於常賦之外，殊不知有調度之取□□□興西□□從欲滅金虜。夏人常」以書來，約爲犄角
之師。公念卻之，則示吾之弱，彼或反兵以向我；從之，則耗吾之力，彼將無厭以索我。
故於是二者，每依違而作輟焉。使在我無甚費，而在彼無甚拂，此又□□變之□□□[72]。
□父兄方日夜祝公」千歲，庶幾鎮撫夷夏，休息疲甿，□可得數十年之安。而蒼生寡緣，
將星俄殞。先是，宣閫築新衙落成，公幸邊吏無謁，時亦領客其中，談咲燕□□□□□
□□□□□□矯如龍□□□□□作詩以自況。其」一聯云：會有風雲來借勢，恐生□角
去登仙。當時坐客見公良健，殊未悟其爲曳杖之歌也。明日，忽自欲草奏告老，尋以微疾
薨於正寢□，□□□□□有一月之十九日，享年七十□四。□□□以公乞休致」制加少
傅，尚幸勿藥之喜。已而遺表隨上，上爲輟視朝兩日，贈少師，疏恩身後，歸贈九原，尚
少慰蜀人無窮之思焉[73]。嗚呼！天之生一偉人□□□□以一事，將有苗劉，則生魏公；□
□逆亮，□□□□，皆蜀產也[74]。」公生戊辰，自戊辰至丁卯[75]，豈數周六十，西南當有
亂，而公已生人間。□生後六十年而曦反，又十有二年而紅巾反，此二大變，蜀存亡繫□
□□□□於公之手，雖其□□□□世□□之然謂□非天之所命，吾」不信也。使生於漢，
誅呂之功不在平、勃；生於唐，天寶之亂不煩李、郭□[76]。公學術皆本經濟，恥迂闊不適
於用。及爲文章，詞源浩渺，下筆□□□□□□不喜作鈎□□□□□□□出當代□者
□其厓壁，必」嶄絕難近，而法門簡易，持心近厚，無如公者。其所自奉養，雖至貴□□
貴時不少改異。亦未嘗以其貴驕人，推挽人才，極力成就，當其□□□□□□□又爲□
□□□□□□人□□知也□睦□從骨肉，恩」意皆懽。□鄉人故舊，見公既貴，求之無不
獲其所。每任用人，必厚□之，幾其盡力。然自古知人爲難，間亦有負公，使令反爲盛德
之累□□□□□□□□□□□□□□威以□□□□□□服士心」□□涉險，始終
一節。所以見於忠衛社稷，德被生靈者，可謂暴□天地而無愧，質諸鬼神而不疑。然而十
有五年之間，事業如是，而獨不得一覯□□□□□□□□□□顯休命則□也□□□□
嗜愛聲」□□□尤爲澹泊。惟弈棊至老不倦，雖倥傯不廢，幾成癖矣。素號“皛然山叟”，
常所論著有《皛□集》藏于家[77]。積官自迪功郎至少保，□[78]自渠江縣開□□□□□
□□□□□五百户累加至五千□□户，食實」□□貳伯户至貳阡陸□户[79]。□李氏，吴國
之妹，□封福國夫人，享年七十有九，先公二年薨[80]。□氏，以癸仲賞典轉官，申乞回授
□□人[81]。子三人，長□□，□□□□□□□□□□子也，生而母亡，□以爲□□[82]，今朝

散」□□、□華文閣、前四川宣撫使司主管機宜□字[83]；次寅仲，年十八卒于小溪之縣治；次乙仲，□□十歲，以公明堂恩，補承奉□[84]。□[85]三人，長適故□□□□□□□□□□□□□□[86]忠翊郎、前□□□□同都巡」檢使□仲開[87]；次□[88]朝請郎知嘉定軍府事王其賢[89]。孫男二人，長恭禮，以公明堂恩蔭，補承□□，公之從姪孫也，命爲寅仲後[90]；□□行，以公明堂□□□□□□□□□□□□□□府在□□□□[91]。孫女二人，」長寶孫，後公二年卒，今祔公葬[92]；次文孫，尚幼。外孫男女六人。其餘堂從子孫，以公賞典補官□□□姪艮仲，今宣義郎、前知南□□南川縣[93]。震仲，□□□□□□□□□□□□□□□今修□□□□所大軍庫」。恭靖補登仕郎。癸仲與諸孤卜以十七年正月己酉，葬公于晶然山之麓[94]，而屬大榮[95]以内誌□，□諸壙中，用詔不朽。大榮於公□□□年門下士□□異□□□□□□□□□□可□□□□□其始行德」業之大，暨付之堅珉，乃若不世之功，載在盟府，紀于太常，播之四海，傳之萬世，則有囷史□□□□在。又若行實有狀，墓誌有□，神道有碑，易名□□，則□□□□□□□□□□□□□□□□□宋爲」無極焉。可也。□定十六年，歲次癸未，十二月旦。門生從事郎、前金州司户參軍、宕渠趙大榮謹□；孫承事郎、奏差監潼川府□[96]城清酒務恭行□書。

注釋

1、此处缺文为"故"字。

2、考《宋史》，有宋一代未曾置保宁军。有关保宁军的记载仅见于《宋史·地理志》第四十"两浙路""婺州"条："婺州，上，东阳郡。淳化元年改保宁军节度。"

又《宋本方舆胜览》卷之七"婺州"条："皇朝仍为婺州，改武胜军为保宁军节度。"

3、"五千"后缺字甚多。

《北宋皇陵》附录三《宗室赠虔州观察使追封南康侯（赵世哲）墓志铭》首行载："宗室故金紫光禄大夫、检校右散骑常侍、右龙武军大将军使持节、怀州诸军事、怀州刺使充本州团练兼御史大夫、上柱国、天水郡开国公、食邑二千八百户、食实封四百户、赠虔州观察使追封南康侯墓志铭并序"；又《宋故赠随州观察使追封汉东侯（赵世谟）墓志铭》首行载："宋宗室故金紫光禄大夫、检校太子宾客、右骁卫大将军使持节、窦州诸军事、窦州刺使充本州团练兼御史大夫、上柱国、天水郡开国公、食邑二千户、食实封贰百户、赠随州观察使汉东侯墓志铭并序"。

参考以上两则墓志铭的行文风格，结合墓志后文的内容，此处文字似可补为"食邑五千□百户、食实封贰阡陆伯户、赠少师安公墓志铭"（参见注释79）

4、此处缺文为"讳"字。

5、今山西应县。

6、安福迁（? ～897?），《新五代史·安重诲传》："安重诲，应州人也。其父福迁事晋为将，以骁勇知名。梁攻朱瑄于郓州，晋兵救瑄，瑄败，福迁战死。"

《旧五代史·安重诲传》："父福迁，为河东将，救兖、郓而没。"

《旧五代史·唐书·武皇纪下》："乾宁元年……五月，郓州节度使朱瑄为汴军所攻，遣使来乞师，武皇遣骑将安福顺、安福应、安福迁督精骑五百，假道于魏州以应之。……乾宁四年正月，汴军陷兖、郓……"。

《新五代史》卷四十二、杂传第三十：朱宣、弟瑾："乾宁四年，宣败，走中都，为葛从周所执，斩于汴桥下。"

《新唐书·本纪第十昭宗纪》："（乾宁）四年正月……丙申，朱全忠陷郓州，天平军节度使朱宣死之。"

从以上所引史料来看，安福迁是乾宁元年（894 年）与安福顺、安福应一起驰援郓州的，此后便不见记载；而朱宣则是乾宁四年（897 年）正月兵败而死的。安福迁战死究竟是乾宁元年还是乾宁四年无法确认，但从《新五代史·安重诲传》："瑄败，福迁战死。"的记述来看，似定在乾宁四年稍好。

7、安重诲（? ～931 年），详见《新五代史·安重诲传》、《旧五代史·安重诲传》。

8、即后唐明宗李亶（? ～933 年）。

9、即后唐末帝李从珂（? ～ 936 年）。

10、李洪昭，《新五代史》、《旧五代史》等史书均作朱弘昭（? ～933 年），未详碑文因何误。详见《新五代史·朱弘昭传》。

11、碑文此处"崇"字后所缺文字，据文意及史书可补全为"崇赞、崇绪"。详见《新五代史·安重诲传》。

12、浓洄：即今广安市治所浓洄镇。"族"字前一字可见下部残存的"十"字，从文意推测，该字可能为"率"。

13、广安军：治今四川广安市浓洄镇。

《宋史·地理志第四十二》"潼川府路""宁西军"条："本广安军，同下州。开宝二年以合州依洄、新明二镇建为军。……县三：渠江，中，开宝二年自渠江来隶；岳池，紧，开宝二年自果州来隶；新明，中，开宝二年自合州来属，六年移治单溪镇。南渡后增县一：和溪，开禧三年升镇为县。"

《宣统广安州新志·城廨志》："宋广安军城，开宝初置。在渠江县之浓洄镇。"又《疆域志》："宋置广安军，治渠江。领渠江、新明、岳池三县。"(《宣统广安州新志》，清周克堃等纂，《中国地方志集成·四川府县志辑》(58)，巴蜀书社，1992 年。)

另据《南充县志·舆地志·沿革》："开宝二年，割岳池县隶广安军"条下注："《九域志》：广安军，开宝二年以合州浓洄、渠州新明二镇置军，治渠江"。又"开宝二年，以合州新明、渠州渠江、果州岳池三县隶军。"(《南充县志》，中华民国十八(1929 年)年付刊)

14、据后文，此处"绩"字前缺文为"崇"字。

15、安康民逸事在《宣统广安州新志》中有以下 4 条记载：

1)《隐逸志》载"安康民、王恭父，啸傲山林，不乐仕进。乾道(1165～1173 年)中，与姚彦远、何温叔、游伯畏、何定卿、杨次皋、马信夫六人游篆水，题名在碑脊梁。绍熙(1190～1194 年)初，与思叔茂、步行父、马宿归、陈齐四人游篆水，题名在石明镜，同游十人皆郡人(宋刻)"。

2)《金石志·篆水纪游记》："宋大观(1107～1110 年)□年三月三日，知军事宇文龙、承务郎张庭坚、德州参军李陶、姚彦远、何温叔、游伯畏、何定卿、杨次皋、安康民同游。"

3)《金石志·碑脊梁安康民记游记》(原注：在渠江中，字大二寸，距城五里)："姚彦远、何温叔、游伯畏、何定卿、杨次皋、安康民、马信夫合酒来寻□岁之盟。郡广文、阆中蒲绎远与焉。乾道己丑正月二十一日安康民书。"按：乾道己丑为乾道五年，公元 1169 年。

4)《金石志·龙镜潭石题名记》(原注：在潭旁石壁上篆字□九寸□□在二年)："绍熙辛亥春正月三日，安康民、思叔茂、步行父、马宿规、陈齐正同游。"

以上几条记载中，最早的为宋大观(1107～1110 年)年间，最晚的为绍熙辛亥年(绍熙四年，1191 年)。从时间跨度来推算，安康民在生之年当有八十余岁以上。

16、此处缺文当为"父"字。

17、清溪：《宣统广安州新志·山川志·川》："清溪水原出州东邻水，西流至章广砦峡中，……下合龙洞水，曰双河口，经郑家嘴入江。"

《宣统广安州新志·乡镇志》："清溪里，属州南明月乡。总志永膳仓置此。"《华蓥市志》"水系"条下"清溪河，发源于高登山东北……下章广寨入……清溪口，注入渠江。"现清溪口村隶华蓥市永兴镇。

18、畠，音小。《宣统广安州新志·山川志》："畠然山，州东南四十里，古白岩山。其石磊落，每夕返照，状如莲花。《名胜志》：'近邻水界，上有龙泉蜀碑，自晋太康八年建孚惠灵公祠，有敕赐碑文。'《南史》：'齐时蜀贼张文萼据此山，巴西充国侯瑱讨平之。'旧志层峦叠嶂，烟锁雾环，自□山至顶二十余里。有圣水洞、老龙洞尤为名迹。其山产多材木，富茶竹，造纸通商，利倍于杂殖，旧以山多白石名。宋真宗阅图经更名畠然。少保安丙名其集为《畠然集》。"

《鹤山先生大全文集》卷七"安大使丙生日"有"粤稽资殿老，降自畠山阳。"卷八"送安同知丙赴阙五首"第四首中有"昨夜畠山云作雨，东流一水径通天。"

19、金泉，今南充城西有金泉山。

《鹤山先生大全文集》卷四十二《安少保丙果州生祠记》："先是，公未仕时，尝游学于是州，习其土风。"可与墓志互证。

据嘉庆癸酉岁镌《南充县志·舆地志》"金泉"条载："金泉在治西二里，昔袁天罡居此。李淳风来访，瘗钗门外，以试其术。袁曰：'子有金气，然已化为水矣。'李出视之，果成泉。因名。"又"金泉山"条载："金泉山在治西二里。唐贞元十年，仙女谢自然于此白日飞升，尚有石像。"

20、甲午：即宋孝宗淳熙元年，公元 1174 年，时安丙二十有七。"岁甲午"前缺字当为"淳熙"二字。

21、《宋史·孝宗本纪》："（淳熙）五年……夏四月……辛未……赐礼部进士姚颖以下四百十有七人及第、出身。"

《宣统广安州新志·选举志》："安丙、王叔简、王午三人，淳熙戊戌姚颖榜。"淳熙戊戌即淳熙五年（1178）。

《宋史·安丙传》："淳熙间进士，调大足县主簿。"另，民国《重修大足县志》卷四《职官表》"主簿"栏下有"安丙"在列。

22、楚公、吴国疑即安丙父母封赠之简称。墓志后文有"罹国忧阻，不赴。服除，再以檄诣在所"等语，明确指出安丙因丁父忧而未赴任。墓志后文又有"□李氏，吴国之妖，□封福国夫人，享年七十有九，先公二年薨。"前后所称"吴国"者仅此二处，当指同一个人，即吴国夫人（参见注释23）。

23、志石文字中"国"字前一字仅存下部的一撇一捺，对比墓志前文"楚"字的下部，二者基本相同，比照文意，此处缺字应为"楚"字。楚国即楚国公，与前文楚公实为一人，即安丙父亲。《宋史·安丙传》："丁外艰。服除，辟利西安抚司干办公事，调曲水丞，吴挺为帅，知其才，邀致之。"从安丙的经历来推测，其丁父忧的时间大致在淳熙十三年（1186 年）前后（参见后附《安丙大事记》）。

按：《宋史·礼志》"丁父母忧"条所载，庆历三年（1043 年）以后，太常礼院以《礼记》有"父母之丧，无贵贱"及"三年之丧，人道之至大也。"奏"请不以文武品秩高下，并听终丧。"故安丙丁父忧应为三年。

24、利西，即利州西路。《续编两朝纲目备要》："庆元二年……九月丁亥，复分利州为东、西路。……淳熙……五年，复分为两路，以挺帅西路，兼知兴州。绍熙五年，挺卒……。至安丙为制置大使，乃复合为一路。……淳熙末，安丙为文州漕官，有荐于吴挺者，檄兼利西安抚司金听。"

吴武穆：即吴挺。《建炎以来朝野杂记》乙集卷十七《王德和、郭杲争军中阙额人请给》："四川大军，独武兴为多，自乾道休兵之后，而将佐多阙员。计司因其阙员，遂不复放行请给。至绍兴中，吴武穆挺为帅……"

25、杨王休（1135？～1200），宝庆《四明志》卷十："乾道二年萧国梁榜进士。"延祐《四明志》卷五《杨王休传》："杨王休，字子美，象山人。初为黄岩尉，邑有豪民植奸党，号三神。王休捕得之，具罪状于府，黥徙他乡，郡县称为铁面少府。授南康军判官。朱公熹时为守，郡事悉委之，蠲经界赋。后守洋州、金州，大兴学宫，考商于险塞以备边，绝馈遗，唯军用得取于公帑。除利路转运判官，金州大灾，悉发库钱赈之，兼提点刑狱。王休治蜀多善政，大修栈阁，凿鬼愁滩，堰蟆颐山，分西城、汉阴、平利三邑马纲以便民，筑汉嘉西门石梁，蜀民德之。后为礼部侍郎。光宗时，名监司凡四人，丘崈、马大同、辛弃疾，王休其一也。子烨为吏部尚书。后以阁学士终于家。"

另外，检诸史料，其生平事迹还有如下六条记载：

1)《金史·表》："承安三年九月丙申，宋显谟阁学士杨王休、利州观察使李安礼贺天寿节。"金承安三年即宋庆元四年（1198 年）。

2)《宋史·礼志十七·嘉礼五》"赐进士宴"条："宁宗庆元五年五月，赐新及第进士曾从龙以下闻喜宴于礼部贡院，上赐七言四韵诗，秘书监杨王休以下继和以进，自后每举并如之。"

3)《宋史·艺文志》："职官类"有"杨王休《诸史阙疑》三卷。"

4)《续编两朝纲目备要》："绍熙四年……三月，赵汝愚同知枢密院事。……汝愚之未召也，杨王休为成都路提刑，时张縯守汉州，甚失士民之誉，王休按治之。汝愚素与縯厚，格其章不下，王休言不已，乃除縯直秘阁、奉祠。縯闻命久不去，王休怒，坐邸吏印书状报之，缜答以‘未受堂帖’为词，卒不去，王休不胜其愤。明年明堂，王休应任子，汝愚已得政，谓其按发不当，格不行。庆元初，王休入朝自诉，有旨给还。王休后累迁礼部侍郎。”

5）“杨王休 庆元六年九月壬寅卒，年六十六。《集》九十一。”（《历代名人生卒录》，钱保塘编，北京图书馆出版社，2002年）庆元六年即1200年。按此条记载的杨王休卒年推断，杨王休的生年可能为1135年。

6）“杨王休 象山人。乾道中进士，仕为黄岩尉，鉏治奸豪，人称铁门少府。累迁至礼部侍郎。”（《宋诗记事补遗》卷五十二，陆心源编撰，山西古籍出版社，1997年）

26、新繁，在今四川新都县境内。宋隶成都府，《宋史·地理志》：“新繁，次畿。汉繁县，前蜀改。”

27、绍熙癸丑为宋光宗绍熙四年，即1193年；庆元六年庚申为宋宁宗庆元六年，即1200年。

28、安丙共有三子：癸仲、寅仲、乙仲。其中次子寅仲早夭“于小溪之县治”，即今四川遂宁。

墓志：“次寅仲，年十八卒于小溪之县治。”

《宋史·安丙传》：“丁内艰，服除，知小溪县。”

按服丧三年推算，安丙丧母最早在1193年；而知小溪县则早不过1196年，寅仲则应死于1196～1200年之间。也就是说，寅仲当生于1179～1183年之间。

29、隆庆府，治今四川剑阁。《宋史·地理志》：“隆庆府，本剑州，上，普安郡，军事”

《续编两朝纲目备要》：“及曦为殿帅，安通判隆庆府。”

30、挹，排斥。

31、《续编两朝纲目备要》：“又迁知大安军。比军兴，首辟随军转运，旋以救荒有绪复迁一官，为朝奉大夫。”

据《舆地纪胜》卷一百九十一《大安军·官吏》“开禧元年八月到任”。

《宋史·安丙传》：“知大安军，岁旱，民艰食。丙以家财即下流籴米数万石以振。事闻，诏加一秩。”

《宣统广安州新志·金石志·安女宝孙圹铭碑》：“……初，武威公以嘉泰甲子解隆庆郡丞，寓家宝峰下。是岁冬十有二月己酉，宝孙生。宝孙既生，而迺祖除知大安之命下，故尤钟爱焉。……”嘉泰甲子即1204年。

32、松，即程松，时任四川宣抚使。《宋史·宁宗本纪》："开禧元年……六月……庚子，进程松资政殿大学士，为四川制置使。……二年春……三月癸巳，以程松为四川宣抚使，吴曦为宣抚副使。"

《宋史·安丙传》："开禧二年，边事方兴，程松为四川宣抚使，吴曦副之。丙陈十可忧于松。继而松开府汉中，道三泉，夜延丙议，丙又为松言曦必误国，松不省。"

《建炎以来朝野杂记》乙集卷十八"边防一"《丙寅淮汉蜀口用兵事目吴曦之变附》："开禧改元……六月……十四日庚子，程资政松为四川制置使。……明年……三月十三日癸巳，命程松为四川宣抚使，吴曦副之。"

《宋史·安丙传》所言"丙陈十可忧于松"及"丙又为松言曦必误国"等语即《墓志》所谓"亟以书抵松论今日之事□□可轻举者十；且师出无名，即出师万必误国。愿趣抗跕力回□□□四□□松皆不纳"。

33、曦，即吴曦，时任四川宣抚副使。其事详见《宋史·吴曦传》。

《建炎以来朝野杂记》乙集卷十八"边防一"《丙寅淮汉蜀口用兵事目吴曦之变附》："开禧二年……五月……二十九日戊申，安子文以陕西河东路招抚司随军转运置司河池。……"

《续编两朝纲目备要》："五月……戊申，安丙置司于河池，时为陕西河东招抚司随军转运使。"按这两条史料的记载，则安丙在开禧二年（1206年）五月二十九日时已经就任"陕西河东招抚司随军转运使"了。

34、《建炎以来朝野杂记》乙集卷十八"边防一"《丙寅淮汉蜀口用兵事目吴曦之变附》："开禧二年……冬……十二月……四日庚戌，金兵陷成州，守臣辛樯之遁去。是晚，吴曦焚河池县，退归青野原。七日癸丑，曦自杀金平退归鱼关。……二十日丙寅，金遣吴端持诏印授吴曦于罝口。……二十二日戊辰，曦自罝口归兴州。……二十七日癸酉，曦始称蜀王。……三年正月……三日己卯，吴曦下白榜于四路。……十八日甲午，曦僭位于兴州，以安子文为丞相长史、权行都省事。子文称疾不出。"

35、癸仲，安丙长子。《宣统广安州新志·人物志》："安癸仲，字北望，丙子。开禧中吴曦之变，癸仲协谋举上，功居杨、李之次。"

36、杨巨源，字子渊。事迹详见《宋史·杨巨源传》。

37、李好义，下邽人。事迹详见《宋史·李好义传》。

38、《鹤林玉露》卷之一乙编《诛曦诏》："安子文与杨巨源、李好义合谋诛逆曦，矫诏之词曰：'惟干戈省厥躬，朕既昧圣贤之戒；虽犬马识其主，尔乃甘夷虏之臣！邦有常刑，罪不在赦。'词旨明白，乃好义姊夫杨君玉之词也。……"

39、二月甲戌，即二月廿八日。《续编两朝纲目备要》："正月辛丑，李好义与其徒谋举义。二月壬戌，杨巨源至兴州见安丙，谋之，丙喜，明日始出视事。辛未，凤州进士杨君玉引杨巨源以见李好义。二十六日壬申，巨源介好义以谒安公，议遂定。杨君玉退与其乡人白子申共草密诏，而安公润色之。二十八日甲戌，巨源书密诏以纳安公。二十九日乙亥，未明，好义以所结官军杀曦于伪宫，军士李贵斩曦首，巨源寻以义士至君玉，宣密诏，安丙权宣抚使，巨源为参赞军事。"

40、犂明，即黎明。

41、吴晛，吴曦从弟。

姚淮源，吴曦门客。《建炎以来朝野杂记》："（开禧）二年……四月……二十六日丁丑，吴曦遣其客姚淮源诣北廷，献关外四州之地，求封为蜀王。"

徐景望：《续编两朝纲目备要》："开禧三年春正月……己卯，吴曦下白榜于四路。伪四川都转运使徐景望入利州，总领官刘智夫为所逐。……三月丁丑，诛徐景望于利州，以受伪命入利州逐总领官也。"《建炎以来朝野杂记》："三年正月……三日己卯，吴曦下白榜于四路。伪四川都转运使徐景望入利州，为总领官刘智夫所逐。……三月二日丁丑，侂胄手书至兴州，是日，斩徐景望。"

按：徐景望入利州一事，《续编两朝纲目备要》与《建炎以来朝野杂记》相左，当以前者所载为是。

42、安焕，安丙之弟。

《宋史·安丙传》："徐景望在利州逐王人，擅财赋。丙遣弟焕往约诸将，相与拊定。及景望伏诛，军民无敢哗者。"

《宣统广安州新志·忠节志》："安焕，军人，丙之弟。开禧三年，徐景望在利州逐王人、擅财赋。丙遣焕往约诸将，相与拊定。及曦已诛，景望伏罪，军民无敢譁者。"

《鹤山先生大全文集》卷九十二"挽诗"《江州司马安君焕》："当年风雨脊令原，共挈凶颅奏凯旋。弄破峨眉山月影，慵移溆浦荻花舡。浮云都似梦中觉，妙句犹于身后传。肠断美人湘水隔，凭鸿寄泪识新阡。"

从文字内容来看，《宣统广安州新志》本于《宋史·安丙传》；而成书于元代的《宋史·安丙传》关于此节的文字描述与《墓志》所载何其相似乃尔！以此论之，撰写《墓志》的进士赵大荣当有文集流传于世，脱脱不花等人修撰《宋史》时当以之作为重要的参考文献。

43、《宋会要辑稿》：兵二十之九：开禧三年（1207年）三月二十五日，"诏朝请郎、随军转运、权四川宣抚副使、兼陕西河东招抚使安丙特转中大夫、除端明殿学士、知兴州、兼四川宣抚副使。"

《宋史·安丙传》："（开禧）三年……三月……辛丑，加丙端明殿学士、中大夫、知兴州安抚使、四川宣抚副使。"

《宋史·宁宗本纪》："……三月……庚子，诏以杨辅为四川宣抚使，安丙为端明殿学士、四川宣抚副使。……"

《续编两朝纲目备要》："……三月……庚子，诛吴曦露布至行在。朝廷大喜。……安丙知兴州、兼四川宣抚副使、除端明殿学士。"

《建炎以来朝野杂记》："……三月……二十五日庚子，露布至行在，朝廷大喜。即日拜安子文端明殿学士、知兴州、兼四川宣抚副使。……"

墓志中此处称"沔州"有误，当以《宋史·安丙传》等史料所载"兴州"为是。《宋史·宁宗本纪》："（开禧）三年……四月……己巳，改兴州为沔州。"另外，《宋史·安丙传》叙述"（开禧）三年……三月……辛丑，加丙端明殿学士、中大夫、知兴州安抚使、四川宣抚副使。"而其他史料均作"……三月……庚子……"云云，相差一天，当以庚子日为是。

《宋史·礼志》："受降献俘。……开禧三年三月，四川宣抚副使安丙函逆臣吴曦首并违制创造法物、所受金国加封蜀王诏及金印来献。四月三日，礼部太常寺条具献馘典故，俟逆曦首函至日，临安府差人防守，殿前司差甲士二百人同大理寺官监引赴都堂审验。奏献太庙、别庙差近上宗室南班，奏献太社、太稷差侍从官。各前一日赴祠所致斋，至日行奏献之礼，大理寺、殿前司计会行礼时刻，监引首函设置以俟。奏献礼毕，枭于市三日，付大理寺藏于库。"

44、《宋史·安丙传》："韩侂胄与曦书亦谓嗣颁茅土之封。"

《续编两朝纲目备要》："二月……己未，吴曦反书闻。程松罢，以四川宣抚遁归故也。杨辅为四川制置使。……韩侂胄与吴曦书，许以茅土之封，书与御札同发。……吴曦诛两日，而韩侂胄之书始至。使安观文当时或稍迟缓，则大事去矣。"

安观文即安丙，以安丙于嘉定七年（1214年）除观文殿学士，故称安观文。宋时称谓多在官职前冠以姓氏，如《鹤山先生大全文集》卷一古诗《安大使丙生日》，卷四十《广安军和溪县安少保丙生祠记》等皆属此类。

45、《宋史·安丙传》："于是密降帛书曰：'安丙素推才具，有志事功。今闻曦谋不轨，尔为所胁。谅以凶焰方张，恐重为蜀祸，故权且从之。尔岂一日忘君父者？如能图曦报国，以明本心，即当不次推赏，虽二府之崇，亦无所吝。更宜审度机便，务在成事，以副委属之意。'"

《续编两朝纲目备要》："三月……丙戌，赐安丙帛书。谕以'能杀曦报国，当不次推赏，虽二府之崇，亦所不吝。'于是曦已诛，而朝廷未知也。"

《建炎以来朝野杂记》之《丙寅淮汉蜀口用兵事目吴曦之变附》："……十一日丙戌，赐安子文帛书，谕以'能杀曦报国，当不次推赏，虽二府之崇亦不吝。'"

46、四州，即阶州、成州、西和州、凤州。按《宋史·地理志》，南渡后，阶州、凤州、西和州隶隆庆府，成州隶凤翔府。

关于收复四州事，《宋史·宁宗本纪》有如下记载："三月……壬辰，兴州将刘昌国引兵至阶州，金人退去。癸巳，李好义复西和州。丁酉，金人去成州。庚子，……忠义统领张翼复凤州。"

《宋史·杨巨源传》："巨源谓丙曰：'曦死，贼胆以破，关外四州为蜀要害，盍乘势复取。'好义亦以为言。丙虑军无见粮，巨源力言：'四州不取，必有后患。'自请为随军措置粮运。于是，分遣好义复西和州，张林、李简复成州，刘昌国复阶州，孙忠锐复散关。"

《续编两朝纲目备要》："三月……癸巳，复西和州，兴州中军正将李好义复之。……四月丁卯……复凤州，忠义统领张翼复之。……"

47、讋服：讋，音折，畏惧、惧怕也。讋服，即折服也。

48、《宋史·宁宗本纪》："嘉定元年……九月……己未，诏以和议成谕天下。"

49、墓志此处文字脱落为"公□□□□□不可时□□□将士□□□□以攻为守。"参考《宋史·安丙传》："时方议和，丙独戒饬将士，恫疑虚喝，以攻为守，威声甚著。"的文字，似可将"将士"前后的缺文补全为"戒饬将士，恫疑虚喝，以攻为守。"

50、《宋史·宁宗本纪》："（嘉定）二年……八月……乙丑，以安丙为四川制置大使，罢宣抚司。"

《宋史·安丙传》："侂胄既诛，赐丙金器百二十两，细币二十四，进资政殿学士。……升大学士、四川制置大使、兼知兴元府。"

《建炎以来朝野杂记》乙集卷十三"制置大使"条："制置大使，唐有之，本朝不除。绍兴初，始以命席大光……已而罢四川宣抚，又以安观文为制置大使、兼知兴元。朝议以子文恩数视执政，故加'大'字。"

按：安丙进资政殿学士一事，除《宋史·安丙传》外，另在《真西山文集》卷之二十有《赐新除资政殿学士、中大夫、知兴元府、充利州路安抚使、四川制置大使安丙再上奏札子辞免资政殿大学士、知兴元府、四川制置大使不允诏》为证。它书则不见。

又韩侂胄被诛，事在开禧三年（1207年）十一月。《宋史·宁宗本纪》："三年……十一月甲戌，诏：'韩侂胄轻启兵端，罢平章军国事；陈自强阿附充位，罢右丞相。'乙亥，礼部侍郎史弥远等以密旨命权主管殿前司公事夏震诛韩侂胄于玉津园。"据此可知，安丙进资政殿学士是在开禧三年十一月韩侂胄被诛后，至嘉定二年（1209年）八月升大学士。

51、绾，控制。

《宋史·安丙传》："又以沔州都统司所统十军权太重，故自吴璘至挺、曦，皆有尾大不掉之忧。乃请分置副都统制，各不相隶，以前、右、中、后、左五军隶都统司；踏白、摧锋、选锋、策锋、游弈五军隶副司。诏皆从之。"

《建炎以来朝野杂记》乙集卷十三，《官制一·十都统制》："……嘉定初，蜀叛既平，安观文又奏分兴州十军为沔、利二军，沔州除都统制，利州除副都统制。自是天下有十都统制矣。"

52、《建炎以来朝野杂记》乙集卷十六《财赋·关外经量》："剑外诸州之田，绍兴以来，久为诸大将军吴、郭、田、杨及势家豪民所擅，赋入甚薄。议者欲正之，而不得其柄。吴氏既破，安观文为宣抚副使，乃尽经量之。金州守臣宋子钦曰：'此州疮痍甫瘳，边民恐不可尽其利，官一入境，将散而之四方矣。'于是除金州外，凡兴元府，洋、沔、阶、成、西和、凤州，大安、天水军二十县，经量之数，大抵增多，而亦微有所损。旧九郡家业钱凡一千一百五十七万九千余缗，二税十四万五千六百余石，夏秋役钱十五万七千余缗。及是经量，宣抚司命别上、中、下三等，以定田之高下。分三筹为九，则以均赋之轻重。而所委官吏，务于增多，未尝行历乡社，躬亲履亩。往往强令有田之家，增认租数，而民始怨矣。增亏相补，视旧籍凡增家业钱二百二十九万七千余缗，二税三万五千八百余石，役钱三万五千余缗。安公《辞制置大使表》中所谓'田庐之均一有伦'，盖指此也。其后代者刘师文言，上件所增，初非田土之广衮，亦非户口之繁滋，于民有害，于公无益，乞尽行除免。谏官应武纬之亦以为言，于是尽复其故焉。"

53、《建炎以来朝野杂记》乙集卷十六"财赋"之《四川行当五大钱事始》："嘉定元年十一月庚子，四川初行当五大钱。时陈逢孺总领财赋，患四川钱引增多，乃即利州铸大钱，以权其弊。三年夏，制置大使欲尽收旧引，乃又铸于邛州焉。利州绍兴监钱以'圣宋重宝'为文，其背铸'利一'二字，又篆'五'字；邛州惠民监钱以'嘉定重宝'为文，其背铸'西二'二字，又篆'五'字。两监共铸三十万贯，其料例并同当三钱。时议者恐其利厚，盗铸者多，而总领所方患引直之低，则曰：纵有盗铸，钱轻则引重，是吾欲也。方钱之未行也，眉人有里居待次者，又欲创一监于眉州。论者以为丹棱虽产铁，岁额不多，而本郡又无薪炭。眉山之人亦以为不便，上下骚然，数月乃罢。由是止铸于利、邛二监焉。"

又，《续编两朝纲目备要》："嘉定元年……十一月……庚子，四川初行当五钱。"

54、《宋史·宁宗本纪》："（嘉定）五年春……三月庚戌，四川制置司遣兵分道讨叙州蛮，其酋米在请降。……秋七月庚申，赏降叙州蛮功。"

《续编两朝纲目备要》："嘉定四年春正月己巳，叙州蛮攻陷利店寨。……三月……辛巳，叙州蛮犯笼鸠堡。……夏四月……是月，四川置安边司。安观文丙时为制置大使，乃置安边司以经制蛮事，……九月辛酉，叙州蛮寇边。嘉定五年……三月庚戌，叙州蛮酋米在降。先是，二月有诏：成都府路帅臣兼领兵甲事。至是，大使司知蛮不可致，遣兴元后军统领刘雄等二人将西兵千人，自嘉、叙二州分道并进，又遣新本路提刑司检法官安伯恕往叙州节制之。伯恕，广安人，故同知枢密院谆之四世孙。嘉定初，宣抚司下总领所书填迪功郎，告予之调绵谷尉，又锁厅请文解，又试中大法，又为铨试第一名，辟提刑司检法兼制置大使司属官。是年三月，官军入蛮境，方接战，土丁断小酋之首，蛮人惊溃，官军小捷。其酋米在据羊山江之水囤，坚不肯降。囤在峻滩之中，水浅舟不可行，涛深人不可涉。大使闻之，移书李埴曰：'但声言伐木造舟，攻其水屯，则米在自降矣。'埴从之，米在果请降，然不肯受盟。边吏遣土丁十余人入蛮为质，米在乃令其徒数十诣寨纳降，安边司尽以十二年税犒与之，米在以堕马为辞，终不出。是役也所掠边民数百人，得还者十三人而已。捷奏上，大使安丙转三官，为通奉大夫，……秋七月庚申，赏降叙州蛮功。"

墓志"□年，以嘉叙州边界作过夷蛮款塞以降，增公三秩。"此段文字中缺字可据史料补为"五"字。

55、嘉定六年（1213年）之南郊礼，史书未载。

56、《续编两朝纲目备要》："嘉定七年春……三月丁卯，安丙同知枢密院事。令日下起发赴院治事。四川制置大使司结局。"

《真西山文集》卷二十二有《赐资政殿大学士、正议大夫、知兴元军府事、兼管内劝农管田使、充利州路安抚使、马步军都总管、四川制置大使安丙辞免除同知枢密院事、兼太子宾客，日下起发赴院治事恩命不允诏》。

《宋史·安丙传》："三月，诏丙同知枢密院事、兼太子宾客，赐手书召之。行次广德军，进观文殿学士、知潭州、湖广安抚使。"

墓志此处文字据文意及史料似可补为"嘉定七年三月，除同知枢密院事、兼太子宾客，且赐手书召公，日下起发赴院治事。六月，即理舟而东。又踰月，已次广德。"

57、《建炎以来朝野杂记》乙集卷十《四川大制置司结局》："三月二日丁卯，大使除同知枢密院事，不日起发赴院治事。……四月十九日癸丑，安同知发兴元，申乞以劙卖盐引钱三十万缗，充沿路犒稿诸军之用，不待报，遂行。……至六月二十日癸丑，安同知自广安起行，顺水而赴行在。至八月十六日戊申，安同知除观文殿学士、知潭州。二十一日癸丑，安同知方行至广德军，乃得邸报。二十五日丁巳，始还次黄池镇，知被新除之命。因上书力辞，优诏不允。乃遣官赍结局进册赴行在。"

《鹤山先生大全文集》卷之八有《送安同知丙赴阙五首》。

《真西山文集》卷之二十二有《赐资政殿大学士、正议大夫安丙辞免除观文殿大学士、知潭州、兼荆湖南路安抚使填见阙恩命不允诏》、《赐资政殿大学士、正议大夫安丙上表再辞免除观文殿学士、知潭州、兼荆湖南路安抚使填见阙恩命不允不得再有陈请诏》等两道诏书。

墓志此处缺字，据诏书文字当补为"知潭州兼荆湖南路安抚使"；但若以《宋史·安丙传》所载，则当补为："知潭州、湖广安抚使"。又，《宋会要辑稿》职官七八之六八，嘉定十年三月二十三日，"诏观文殿学士、知潭州、湖南安抚使安丙除崇信军节度使、开府仪同三司、充万寿观使。"依《宋会要辑稿》所载，又以补为"知潭州、湖南安抚使"较为妥当。由于碑文此处缺文甚多，因此在这三者间如何选择实在难以定夺。

广德军：时隶江南东路，即今安徽广德县。

58、事在嘉定八年（1215 年）九月。《宋史·宁宗本纪》："九月己巳，朝献于景灵宫。庚午，朝飨于太庙。辛未，合祭天地于明堂，大赦。"

《续编两朝纲目备要》："嘉定八年秋……九月辛未，合祭天地于明堂，赦天下。"

59、《宋会要辑稿》职官七八之六八，嘉定十年（1217 年）三月二十三日，"诏观文殿学士、知潭州、湖南安抚使安丙除崇信军节度使、开府仪同三司、充万寿观使。"

《宋史·安丙传》："丙授崇信军节度使、开府仪同三司、万寿观使。"

墓志此处缺"司万寿观使"五字。

据《宋会要辑稿》所载，墓志"除崇信军节度使、开府仪同三司、万寿观使"句前之缺文应补为"三月"。

60、《宋史·安丙传》："遣阁门舍人闻人璵锡命，赐旌节、金印、衣带、鞍马。三辞，还蜀。"

61、《宋史·安丙传》："十二年，聂子述代之。时丙之子癸仲知果州，子述即檄兼参议官。"

《鹤山先生大全文集》卷七十五《知文州主管华州云台观安君墓志铭》："制置使聂侯子述至蜀，以果州守安侯癸仲为元幕，俾君摄州事。"

62、武休关：古关名。在今陕西留坝南。旁连褒斜道，为陕蜀交通咽喉。

巴南山，《宋史·安丙传》作"巴山"："董居谊帅蜀，大失士心，金人乘之破赤丹、黄牛堡，入武休关，直捣梁泽至大安。宋师所至辄溃，散入巴山。"《宋史·安丙传》与《墓志》文字又何其相似乃尔！

63、《续编两朝纲目备要》：嘉定十二年（1219 年）"闰三月癸亥，兴元军士张福、莫简等作乱。以红巾为号。夏四月庚午，张福入利州。四川制置使聂子述遁去，总领财赋杨九鼎为所杀"。

64、张威，字德远，成州人。事迹详见《宋史·张威传》。《宋史·宁宗本纪》："甲寅，四川宣抚司命沔州都统张威引兵捕福。"《宋史·安丙传》："癸仲召戎帅张威等军来会。"

65、《宋史·宁宗本纪》："五月乙未朔，……张福薄遂宁府，潼川府路转运判官、权府事程遇孙弃城遁。……己亥，……张福入遂宁府，焚其城。"《宋史·安丙传》："贼自阆趋遂宁，所过无不残灭。"《续编两朝纲目备要》："五月乙未朔，……张福迫遂宁府。潼川路转运判官程遇孙弃城去。己亥，入之，焚其城。"

66、《宋史·安丙传》："丙欲自持十万缗偕子述往宜昌募士，子述曰：'大臣非得上旨，未可轻出。'丙遂如果州。"

67、《宋史·安丙传》："时四川大震，甚于曦之变。张方首奏：勋望如丙，今犹可用。魏了翁移书宰执，谓：'安丙不起，则贼未即平，蜀未可定。'虽贼亦曰：'须安相公作宣抚，事乃定耳。'李壁、李篑时并镇潼、遂，皆以国事勉丙。五月乙未，丙至果州。"

68、《宋史·宁宗本纪》："……夏四月……癸巳，……崇信军节度使、开府仪同三司、万寿观使安丙为四川宣抚使。"

《宋史·安丙传》："五月乙未，丙至果州。是日，贼焚蓬溪县。己酉，诏起丙为四川宣抚使，予便宜。寻降制授保宁军节度使、兼知兴元府、利东安抚使。"

《续编两朝纲目备要》："夏四月……癸巳……安丙为四川宣抚使。"

《鹤山先生大全文集》卷七十五《知文州主管华州云台观安君墓志铭》："未几，朝廷起少傅为宣抚使，治利州。"

69、《宋史·宁宗本纪》："五月……戊午，福入普州，守臣张巳之弃城遁。"

《续编两朝纲目备要》："五月……戊午，张福入普州。守臣张巳之弃城去。"

墓志关于此节的叙述与上述所引史书明显相左。《建炎以来朝野杂记》乙集卷十"时事三"《淳熙至嘉定间蜀帅荐士总计》："蜀帅例得荐士……安子文方为宣副，同时荐八士。……明年，子文改除制置大使，乃荐崇庆李季允幕客赵公开希澹，寓居石盘；严道杨叔正泰之，青神人；普州学官张益父巳之，遂宁人；成都帅属王才臣俊卿，庐陵人。凡五人。……益父，嘉定元年进士，今尚初官，同时廷试第一人，前省元未召也。……章上数月，……叔正、益父召察……"盖张巳之乃安丙所荐，而其德行却如此不堪，撰写墓志志文的赵大荣不免为尊者讳，曲笔论之。

70、《宋史·宁宗本纪》："……六月戊辰，张福屯普州之茗山。庚午，张威引兵至。……癸未，张福请降。乙酉，张威执之，归于宣抚司。……秋七月丙申，张福伏诛。……庚子，张威捕贼众一千三百余人诛之，莫简自杀，红巾贼悉平。……十二月……庚寅，赏茗山捕贼功。"

《宋史·安丙传》："丙下令诸军合围，绝其樵汲之路以困之。未几，张威、李贵俘获张福等十七人以献。丙命裔王大才以祭九鼎。七月庚子，尽俘余党千余人，皆斩之。庚戌，班师。廼移治利州，赐保宁军节度使印。"

《续编两朝纲目备要》："六月……乙酉，张福就擒。先是，五月甲寅，四川宣抚司命沔州都统张威引兵捕张福。庚午，威引兵至茗山。癸未，福请降，威执之归于宣抚司。……秋七月丙申，张福伏诛。庚子，张威生擒贼众一千三百余人，诛之，以莫简自杀言于宣抚司。红巾贼悉平。十二月，……庚寅，赏茗山捕贼功。"

按：《宋史·宁宗本纪》："十一年春……二月……乙巳，沔州都统王大才马蹶，死于河池。"《宋史·安丙传》与之相左。《鹤林玉露》卷之四乙编《安子文自赞》："安子文与杨巨源、李好义合谋诛逆曦，旋杀巨源而专其功。久之，朝廷疑其跋扈，俾帅长沙。子文尽室出蜀，尝自赞云：'面目皱瘦，行步□苴，人言托住半周天，我道一场真戏耍。今日到湖南，又成一话靶。'在长沙，计利析秋毫，设厅前豪豕成群，粪秽狼籍，肥腯则烹而卖之。罢镇，梱载归蜀。厥后杨九鼎在蜀，以刻薄致诸军之怨，军士莫简倡乱，杀九鼎，剖其腹，实以金银曰：'使其贪腹饱饫。'时子文家居，散财结士，生擒莫简，剖心以祭九鼎，再平蜀难。"此段文字中"生擒莫简，剖心以祭九鼎"应是史实。

71、《宋会要辑稿》职官一之八：嘉定"十三年六月二十六日，保宁军节度使、开府仪同三司、四川安抚使安丙为少保"。

《宋史·宁宗本纪》："十三年……六月癸酉，……加安丙少保。"

《宋史·安丙传》："明年，进丙少保，赐衣带鞍马。"

《续编两朝纲目备要》："嘉定十三年……六月癸酉……安丙为少保。"

72、《宋史·宁宗本纪》关于此次联夏攻金的战事与《续编两朝纲目备要》的记载几乎完全相同，应该是据以为本的。而墓志讳言此节，或许与此次进攻最终无功而返，于安丙无可称道有关。

《续编两朝纲目备要》："嘉定十三年春正月……戊午，夏国复以书来四川，议夹攻。……六月癸酉……安丙为少保。八月壬申，安丙遗夏人书，定议夹攻。癸未，宣抚司命利州统制王仕信引兵赴熙、巩州会夏人，遂传檄招谕陕西五路官吏、军民，劝以归附。九月辛卯，夏人引兵围巩州，且来趣师。王仕信引兵发宕昌。乙未，四川宣抚司统制质俊、李寔引兵发下城。戊戌，四川宣抚司命诸将分道进兵，沔州都统张威出天水，利州副都统程信出长道，兴元副都统陈力出大散关，兴元统制田冒为宣抚司帐前都统，出子午谷，金州副都统陈昱出上津。己亥，张威下令所部诸将毋得擅进兵。庚子，质俊等克来远镇。辛丑，王仕信克盐川镇。壬寅，质俊等自来远镇进攻定边城，金人来救，俊等击破之。乙巳，程信、王仕信引兵与夏人会于巩州城下。丁巳攻城，不克。……九月……庚戌，金人犯皂郊堡，我师失利。沔州统制董炤等与战，官军大败。壬子，我师攻巩州不克，遂退师。程信及夏人攻巩州，不能下，信引兵趋秦州。丙辰，夏人自安远寨退师。十月丁巳朔，程信邀夏人共攻秦州，夏人不从，信遂自伏羌城引军还，诸将皆罢兵。冬十月戊寅，诛王仕信。程信以宣抚司之命，斩王仕信于西和州。罢张威军职，宣抚司怒其不进兵故。"

《宋史·安丙传》："先是夏人来乞师并兵攻金人。丙且奏且行，分遣将士趋秦、革、凤翔，委丁焴节制，师次于巩。夏人以枢密使宁子宁众二十余万约以夏兵野战，宋师攻城。既而攻巩不克乃已。"

73、《宋史·宁宗本纪》"十四年……冬……十一月己亥，安丙薨。"

《续编两朝纲目备要》："嘉定十四年……冬……十一月……己亥，安丙薨。"

墓志此句脱文可补为"寻以微疾薨于正寝堂，时十四年十有一月之十九日，享年七十有四"。

《宋史·安丙传》："丙卒，讣闻，以少傅致仕，辍视朝二日，赠少师，赙银绢千计，赐沔州祠额为英惠庙。"

《宋史·礼志》："赙赠。凡近臣及带职事官薨，非诏葬者，如有丧讣及迁葬，皆赐赙赠，鸿胪寺与入内内侍省以旧例取旨。其尝践两府或任近侍者，多增其数，绢自五百匹至五十匹，钱自五十万至五万，又赐羊酒有差，其优者仍给米麦香烛。自中书、枢密而下至两省五品、三司、三馆职事、内职、军校并执事禁近者亡殁，及父母近亲丧，皆有赠赐。"

74、苗、刘，即苗傅、刘正彦。魏公，即张浚也。《宋史·张浚传》："张浚字德远，汉州棉竹人。"《鹤林玉露》卷之三甲编《秀州刺客》："苗刘之乱，张魏公在秀州，议举勤王之师。一夕独坐，从者皆寝，忽一人持刀立烛后。公知为刺客，徐问曰：'岂非苗傅、刘正彦遣汝来杀我乎？'……"又《鹤林玉露》卷之二乙编有《张魏公讨苗刘》。

逆亮，即金主完颜亮。墓志此处文字，盖指虞允文与完颜亮之采石矶之战。据《宋史·虞允文传》："虞允文，字彬甫，隆州仁寿人。"仁寿，即今四川仁寿县。

75、戊辰，即绍兴十八年，1148 年；丁卯，即开禧三年，1207 年。

76、吕，即吕雉。平，即陈平。勃，即周勃。李，即李靖。郭，即郭子仪也。

《宋史·安丙传》："诏曰：'昔唐太宗以西寇未平，诏起李靖，靖慷慨请行，不以老疾为解；代宗有朔方之难，图任郭子仪，闻命引道，亦不以谗慝自疑。皆能乘时立功，焜燿竹帛，朕甚慕之。今蜀道俶扰，未宽顾忧，朕起卿燕间，付以方面。而卿忠于报国，谊不辞难。朕之用人，庶几于唐宗；卿之事朕，无愧于李郭矣。勉图隽功，以济国事。'"墓志此处用诏书文字以彰其功也。

此句末一字似为"矣"字，该字可见下部撇、点。从文意推测，以"矣"字的可能性较大。

77、《宋史·安丙传》："丙所著有《皛然集》。"

《宋史·艺文志》有"安丙《靖蜀编》四卷"。

《建炎以来朝野杂记》乙集卷九《董镇言、杨侍郎未肯通情》："武兴之乱，时人记录者，有《新、旧安西楼记》，安观文自撰；《靖蜀编》，宣抚司准备差遣胡西仲编。"

《宣统广安州新志·艺文志》："《皛然集》、《安西楼记》，无卷数，安丙撰。《宋史》丙有传，丙建学宫、修白塔，贻利乡人者甚伙。旧志州南有白岩，真宗改为皛然，丙取以名其集。《朝野杂记》曰：《安西楼记》叙平吴曦事甚详。"

另，《宋诗记事补遗》卷五十六录有安丙佚诗一首，题为"送陈伯宏归天台"。（清）陆心源编撰，山西古籍出版社，1997 年 7 月。陈伯宏，生平未详。

78、墓志此处缺字当为"公"。

79、墓志此处原文当为"食邑自五百户累加至五千□百户，食实封自□伯户至贰阡陆伯户"。阡，即仟；伯，即佰也。

80、吴国，即墓志前文所述之吴国夫人。参见注释 22。姪，即侄女。《宣统广安州新志·金石志·安癸仲卜葬先茔记碑》："己卯冬十有一月甲辰，不肖子癸仲丁先妣齐国夫人大丧，时方多艰，未克葬。后二年辛巳冬十有一月，先君守宣抚太师国公随亦薨背。"《墓志》称"福国夫人"，而此碑则称"齐国夫人"，盖后来所赠。

81、《宣统广安州新志·金石志·安癸仲卜葬先茔记碑》："……甲子，母宜人郑氏卒，癸仲时守资中垂满，因请持服归，襄先夫人暨郑宜人。明年乙丑夏四月景午，始克大葬。而归还之日，天色改容开霁，吊者塞途，因得以逸缓葬之罪。……"

安癸仲作此碑文时，安丙已赠太师、鲁国公，夫人李氏亦赠齐国夫人。且宜人郑氏卒于安丙及李氏之后，如此，文中的甲子年则为1264年。1265年乙丑，安癸仲方将夫人李氏及宜人郑氏葬于安丙家族墓地。又，从M1李氏墓和M4出土的随葬品来看，其陶俑完全相同，应该是同时间、且在同一地点烧制而成的。这与此碑文字叙述是相吻合的。

然而，从墓志后文中"子三人，长癸仲，年□□□□□□□□子也，生而母亡，□囚囨□"这段文字来看，安癸仲的生母在他出生时就已经去世，那么，宜人郑氏就绝不会是安癸仲之生母，只是抚养他成人而已。而此处"以癸仲赏典转官，申乞回授为宜人"的才是其生母。

82、墓志缺文当为"子三人，长癸仲，年□□□□□□□□子也，生而母亡，□囚囨□。"

83、《鹤山先生大全文集》卷四十二《安少保丙果州生祠记》："……方公之未出也，其子以直华文阁握果之州符，参议制幕。……华文寻以机宜文字往宣抚司，公之婿王君某代之。……"墓志缺文当为"朝散大夫、直华文阁、前四川宣抚使司主管机宜文字"。

84、按行文，"乙仲"后缺"年"字。"承奉□"应为"承奉郎"。

85、此处缺文为"女"字。

86、忠翊郎前缺文当为"次适"二字。

87、□仲开，原碑姓氏仅存"木"字部首，未详何姓。

88、此处缺文为"适"字。

89、《鹤山先生大全文集》卷七十五《朝散大夫知眉州王君墓志》："王君讳其贤，字能父，……少颖异言，动如成人。通议服母丧，太师安公丙来吊。见君而奇之曰：'是儿骨清形秀，必为远器。'……安公以女女之。……会逆曦以蜀叛，安公既仗义反正，……特命改承事郎、充四川宣抚司准备差遣。……未几，改知渠州。未上，申命安公宣抚四蜀，改辟君知果州。……秩满知眉州，……方期年，属疾请去，未遂而卒。实宝庆三年正月辛未，年四十有六。……安氏封宜人，……卜绍定二年三月日葬新明县明震山之原。……"（全文见附录四《朝散大夫知眉州王君墓志》）

　　按墓志，嫁与王其贤为妻的是安丙之三女。另：安丙何时赠太师《宋史》无载，此文中宝庆三年为1227年，绍定二年为1229年。从行文来看，此篇墓志当作于王其贤去世后的宝庆三年正月至下葬时的绍定二年三月之间，因此，安丙赠太师的时间至少应该在绍定二年三月之前。然则遍检《宋史》，于此事不置一辞，不知何由。

　　90、安恭礼，史书无载。

　　91、此处脱文可据墓志文末"孙承事郎、奏差监潼川府□城清酒务恭行书"补为"次恭行，以公明堂恩荫，补承事郎"。

　　安恭行，安癸仲子，安宝孙之弟（参见注释92）。《宣统广安州新志·仕进志》："安恭行，癸仲子。官承事郎奏差潼川府酒官。"

　　92、《宣统广安州新志·金石志·安女宝孙圹铭碑》："宝孙，安氏子也。故四川宣抚使赠少师武威公之孙，朝请大夫、直华文阁癸仲北望之女。母宜人冯氏，外祖故朝请大夫知金州使也。初，武威公以嘉泰甲子解隆庆郡丞，寓家宝峰下。是岁冬十有二月己酉，宝孙生。宝孙既生，而廼祖除知大安之命下，故尤钟爱焉。凡针缕女红之事，一试即精。天资雅静，视珠翠金玉泊如也。嘉定癸未夏五月景寅，忽得暍疾，匆遽以卒。会卜以明年正月己酉葬我先公于晶山之麓，念公自将贵至于薨背，与此女子实为始终，乃窆于其翁之侧而祔焉。时十二月之十六日也。是为铭。弟承事郎奏差潼川府酒官恭行书丹。"

　　这篇碑铭原题"父朝散大夫安华文撰"，安华文即安癸仲。碑铭作于嘉定十六年（1223年）十二月，与赵大荣所撰的《安丙墓墓志铭》时间相同。

　　93、考诸《宋史·职官志》可知，此处宣义郎当为宣议郎之误笔。

　　墓志是处"南□□南川县"缺文应补全为"南平军南川县"。《宋史·地理志》："南平军，同下州。熙宁八年，收西番部，以恭州南川县铜佛坝地置军。领县二：南川，中下。"

　　94、《宣统广安州新志·古迹志·茔墓》："少师鲁国公安忠定墓，《总志》在治南，即晶然山下昭勋寺右。"另见《宣统广安州新志·金石志·安癸仲卜葬先茔记碑》。

　　按：安丙封鲁国公的时间至迟应该在宝庆元年。《宋史·端宗纪》："端平二年……闰七月……丙戌，故保宁军节度使、鲁国公安丙谥忠定。"端平二年即1235年，从此段文字推测，安丙封鲁国公的时间当在端平二年闰七月前。而《宣统广安州新志·金石志·昭勋寺敕赐寺额碑》载："尚书省牒/牒奉敕宜赐'昭勋儒荣禅寺'为额。牒至准敕故牒。宝庆元年九月日牒/参知政事宣/已少傅右丞相鲁国公。"宝庆元年为1225年，是时安丙已封为鲁国公。

　　95、大荣，即赵大荣。《南充县志·人物志·贡举表》记载，赵大荣于绍定五年（1232

年）壬辰中进士。另见《宣统广安州新志·金石志·安癸仲卜葬先茔记碑》。

96、据《宋史·地理志》，潼川府下辖十县，其中有"城"字者仅"涪城"一县，故"潼川府"后所缺字当为"涪"字无疑。

附 安丙大事记

绍兴十八年（1148 年）

  安丙出生。墓志："公生戊辰"。

淳熙五年（1178 年）

  登进士第，任昌州大足县主簿。

淳熙十三年（1186 年)?

  父亲去世。

淳熙十六年（1189 年)?

  服除，利西安抚司干办公事。

? ～绍熙四年（1193 年)?

  知成都府新繁县。

绍熙四年（1193 年)?

  母亲去世。

庆元二年～庆元六年（1196～1200 年)?

  服除，知小溪县。次子寅仲卒于小溪。

嘉泰元年～嘉泰三年（1201～1203 年）

  任隆庆府通判。

嘉泰四年（1204 年）

  十二月己酉，宝孙生。

开禧元年（1205 年）

  任大安军知军。

开禧二年（1206 年）

  任陕西、河东招抚司随军转运使。

开禧三年（1207 年）

  三年正月甲午，吴曦叛金。任中大夫、丞相长史。

二月乙亥，与杨巨源、李好义等矫诏诛曦。

三月庚子，除端明殿学士、中大夫、知兴州、充利州西路安抚使、四川宣抚副使。旋复关外四州。

嘉定元年（1208 年）

韩侂胄既诛，进资政殿学士。

嘉定二年（1209 年）

除资政殿大学士、知兴元府、利州路安抚使、四川制置大使。

嘉定三年（1210 年）

春，四川制置大使司收钱引。

嘉定四年（1211 年）

四月，四川制置大使司置安边司以经制蛮事。

嘉定五年（1212 年）

叙州蛮酋米在降。秋七月庚申，安丙转三官，为通奉大夫。

嘉定六年（1213 年）

南郊庆成又增一秩，为正议大夫。

嘉定七年（1214 年）

三月，除同知枢密院事、兼太子宾客。

八月戊申，除观文殿学士、知潭州。

嘉定八年（1215 年）

九月辛未，上祀明堂，进封武威郡开国公。

嘉定九年（1216 年）

正月至十一月，乞守本官致仕，诏一再不允。

嘉定十年（1217 年）

授崇信军节度使、开府仪同三司、万寿观使。三辞还蜀。

嘉定十一年（1218 年）

夏四月，归清溪里。

嘉定十二年（1219 年）

闰（三）月癸亥，兴元军士张福、莫简等作乱。

四月癸巳，任四川宣抚使。

五月乙未，丙至果州。寻降制授保宁军节度使、兼知兴元府、利东安抚使。

七月庚戌，乱平。移治利州，赐保宁军节度使印。

十一月甲辰，福国夫人李氏薨。

嘉定十三年（1220 年）

夏六月，进少保，赐衣带鞍马。八月壬申，遗夏人书，定议夹攻金人。冬十月罢兵。

嘉定十四年（1221 年）

十一月己亥，安丙薨。讣闻，以少傅致仕，赠少师。赐沔州祠额为英惠庙。理宗亲札赐谥忠定。丙所著有《晶然集》。

嘉定十六年（1223 年）

夏五月，长孙女宝孙卒。

嘉定十七年（1224 年）

正月己酉，安丙葬于晶然山之麓。

端平二年（1235 年）

闰七月丙戌，安丙赐谥忠定。

附录三

X光荧光显微镜和激光烧蚀ICP-OES分析
四川华蓥安丙墓出土青花瓷片

吴小红　崔剑锋　陈祖军　秦大树[*]

安丙家族墓地位于华蓥山脉中段晶然山西侧山麓，隶属于四川省华蓥市双河镇昭勋村，西距市区约1千米。

安丙家族墓地为安丙家族陵园的一部分，陵园由四周自然山形并结合墓地（包括墓葬和享堂）、九层护坎遗址、神道遗址、九龙桥遗址、昭勋寺遗址等人工建筑共同组成。

墓地由5座墓葬及墓前拜台、享堂、护坎等地面建筑遗迹组成。九层护坎遗址与神道遗址位于墓地西侧至山脚。九龙桥遗址位于神道西侧坡底，以桥栏上有九条石雕龙而得名。昭勋寺遗址位于陵园内西南部，九龙桥遗址南侧。

用于测试的青花瓷片出土于墓地内的M2（墓主人为安丙）墓室排水沟内，编号M2∶139。M2的营建始于1222年，完工于1223年末，墓主人安丙于1224年正月下葬其中。

样品描述：

样品为一块三角形瓷片（边长各约为3厘米），釉层很薄，胎厚约3厘米。一面有颜色很浅的青花纹饰，色块晕散，另一面靠近口沿有淡淡的青花线条，边沿不清晰，亦有晕散现象。两面施釉，釉色呈白色略泛黄，有细碎的裂纹。胎致密、烧结，呈白色略显灰。见图一。

分析方法：

我们采用无损分析的方法对样品进行了分析。首先利用北京理化分析测试中心的日本崛场（HORIBA）X光荧光显微镜XGT2700，采用面扫描技术对青花、釉和胎进行了分

---

[*] 吴小红、崔剑锋、秦大树：北京大学中国考古学研究中心、北京大学考古文博学院；陈祖军：四川省文物考古研究院。

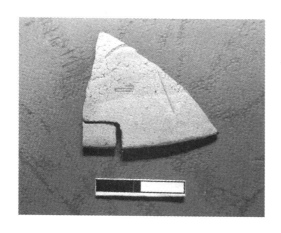

图一　四川华蓥安丙墓出土青花瓷片
实物照片（图中标尺为1厘米）

析，分析条件为：X光管电压30kv，电流1mA。同时利用北京大学考古文博学院激光烧蚀全谱直读等离子发射光谱仪，进行了线扫描分析。激光发射器为美国New Wave公司生产的UP－266 MACRO，采用激光直径为515μm，等离子发射光谱仪为美国利曼公司生产，Prodigy全谱直读等离子发射光谱仪，固态检测器。

结果与讨论：

首先利用X光荧光显微镜XGT2700对带有青花的釉面进行了面扫描，得到了各元素在釉面的分布图，见图二至图九，其中光斑集中的部位亮度高，表示该部位元素浓度高。图二和图三显

图二　X光荧光显微镜面扫描分析
元素钴的釉面分布图

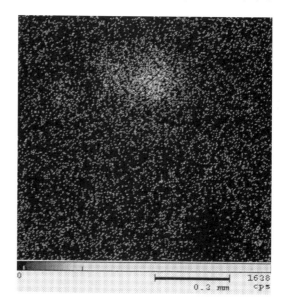

图三　X光荧光显微镜面扫描分析
元素铁的釉面分布图

示，元素钴和元素铁在釉面青花部位的光斑亮度比其他部位显著高，表明青花料中含有元素钴和元素铁。图四显示元素锰在釉面各部位的分布没有显著性差异，说明青花料基本不含锰，或锰含量很低。作为对比，我们也将元素硅、钾、钙、钛在釉表面的分布图列了出

图四　X光荧光显微镜面扫描分析
元素锰的釉面分布图

图五　X光荧光显微镜面扫描分析
元素硫的釉面分布图

来，分别见图六至图九，这些元素和锰元素一样在整个釉面呈均匀分布。由此基本判断该瓷片青花料属于一种含铁的钴矿料。

为了进一步验证上述结果，我们采用激光烧蚀全谱直读等离子发射光谱仪，对该瓷片进行了线扫描分析，见图一，激光发生器在釉表面经过后留下的烧蚀痕迹显示取样部位为穿过青花发色区的一条直线。分析结果见图十至图十二。图十为线扫描时钴元素在釉表面随时间变化的积分曲线，在图中曲线的起始阶段钴含量很低而且没有变化，在图的中间部分钴元素含量曲线出现了一个陡升，当扫描经过青花发色区之后曲线又趋于平缓，表明没有青花的釉料中钴含量几乎为零，而青花料是钴元素的唯一来源。图十一为线扫描时铁元素在釉表面随时间变化的积分曲线，为一条有一定斜率的直线，表明铁元素在整个釉面都有分布，而且分布相对均匀，在青花发色区并没有发生显著升高的现象，说明青花料对于铁元素没有显著贡献。结合X光荧光显微镜面扫描的分析结果见图三，可以认为青花料含有一定的铁，但含量很低，不足以引起积分曲线的变化。图十二为线扫描时锰元素在釉表面随时间变化的积分曲线，同铁元素的积分曲线一致，也为一条有一定斜率的直线，表明锰元素在整个釉面都有分布，而且分布相对均匀，在青花发色区并没有发生显著升高的现象，说明青花料基本不含锰或含锰很低。由此，我们可以得出初步结论认为，该青花料

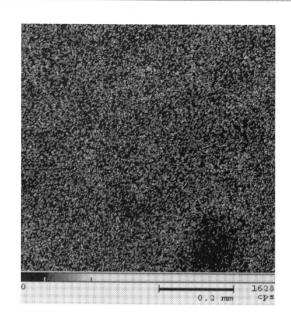

图六　X光荧光显微镜面扫描分析
　　　元素硅的釉面分布图

图七　X光荧光显微镜面扫描分析
　　　元素钙的釉面分布图

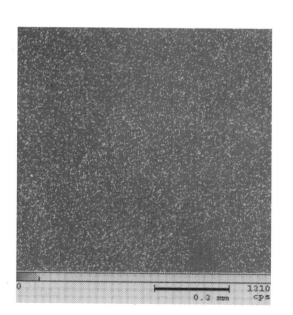

图八　X光荧光显微镜面扫描分析
　　　元素钾的釉面分布图

图九　X光荧光显微镜面扫描分析
　　　元素钛的釉面分布图

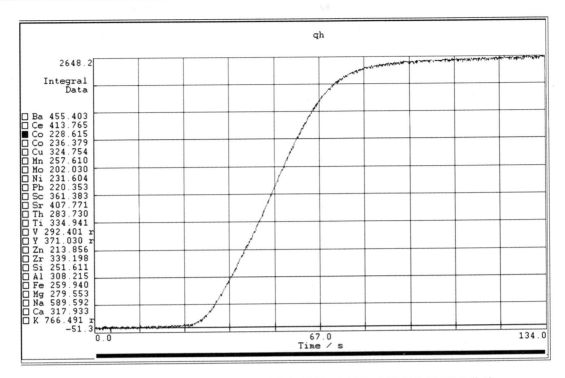

图十　激光烧蚀等离子发射光谱线扫描钴元素随时间变化的积分曲线

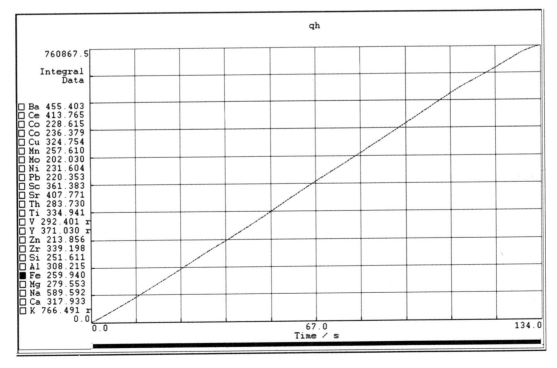

图十一　激光烧蚀等离子发射光谱线扫描铁元素随时间变化的积分曲线

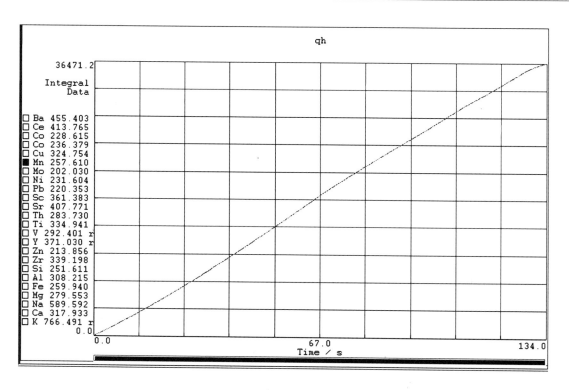

图十二　激光烧蚀等离子发射光谱线扫描锰元素随时间变化的积分曲线

为低锰低铁的钴矿料。

　　为了进一步确定该青花料中各元素的含量特征，我们采用 X 光荧光显微镜对釉面的青花部位、无青花的部位、以及胎进行了元素含量积分分析。由于在进行无损分析的过程中没有相应的固体标样能够对元素含量进行绝对值的校正，所以我们测定得到的元素含量只是相对含量。另外由于我们无法对青花料进行直接单独的测量，测量的成分中既包含了青花料的成分，也包含了釉甚至可能还有胎的成分，所以我们在进行青花成分研究的同时，需要同时考虑元素在釉和胎中的情况。我们以硅元素含量为 1 作图比较带釉青花、釉和胎中的元素含量情况，见图十三。

　　首先比较钴元素在各青花、釉和胎中的分布情况，可以看到在釉和胎中基本不含钴，钴是青花料中特有的元素。根据锰元素的含量分布情况，可以看到锰元素在青花、釉和胎中的含量都很低，甚至可以认为不含锰，由此可以判断该青花料属于低锰型钴矿料。我们再进一步分析铁元素的分布情况，铁在青花、釉和胎中都有一定的分布，其中在胎中含量最高，带釉青花中含量略低，在白釉中含量最低。如果将白釉中的铁含量作为本底考虑的话，青花料中的铁含量与钴元素含量相比低于 1，所以该青花料属于低铁型钴矿料。结合

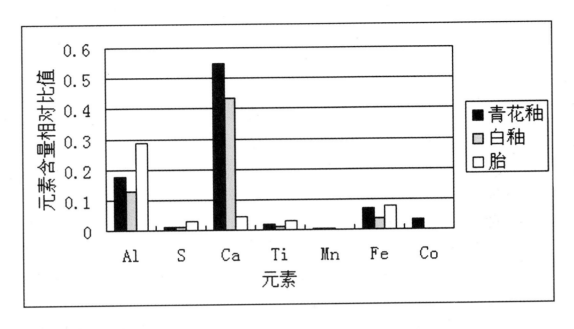

图十三　以硅含量为 1 作图比较带釉青花、釉和胎各元素的含量
（X 光荧光显微镜面积分元素含量分析）

前面 X 光荧光显微镜面扫描和激光烧蚀 ICP－OES 线扫描的分析结果，可以肯定该青花料为低锰低铁型青花料，为进口料。

　　张福康先生曾就历代青花色料的化学组成分布进行了总结[1]，根据该青花料低锰低铁而且锰含量很低的这一特征，与张福康先生分析的唐代青花的特征很相符。在张福康先生和陈尧成先生等[2] 的文章中还提到，唐代青花除了低锰低铁的特征以外，还含有少量的铜和硫，不含砷。我们在分析过程中，特别关注了砷元素的测定，在釉和胎中没有发现有砷元素，在青花中也没有发现含砷。由于考虑到铅的 X 荧光谱线对砷的影响，所以我们也特别关注了铅的分析，在釉、胎、青花中都没有测量到铅，进一步确定该青花料中确实不含砷。我们对硫元素也进行了测定，由图十三可以看到，硫在白釉、青花釉和胎中都有分布，但含量很低，而且在青花中并没有显著升高的现象。图五显示硫元素在青花发色区并没有出现光斑发亮现象，也说明青花不含硫。但由于考虑到该设备测量硫元素的灵敏度

①　张福康：《中国古陶瓷的科学》，第 121 页，上海人民美术出版社，2000 年。
②　陈尧成、张志刚、郭演仪：《历代青花瓷与着色青料》，《中国古代陶瓷科学技术成就》第 15 章，第 300～332 页，上海科学技术出版社，1985 年。陈尧成、张福康、张筱薇、蒋忠义、李德金：《唐代青花瓷器及其色料来源研究》，《1995 古陶瓷科学技术国际讨论会论文集》，第 215～222 页，上海科学技术文献出版社，1997 年。

不高，所以我们不能判断该青花料是否含硫。在我们的分析过程中没有检测到铜。由此我们总结该瓷片青花料的特征为低锰低铁型钴矿料，不含砷，含硫和含铜的情况有待进一步验证。比较已发表的历代青花料的分析数据①，可以看到，该瓷片与唐代青花低锰低铁型钴矿料的特征相符，所用青料为进口料。

陈尧成先生等人对唐代青花瓷的产地问题曾进行过研究，认为唐代青花瓷与唐代巩县白瓷在胎釉的化学组成上，在制作工艺上和烧成工艺上都很相似，认为唐青花瓷的产地应是巩县窑②。我们对该瓷片胎釉的化学组成进行了分析，首先比较钙元素的含量分布情况，可以看到釉料中钙含量很高，可以判断是钙碱釉。根据硅、铝的含量对比属于低硅高铝类型，具有北方瓷胎系统的特征，钛含量较高，达到 1.1% 以上，这些特征都与巩县的白瓷相同。但由于我们使用无损分析的结果，没有相应的固体标准物质可以对元素含量进行校正，所测定的值用于定性分析或部分定量分析是可靠的，但要做更进一步的具体的产源研究，对数据绝对值准确性的要求较高，可能还需要微量元素含量的测定等。由于目前我们所掌握的资料较少，并且缺乏当地瓷窑样品作对比，关于该瓷片具体的产地问题需要作进一步的分析研究再下结论。

致谢：

感谢北京市理化分析测试中心周素红研究员采用日本崛场（HORIBA）X 光荧光显微镜 XGT2700，对青花、釉和胎进行了面扫描和面积分技术分析。

---

① 陈尧成、张福康、张筱薇、蒋忠义、李德金：《唐代青花瓷器及其色料来源研究》，《1995 古陶瓷科学技术国际讨论会论文集》，第 215～222 页，上海科学技术文献出版社，1997 年。
② 同①。

附录四

相关史料辑录

一、安癸仲卜葬先茔记碑

己卯冬十有一月甲辰，不肖子癸仲丁先姚齐国夫人大丧，时方多艰，未克葬。后二年辛巳冬十有一月，先君守宣抚太师国公随亦薨背。明年壬午既卒哭，则载墓师与亲友之来会哭者，将穷崐山横亘之阳以葬。忽望见大山之下起峰，突然中有三亩余地独鲜润可贵，亟往抵龟而卜之。进士王震、赵大荣从旁合而言曰：善斯卜也，是所谓名山大川还万古英灵之气者。乃具畚锸，日饭二百。尾黑牯下取巨石，百堵并兴，几用二年之力，始成坟葬。前后凡三北而三修，至甲申之春正月己酉始克葬我先太师国公。甲子，母宜人郑氏卒，癸仲时守资中垂满，因请持服归，襄先夫人暨郑宜人。明年乙丑夏四月景午，始克大葬。而归还之日，天色改容开霁，吊者塞途，因得以逸缓葬之罪。然以此力荷兴墓前阶石之既岁者，无微不至，劳费非所惜也。而区区所遭之艰，用力之苦，亦固有人所不堪者矣。幸自人谋而定，焚鹿犯柏，而自盘口是石者，没若有灵，岂亦独不念哉。（以下阙）

（《宣统广安州新志·金石志》）

二、安女宝孙圹铭碑在安忠定墓侧 父朝散大夫安华文撰

宝孙，安氏子也。故四川宣抚使赠少师武威公之孙，朝请大夫直华文阁癸仲北望之女。母宜人冯氏，外祖故朝请大夫知金州使也。初，武威公以嘉泰甲子解隆庆郡丞，寓家宝峰下。是岁冬十有二月己酉，宝孙生。宝孙既生，而廼祖除知大安之命下，故尤钟爱焉。凡针缕女红之事，一试即精。天资雅静，视珠翠金玉泊如也。嘉定癸未夏五月景寅，

忽得喝疾，匆遽以卒。会卜以明年正月己酉葬我先公于畠山之麓，念公自将贵至于薨背，与此女子实为始终，乃竁于其翁之侧而祔焉。时十二月之十六日也。是为铭。按：《宋史》忠定公薨于嘉定辛巳十四年（1221年）十一月己亥。宝孙卒嘉定癸未十六年（1223年）夏，祔葬在嘉定十七年（1224年）甲申。此碑未提。弟承事郎奏差潼川府酒官恭行书丹。

（《宣统广安州新志·金石志》）

三、朝散大夫知眉州王君墓志

　　王君讳其贤字能父系出太原其先京兆万年人十世祖某仕唐为果州刺史因家于蜀今遂为广安右姓曾祖考裳不仕祖考渍以子贵赠奉直大夫取陈氏生子寿嵩登乾道二年进士第历官至朝请大夫累赠通议大夫其季子曰寿庚赠朝奉大夫通议取杨氏继张氏君盖张出也少颖异言动如成人通议服母丧太师安公丙来吊见君而奇之曰是儿骨清形秀必为远器会季父大夫无子以君为之子通议致其仕君以恩补官安公以女女之试吏为盐亭尉丁母安人周氏忧服除调凤州比较务会逆曦以蜀叛安公既仗义反正于是乘胜尽复关外遗弃四州所与大将李好义商事期审贼势画粮饷布裨佐今往来书尺藏于好义之子懋者皆朝发夕报不翅口讲面授盖先是君仕凤州习知人情安公乃檄君周旋其间归疆振凯特命改承事郎充四川宣抚司准备差遣羽檄稍宁即引嫌雨易利路转运司干办公事未几通判西和州安公既倚君为助乃檄兼议舍仅成资以大夫卒去官服除通判棉州与州长争公事执不变会承诏赴都堂禀议未至阙特差权发遣岳州制词称其才业勉以良牧君益思奋厉郡之吏奉军廪皆抑给舟楫君节用爱人商贾卓通不扰而集未几改知渠州未上申命安公宣抚四蜀改辟君知果州创夷之余极意摩抚毫发不受私事有当义勇不可移郡人号为铁军又能节缩浮费以少府之余财佐边需代民赋差知嘉定府事致辞略曰尔西土之彦娄分符竹是能仰体德意抚柔斯民矣勉思报称无有退心君节用爱人视前为郡不懈益勤提刑司以凌云江捍数触舟开支流以杀其怒役烦费广州奉例惟谨而一毫不以取民秩满知眉州以通议君尝所憩芝益恭厥事眉士大夫郡可以理服不可以力操而称君无异词方期年属疾请去未遂而卒实宝庆三年正月辛未年四十有六使假以岁月历变久而阅理多其所就顾止是邦安氏封宜人男一人岂将仕郎女二人俱幼未行孙女二人岂扶丧至泸州哀毁成疾后一月亦卒安宜人请于君之兄前主管绍兴府千秋鸿禧观其恕取族兄前通判利州其然之子时为之继从子岩之子为岂继时以致仕恩当补官卜绍定二年三月日葬新明县明震山之原先事之数月鸿禧状君之行走书于靖曰呜乎季弟已矣其生平设施简而非傲直而非矫视全德之君子固若有间然循性所安不为物移亦

可尚已其恕于弟为同气敢以铭请而时又申以母命且安公之子癸仲亦以书来曰时之请也麈其谨母却呜呼余曷敢不铭铭曰予之资不假之年厚其通不永其传俄挽之前俄□之颠振华短世埋恨幽仟

（《鹤山先生大全文集》卷七十五）

四、知文州主管华州云台观安君墓志铭

嘉定十有四年知文州安君蕃以比岁劳勩请致王事而归诏主管　华州云台观行至利州得疾凡期月乃卒实十五年四月戊子也年五十有一其孤如埙等跣护还里厥十七年夏五月癸卯以治命葬岳池县施为乡龙旋下乾山之原先是君居郡日遇玺霈以弟之子如渊奉表入都如渊过于余休沐舍曰吾伯父之葬未由以识窀如埙兄弟奉母命将以请于公顾杖而即次弗敢违也会某匄去已七八疏未允方阖门俟遣辞焉亡何如埙复以书请益力乃为叙而铭之君字叔衍其先本太原八世祖琼为后唐检校大傅出为遂州刺史以王孟之乱不能北归因家于遂刺史之子为通州从事赠太保东游浓洄镇爱其江山之秀润家焉皇朝开宝中升镇为军遂为广安著姓四世祖处厚以崇宁二年为同知枢密院系之详见载于邵公济博所为铭曾王考祁荆湖北路转运判官王考爕尝与乡举考宿君本朝奉郎寿域之子贡士早世张夫人器之请以为已不教之力学读书习春秋三传有声校官开禧中与平吴曦少傅安丙上其事曰进士安蕃丙之族人也遣之兴元谕都统制孙忠锐合谋诛逆盖曦以遣其母弟晓为利州东路安抚使不得不豫为之防蕃与忠锐既共诛晓亦有微劳丙已假将士郎权兴元府茶马司茶帛库诏特授承务郎凡四人并命其书曰吾下密诏讨贼曾不逾时克成隽功虽吾帅臣竭忠诸将效顺顾所以往来其间合异为全非可泛然诿诸人者则夫族党之助安可诬也尔君王能得其亲近之情尔坤辰同任夫结约之责尔焕尔蕃分谕诸军晓譬祸福一朝唱议远近翕然载披奏亟良用嘉叹太常寺王簿迁太常博士积阶至朝请郎初仕益阳考爨簿书阁其贰于府吏无敢出入赋役在平江著录公明不可干以茶马司檄兼秦司金厅府尹刘清惠公申召寅莫下少傅自新沔移治兴元又辟君为属天水县旧隶成州大制置司以道远表升为军既又即军复县兵火之余入晚视莫敢向军佐幕才数月自请试县或犹谓母以家往军曰是示人畏缩也召故老而谓之曰县当险阨之冲者中原数扰此最要道或治米谷或治榆林或治兴州平或治沙川虽迁徙不常而迭遭焚蹂今不一劳其后不安将迁邑于赤丹堡缭以险固实以谷粟使民得奠居其亦可乎众皆诺乃白制阃行之官寺民庐以次毕具秋豪无所扰制阃发缗钱五千君复上之忠义士兵故有春秋二阅君更用农隙因其力以筑县城民不失业官不滥费凡樵楼守具旋观而毕置之民自离兵

戈有田者亦弃去君大书鸿雁三章于堂壁卧兴图之从帅阃拨借耕牛种具量所垦田散给皆翕然归耕会岁大焘欢呼被野始期以秋输元钱诒君之去率多逋负又为贷偿主管成都府路转运司使者刚褊自用君随事救正理冤释滞人不知其功至于推挽人才尤所用意制置使聂侯子述至蜀以果州守安侯癸仲为元幕俾君摄州事属时多事民赖以安寻谒帅府白事其一核实茶马司所积暂以买马钱助边用养马牵马之粮给军储竣自如旧制约一年可得百万计其二今兆边未静忧在西南夷宜谨择边吏其三赏罚所以劝沮也今大败者未即就刑而小捷者辄加醲赏聂侯大说辟君通判永康军会兴元卒叛转掠果阆密迩乡邑君念六世祖太傅尝出家赀以平贼思所以继先志会少傅为之倡君喜曰是亦吾志也亦纠合宗族佃丁数百人往运军粮且躬临贼垒毅然以事公为己任未几朝廷起少傅为宣抚使治利州州自乱后气象荒索少傅改辟君为州贰君请增米直以来商运为军民利且旧例商就官交米则有出纳之弊军就仓廪给则有陈腐之弊使皆就船出入则二弊皆除总饷者是其策继以君兼主管文字兼粮料院职并事丛靡微不究初西夏求好于我自嘉定七年来书者洛绎竟上至十二年冬十月宕昌寨以夏招讨使甯子宁忠翼书来宣阃委安抚司报之适东军郭威等焚戍菴遁去宣阃移金州军帅陈立将东军辟君充随军转运置司西和君闻命引道未至令曰比岁冬夏之交虏乘间再入民未复业馈饷用艰今日使指非招集忠义按视营屯惟先劝谕流民各归土著乘春耕种且检视仓廪督促移运务以实边备安人心民闻之喜凡漕运物斛糗粮芨藁夙夜尽瘁漕四十二万三千七百六十石驮户不该封椿并由子不到等钱四十三万六百券有奇籴二十万一千二百石以置口漕至西和鱼关至白环每石且以费钱一十七券米一斗七升之约为总所省三百四十二万六百五十九券米三万四千二百六十五石初出边仅有两月之积未几可支半年嘉定十三年秋夏书再至宣阃未敢深然之俄遣使至巩城以书督期宣阃姑遣假参议官同措置副戎司边事君酌酒饮诸将愿毋杀戮毋焚毁以诞布我国家不嗜杀人意之皆闻命感慨自丙申出师己酉饮至不料三路丁直不起利路全夫则君密赞之力也宣抚茶马二司辟君知文州居郡逾年百废具修然自是精力耗矣得年仅五十有一积官至通直郎取陈氏姑之子也男子五人如山如埙如川如愚华孙如山尝与宾贡为伯父士龙微华孙先夭今附茔焉女子二人长适将仕郎杨李蘅幼未行孙男女一十三人君资厚而气夷与人交有终轻财重义不计家之有无庆元三年岁荐饥极力振贷全活甚众其后年谷屡登析券不复责尤嗜书自经子史传百氏小说暨卜方伎一览终身不忘嗟夫其才若此其用卒此士闻而惜之铭曰有劳于国有德于民俄兴忽仆位止专城未为不遇弗究弗宣弗振弗延年其在后之人

（《鹤山先生大全文集》卷七十五）

五、安少保丙果州生祠记

　　古者储天下之才以为天下用非有事变迫怵而后图之也周自文武成康以来棫朴芃苣松高烝民詠歌得人率非一世之积逮高文尚存此意故事至而才给中世以后有不尽然者矣辽西告警而飞将起罕开略塞而营平用五溪师丧而伏波奋冉肇迫夔药师出范阳煽凶平原识廷凑肆毒晋公见伐蔡屡峙西平显河东寇结汾阳封使非耦事涉变也广厄霸陵充国援以老弃李颜裴郭诸人将没身不见矣蜀自贼曦之变而安公始以节显世未尝无才也而不肯豫定早计储之以待用每每若此然尚有可诿者曰不及知然而既知之矣而用之不尽至虏闯于外贼讧于内蜀势累卵然后以公再镇此何为者哉方公之未出也其子以直华文阁握果之州符参议制幕即贼所届扬名追袭贼越境无所犯公继来此州虽云就养盖以讨贼为己任会有诏起公于是奉将天威殄剿逋寇靡有遗育蜀以再安华文寻以机宜文字往宣抚司公之婿王君某代之蕩奸鉏强拊柔其民而加燠休焉果之人相与言曰非天私我有民使公与其子若婿先后来吾州吾属尚有种乎先是公未仕时尝游学于是州习其土风与其州之人士每过其州眷焉弗忍去及是被命再镇灭贼还报适在是州州人滋不忘度城之北隅肖公像与其子若婿并祠焉介郡人游君景仁侣校官苏君和甫在鎔及南充令牟君震卯以谒记于余余每叹汉唐以来所储非所用所用非所储于公之事既犂然有感又重叹夫天为斯世生才自足斯世之用特患以一人之好恶为用舍以事变之缓急为淹速耳郭汾阳既收东都方议北讨此何时也卒夺其军汾阳不少望也河东事迫又强起之又为险壬所忌非人主终信不移则唐祚岌岌矣然是时非特汾阳出于时用也七子八婿皆居贵显幕府六十余人率为将相大官而知名于世者五十人其卓然可称则杜鸿渐黄裳李光弼光进之徒皆以才识器业为再世中兴之用然则天生汾阳为社稷计而又为生其子若婿与从游之宾客以助成之此岂人力所能致哉欧阳文忠公书其将略曰忠信之厚固出其天性至于处富贵保功名古人之所难者谋谟之际宜亦得其助也至哉斯言不以富贵功名为夸而以善处善保为难不以忠信之厚为足而以谋谟之助为贵古之建功立业而全德令忠者率是道也今安公子文翁婿使其相须以成不减汾阳之助而莫府宾客皆能以李杜诸贤自勉相与左右叶成之则其但如欧公所谓处富贵保功名者哉敢以是复于州人以彰一门之懿以慰千里之思以见人主当以天下用才士大夫当以天下用其身也

（《鹤山先生大全文集》卷四十二）

六、广安军和溪县安少保丙生祠记

恭惟国家承百王之敝禹县分裂藩臣恣睢艺祖皇帝神武所运乱本旋弭以开亿万年无疆之基太宗通祇前训卒其伐公呕生闿怿夷狄顺轨真仁休养英庙嗣承至于熙丰物众地大而假儒为奸者乃始变乱典藏元祐更化纲目毕举而绍圣以后党祸再作极于崇观政宣戎索弗戒乃底于乱高皇南狩骏惠先烈弘济大难阜陵继之励精图治志清全疆大勋未集而崇陵享国日浅肆开皇上克念厥绍始初清明率吁群献将有志于庆历元祐之盛者天下延颈企踵以需太平而韩侂胄已居中窃弄威柄矣吴曦乳臭子耳依冯世资出入内阁侂胄既倚为腹心畀掌禁旅虽宠任逾涯而曦之为谋则盖不在是也武兴则曦之窟穴也玠璘拱挺再世为将忌刻少恩士鲜为用徒以积威之余知有吴氏故曦密结侂胄愿将西师既遂所图则轻蔑王室之心由是日盛密以开边中侂胄之意而潜通于虏乘时为奸士大夫由学禁以来义理益不竞一旦利欲所焮则大官唱声一口附和凡以使命还自虏廷者例曰虏有内变虏有饥谨设王师一动关河必且响应是则然矣而不思侂胄之可与共功否也凡一时之蹑登华要者鲜不出此虽廷策进士亦以是为举首否则摈抑不容矣先是某蒙恩召试玉堂尝力陈其不可几触闻罢明年将出朝廷尚欲托之公言以排异论遂建请宰执侍从两省台谏官条具可否来上爰暨管军咸得译闻诏下中外各以己见条奏独曦不奉诏而移书侂胄曰今戒严有日忽出条具之命士心惑焉未知攸禀进退迟速愿明降处分彼既不论可否而反持短长以肆欺侮侂胄得书罔然以失而公卿以下素为所请寄恬不知察不知识者固已觇其无君之心迨郭倪李爽攻寿泗皇甫斌攻唐邓虽皆覆军亡将而还然尚可诿者曰庸而曦悠悠不前不惟蓄温裕之志盖又出于石晋刘唐之陋策元帅既遁王人既逐东归之士蔽江而下至是所望以反正者惟蜀人耳志仁者蹈死弗悔固足以明人臣之义而洁身者勇往弗顾全身躯者依违其间下此者又置不复道方斯时也虏蹂我淮甸绕我襄安以来荡摇我江汉顾瞻四方蹙蹙靡骋而六十州生聚遽隔王化此何时也悠悠风尘莫有能剚刃于贼者视其污蔑衣冠割截与地骎骎然朝异而晡不同不过抚髀太息焉耳矣今资政殿大学士安公奋由儒生独能周全其间濡迹以就事部分既定即矫诏诛曦以间乘势尽复四州虏闻之以为从天而下也相与胆落神沮谓吾中国有人由是不敢有二心方反书之上也朝论大震上召群臣计事咸谓无出公右乃为札书赐公勉以图曦报国书未至而捷闻君臣动色相庆以为知人拜公端明殿学士中大夫知泸州充利州西路安抚使四川宣抚副使恩视执政亡何曦首至阙下诏礼官讲行受俘之仪纳于武库凡皆国朝所未有者也猗与盛哉蜀人于公饮食必祝盖公之祠偏蜀中而公广安人也和溪县封山镇亦公之乡也乃肖厥象而走广汉介通守李君炎震欲得余文以识其颠末余惟公殊尤绝异之绩垂之史册镂之玉板被之乐石者何可胜数尚安

以余言为也而固请弗已则三复其事为之喟然叹曰天下之生久矣一治一乱非以气数屈信之变人事昏明之感故反覆盪摩所不容不尔邪然天之爱人也屈于前必有信于后消于彼必有息于此使生民之类犹有所依以自立而不至于极敝大坏则以天固生才以待其定也夷吾不死以康天下绛侯屈意以安刘氏方事之未白也有友如鲍叔有君如汉高帝固以是望之彼亦以是自信不疑是乌可强而致然邪贼曦之变公虽以天下为己任始焉自晦而人主与群臣固已期之于千万里之外书诏下颁露布上腾以其时考之盖项背相望于道地之相去也若此其远而君臣一心如合符节人果不可以无素也唐禄山之乱河朔二十四郡独有颜真卿元宗犹谓我不识真卿何如人所为乃若此真卿固尝有位于朝矣而元宗不识之安公方守偏郡已为人主所深知河朔久而未平而蜀变定于俄顷虽其气数屈信之异而亦人事昏明之感固自不侔也今虏运既衰群丑相噬扫清旧都兹维其时以天下之公望朝廷之夙知盖未有以加于公者入相天子倚成厥功则铿鍧炳辉盪人耳目其将有大于此者矣某虽不令请赓皇武方城之雅以备一代缺文云

（《鹤山先生大全文集》卷四十）

后　记

　　安丙家族墓地的发掘与报告的整理、编写工作中，我们得到了国家文物局、四川省文物局、四川省文物考古研究院、广安市文化体育局、中共华蓥市委、华蓥市政府、华蓥市文化体育局、华蓥市文物管理所等单位的大力支持。我们还得到了建设部遥感制图中心的赵明泽、丁军，原四川省音乐舞蹈研究所林堃，四川省文物考古研究院的高大伦、李昭和，广安市文化体育局的马福、王洪、刘敏，华蓥市文化体育局的张承光、唐云棕、马庆茂、傅益军，华蓥市文物管理所的张保国、张玉成、唐云梅、苏珂等先生和女士们的支持与指教，我们还采用了太原市文物考古研究所郭英女士的部分斗拱测图，作为附录，这里要特别加以感谢。没有他们的全力相助，这篇报告要尽快面世是不可想象的。

　　先后参加安丙家族墓地发掘的有陈祖军、刘敏、张承光、张保国、张玉成、唐云梅、雷兴云等。领队陈祖军。发掘期间摄影由陈祖军、刘敏担当；器物标本及墓室内摄影由江聪完成。出土标本修复由代兵、段家义、毛美君、陈祖军等人承担。参与绘图工作的先后有黄家全、李建伟、李树伟、周小楠、罗泽云、焦中义等人。报告由陈祖军执笔。

编者谨记

2006 年 12 月

The Tomb of Anbing in Huaying

(Abstract)

The graveyard of An Bing's family liesat Zhaoxun village, Shuanghe Town, Huaying City. An Bing was a famous anti-Jin figure of the Southern Song period, holding the post of highest political and military governor in the Sichuan region, and died of an illness in 1221 AD.

The remains were discovered at the beginning of 1996. There were revealed five stone-chambered vaulted tombs as well as altars, stone human sculptures, drains, post-bases, slope-protecting walls and other surface building vestiges. The tombs are built on a hill solpe, facing south and arranged from north to south (designated M1 – M5), and was robbed in their early times. Tomb M2 can be identified as the burial of An Bing according to the epitaph unearthed from there. M1 and M4 are the tombs of his wives Li and Zheng; M3 is unknown about its tomb-owener; and M5 is a grand-daughter of An Bing. All graves have extremely fine stone carvings, with those in the tombs of An Bing and his wife Li the best in preservation and the greatest in number. To take An Bing's tomb for example, the carvings in the chamber are distributed on the side walks, back niche and top beams, being divided into the upper, middle and lower parts. The upper carvings are imitations of the roof and eaves of wooden structure and the dougong bracket set, and also human figures and floral designs; the middle ones, from the tomb-gate to the inside, guardians, the Green Dragon and White Tiger, tablet-holding officials and floral designs, and, in the center of the niche, the portraits of An Bing and his wife; the lower ones, including those below the niche platform, depict scenes of beast-taming. Among the funeral objects remaining in the tombs are tricolor tomb figures, bronzes, porcelain articles, a silver cup and gold, silver and copper coins. The utensils are all broken.

The excavation of this graveyard obtained important fruits in archaeology of Song period China for recent years. The skills of exquisite carving and lifelike shaping show in the unearthed objects and the large scale architecture exhibited in the remaining tomb-garden are of great academic and artistic significance，providing invaluable material data for studying culture，politics，economy and military affairs in the Sichuan region of Southern Song period.

图版一　安丙家族墓地全景（西—东）

图版二　M1、M2墓前建筑遗迹（东—西）

1．M1、M2墓前享堂全景（东—西）

2．享堂北部柱础（西—东）

3．享堂南部柱础（西—东）

图版三　M1、M2墓前享堂遗迹

1．享堂东排水沟北部翁仲（W1，北—南）

2．享堂东排水沟南部翁仲（W2，东—西）

3．享堂排水沟东南角翁仲（W3，南—北）

4．享堂西北角翁仲（W4，东南—西北）

5．享堂排水沟内石方壶（东—西）

图版四　M1、M2墓前享堂遗迹

1．M1、M2墓前拜台全景（北—南）

2．M2墓前拜台（西—东）

图版五　M1、M2墓前拜台遗迹

1．M1、M2墓前拜台上斗形石槽（西—东）

2．M1、M2墓前拜台北端结构（东—西）

3．M1墓前拜台翁仲（W5、W6，东—西）

4．M2墓前拜台翁仲（W7，西北—东南）

图版六　M1、M2墓前拜台遗迹

1．陶瓦当（XT1：3）

2．陶瓦当（XT1：5）

3．陶滴水（XT1：4）

4．铜镜（XT1：6）

图版七　M1、M2墓前建筑遗迹上出土遗物

1. 墓门封堵情况

2. 墓道与墓门

图版八　M1墓道与墓门

1. 前室左侧龛须弥座

2. 前室右侧龛须弥座

图版九　M1前室侧龛须弥座

1．前室左壁斗拱

2．前室右壁斗拱

图版一〇　M1前室侧壁斗拱

1．横梁前侧面结构

2．横梁底面结构

图版一一 M1前、中室间过道顶部横梁

1. 中室左侧龛须弥座

2. 中室右侧龛须弥座

图版一二　M1中室侧龛须弥座

1. 中室左壁斗拱

2. 中室右壁斗拱

图版一三　M1中室侧壁斗拱

1. 后室过道顶部横梁底面结构

2. 后室顶部藻井

图版一四　M1中、后室间过道顶部横梁与后室顶部藻井

1. 后室左侧龛　　　　　　　　　　　2. 后室右侧龛

图版一五　　M1后室侧龛

1. 后室左侧壁上部仿木结构建筑

2. 后室右侧壁上部仿木结构建筑

图版一六　M1后室侧壁上部仿木结构建筑

1. 后室后壁仿木结构建筑须弥座台基

2. 后室后壁仿木结构建筑上部

图版一七　M1后室后壁仿木结构建筑

1. 左侧壁武士   2. 右侧壁武士

图版一八　M1甬道左右侧壁武士

1．朱雀

2．玄武

图版一九　M1朱雀、玄武

1. 青龙   2. 白虎

图版二〇　　M1 青龙、白虎

图版二一　M1中、后室间过道左壁乐伎

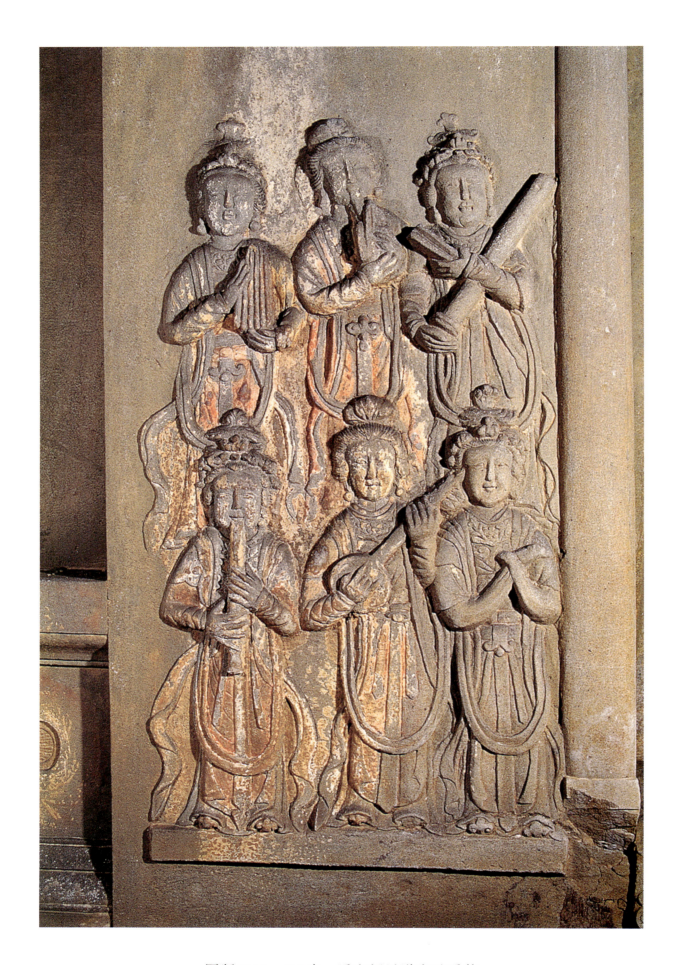

图版二二　M1 中、后室间过道右壁乐伎

1．后室后壁右次间乐伎   2．后室后壁左次间乐伎

图版二三　　M1后室后壁左右次间乐伎

1. 后龛中龛右侧龛沿击鼓乐伎   2. 后龛中龛左侧龛沿击鼓乐伎

图版二四　　M1后龛中龛龛沿击鼓乐伎

图版二五　M1后室后壁内龛

1. 左壁须弥座台基中部雕刻

2. 墓室右壁须弥座台基中部雕刻

图版二六　M1墓室左、右壁须弥座台基雕刻

1. 墓室右壁须弥座台基后部双凤雕刻

2. 墓室后室须弥座台基花卉雕刻

图版二七　M1墓室右壁须弥座台基与后室须弥座台基雕刻

1. 前室左侧龛壁画　　　　　　　　　　　　　　　　2. 前室右侧龛壁画

1. 中室左侧龛壁画　　　　　　　　　　　　　　　2. 中室右侧龛壁画

图版二九　M1中室左右侧龛壁画

1. A 类文吏俑（M1：3）　　　　　　2. C 类文吏俑（M1：11）

1．武士俑（M1：4）

2．朱雀（M1：5）

图版三一　M1出土陶俑

1. 玄武（M1∶1）

2. 白虎（M1∶2）

图版三二　M1出土陶俑

1. 正面

2. 头顶发型及头饰

3. 侧面

图版三三　M2墓道中出土的女人石雕头像

1．碑帽

2．碑正面

3．碑背面

图版三四　M2墓道中出土的"宋故宜人"碑

1．前室左侧龛须弥座

2．前室右侧龛须弥座

图版三五　　M2前室侧龛须弥座

1. 前室左壁斗拱

2. 前室右壁斗拱

图版三六　M2前室侧壁斗拱

1．横梁前侧面结构

2．横梁底面结构

图版三七　M2前、中室间过道顶部横梁

1．中室左侧龛须弥座

2．中室右侧龛须弥座

图版三八 M2中室侧龛须弥座

1．中室左壁斗栱

2．中室右壁斗栱

图版三九　M2中室侧壁斗栱

1. 中、后室间过道顶部横梁底面结构

2. 后室顶部藻井

图版四〇　M2中、后室间过道顶部横梁与后室顶部藻井

1．后室左侧龛　　　　　　　　　　　2．后室右侧龛

图版四一　　M2 后室侧龛

1．后室左侧壁上部仿木结构建筑

2．后室右侧壁上部仿木结构建筑

图版四二　M2后室侧壁上部仿木结构建筑

1.后室后壁仿木结构建筑须弥座台基右侧

2.后室后壁仿木结构建筑须弥座台基左侧

图版四三　M2后室后壁仿木结构建筑须弥座台基

图版四四　M2后室后壁仿木结构建筑上部结构

1. 左侧壁武士　　　　　　　　　　　　2. 右侧壁武士

图版四五　M2甬道左右侧壁武士

1．朱雀

2．玄武

图版四六　M2朱雀、玄武

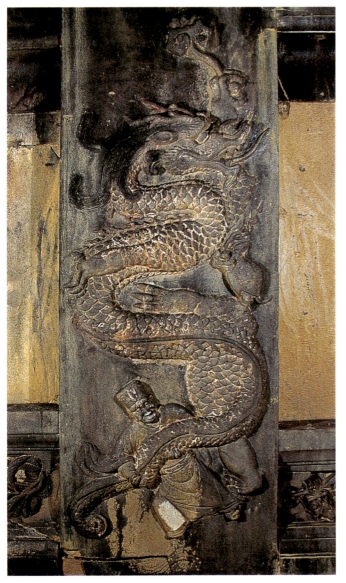

1. 青龙   2. 白虎

图版四七　M2青龙、白虎

图版四八　M2 中、后室间过道左壁文吏

图版四九　M2中、后室间过道右壁文吏

 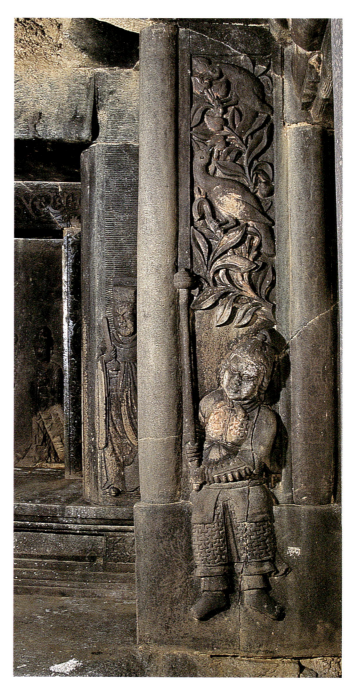

1. 后室后壁右次间武士   2. 后室后壁左次间武士

图版五〇　M2后室后壁左右次间武士

1．后龛中龛右侧龛沿文吏

2．后龛中龛左侧龛沿文吏

图版五一　M2后龛中龛龛沿文吏

图版五二　M2 后室后壁内龛

1. 左壁须弥座台基前部

2. 左壁须弥座台基后部

图版五三　M2墓室左壁须弥座台基

1. 墓室右壁须弥座台基前部

2. 墓室右壁须弥座台基后部

图版五四　M2墓室右壁须弥座台基

图版五五　M2墓室后室须弥座台基

1．A类文吏俑（M2：1） 2．A类文吏俑（M2：7）

图版五六　M2出土陶俑

1．B类文吏俑（M2：57）　　　　　　　　2．B类文吏俑（M2：35）

图版五七　　M2出土陶俑

1．C类文吏俑（M2：34）　　　　　　　　　2．C类文吏俑（M2：33）

图版五八　　M2出土陶俑

1．A 类武士俑（M2：14）　　　　　　　　　　2．A 类武士俑（M2：19）

1．B 类武士俑（M2：28）　　　　　　　　　　2．C 类武士俑（M2：16）

1．A类男侍俑（M2：55）　　　　　　　2．A类男侍俑（M2：77）

图版六一　　M2出土陶俑

1．A类男侍俑（M2：81）   2．B类男侍俑（M2：90）

1. C类男侍俑（M2∶68）   2. F类男侍俑（M2∶62）

图版六三　M2出土陶俑

1. 胡服俑（M2：58）   2. 胡服俑（M2：89）

图版六四　M2出土陶俑

1．女乐舞俑（M2：39）　　　　　　　2．女乐舞俑（M2：51）

图版六五　M2 出土陶俑

1. 三身女俑（M2：26）

2. 生肖羊俑（M2：25）

3. 生肖鸡俑（M2：44）

图版六六　M2出土陶俑

1. 青龙俑正面　　　　　　　　　　　　2. 青龙俑侧面

图版六七　　M2 出土青龙俑（M2：18）

1. 白虎俑正面   2. 白虎俑侧面

图版六八　M2 出土白虎俑（M2：21）

1．朱雀俑   2．玄武俑

图版六九　　M2出土朱雀俑（M2：15）和玄武俑（M2：13）

1．陶器盖（M2：134）

2．陶假山（M2：49）

3．瓷碗（M2：139）

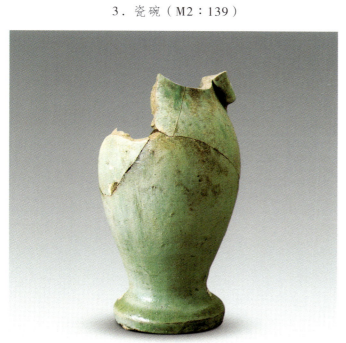

4．瓷花瓶（M2：107）

5．瓷瓶（M2：108）

图版七〇　M2出土陶、瓷器

1. 壶形器（M2：92）

2. 烛台（M2：91）

3. 猴形锁（M2：103）

图版七一　M2 出土铜器

1. 坠饰（M2：93）

2. 钩饰（M2：95）

3. 钩饰（M2：96）

4. 夹饰（M2：94）

5. 围棋子

图版七二　M2 出土玉器

1."天下太平"金币（M2：104）

2."嘉定元宝"铜钱（M2：180）

3."嘉定元宝"铜钱（M2：180）背

1．M3、M4、M5前护坎遗迹（西北—东南）

2．M3、M4墓前护坎遗迹（东南—西北）

图版七四　M3、M4、M5墓前护坎遗迹

图版七五　M3、M4墓前祭拜台遗迹（南—北）

1．M4墓前祭拜台遗迹（东—西）

2，M3墓前祭拜台遗迹（东—西）

图版七六　M3、M4墓前祭拜台遗迹

1. 瓷碗（②：3）

2. 瓷碗（②：2）

3. 玉童子（②：4）

图版七七　M3、M4墓前祭拜台上地层中出土遗物

1．M3墓道（西—东）

2．M3墓室后壁及后龛全景（西—东）

图版七八　M3墓道、墓室后壁

1. 吹龙头笛伎、弹二弦伎、
   击鼓伎

2. 吹笙伎、舞旋伎、
   舞旋伎、吹排箫伎

3. 吹箫伎、吹乐伎、乐伎

图版七九　M3墓室左侧壁乐伎雕刻

1. 拍板伎、击鼓伎、吹乐伎、
吹笙伎

2. 舞旋伎、舞旋伎、吹横笛伎、
拍板伎

3. 吹笙伎

4. 击鼓伎

图版八〇　M3墓室右侧壁乐伎雕刻

1. 左壁青龙

2. 右壁白虎

图版八一　M3左、右壁中部青龙、白虎

1. 右侧侍者　　　　　　　　　　　　　　　　　2. 左侧侍者

图版八二　　M3墓室后壁左右侧侍者雕刻

图版八三　M3后龛雕刻

图版八四　M3后壁下部须弥座束腰内雕刻

1. 墓道

2. 门梁外侧面雕刻

图版八五　M4墓道与门梁外侧面雕刻

图版八六　M4墓室后壁及后龛

1．棺台右后部随葬品出土情况（西—东）

2．左侧排水沟内随葬品出土情况（东—西）

3．棺台中部及右侧排水沟内随葬品出土情况（东—西）

4．棺台中部随葬品出土情况（南—北）

图版八七　M4随葬品出土情况

1. 东北角艮卦钱币出土情况
（上北下南）

2. 西北角乾卦钱币出土情况
（上北下南）

3. 北方七数钱币出土情况（其东侧为
艮卦局部。上北下南）

图版八八　M4腰坑随葬品出土情况

1. 西北角坤卦钱币出土情况
（上南下北）

2. 东南角巽卦钱币出土情况
（上南下北）

3. 中央石槽内金银币出土情况
（上北下南）

图版八九　M4腰坑随葬品出土情况

1. 铜镜出土情况（上北下南）

2. 玉石出土情况（上北下南）

图版九〇　M4腰坑铜镜、玉石出土情况

1. 左侧壁武士　　　　　　　　　　　　　2. 右侧壁武士

图版九一　　M4 墓门左右侧壁武士

1. 击鼓伎

2. 击鼓伎

3. 吹排箫伎

图版九二　M4墓室左侧壁乐伎雕刻

1．舞旋伎

2．舞旋伎

3．吹笙伎

图版九三　M4墓室左侧壁乐伎雕刻

1. 吹横笛伎

2. 吹埙（?）伎

3. 拍板伎

图版九四　M4墓室左侧壁乐伎雕刻

1.拍板伎

2.吹笙簧伎

3.击鼓伎

图版九五　M4墓室右侧壁乐伎雕刻

1. 舞旋伎

2. 舞旋伎

3. 吹横笛伎

图版九六　M4墓室右侧壁乐伎雕刻

1. 吹横笛伎

2. 吹排箫伎

3. 击鼓伎

图版九七　　M4墓室右侧壁乐伎雕刻

1．石榴

2．菊花

3．枇杷

4．牡丹

5．荔枝

6．荷花

图版九八　M4墓室左侧壁花果雕刻

1. 白果   2. 牡丹

3. 瓜果   4. 菊花

5. 桃子   6. 桃花

图版九九　M4墓室右侧壁花果雕刻

1. 左壁须弥座台基中部图案

2. 右壁须弥座台基前部图案

3. 右壁须弥座台基后部图案

图版一〇〇　M4 墓室左、右壁须弥座台基束腰内雕刻

1. 右壁持骨朵男侍像　　　　　　　　　　2. 左壁持骨朵男侍像

图版一〇一　　M4 墓室左、右侧壁后部雕刻

1. 右侧男侍像

2. 左侧男侍像

图版一〇二　M4 墓室后壁左、右侧雕刻

1．中龛顶部龛沿侍女

2．中龛龛台侧面雕刻

3．后龛外龛龛台中央拱门内
雕刻牡丹葡萄图案

图版一〇三　M4中龛、后龛雕刻

1. 右侧男侍   2. 左侧男侍

图版一〇四   M4 中龛左、右侧壁雕刻

1. 右壁托食盒（？）侍女　　　　　　　　　　2. 左壁捧熏香（？）侍女

图版一〇五　　M4内龛左、右侧壁雕刻

图版一〇六　M4内龛后壁雕刻

1．A类文吏俑（M4：55）   2．A类文吏俑（M4：41）

图版一○七　M4出土陶俑

1．A类文吏俑（M4：30）　　　　　　　　2．B类男侍俑（M4：39）

1．C类文吏俑（M4：31）   2．D类男侍俑（M4：22）

图版一〇九　M4出土陶俑

1．武士俑（M4：7）　　　　　　　　　　　　2．武士俑（M4：59）

1. Aa类男侍俑（M4：23）　　　　　　　　　　2. Aa类男侍俑（M4：47）

1．Aa类男侍俑（M4：12）　　　　　　2．Ab类男侍俑（M4：51）

图版一一二　M4出土陶俑

1．Ab 类男侍俑（M4∶45）　　　　　　2．Ab 类男侍俑（M4∶50）

1．Ab类男侍俑（M4∶5）　　　　　　　　　　2．B类男侍俑（M4∶9）

图版一一四　M4出土陶俑

1．女侍俑（M4：40）   2．女侍俑（M4：13）

1. 庖厨俑（M4：3）　　　　　　　　　　　2. 庖厨俑（M4：36）

1．仰观俑（M4：54）　　　　　　　　　　2．蹲坐女俑（M4：43）

1. 俯听俑（M4：25）

2. 歧发男戏俑（M4：10）

图版一一八　M4出土陶俑

1．青龙俑（M4：62）

2、3．白虎俑（M4：14）

图版一一九　M4出土陶俑

1．金插针（M4：65）

2．银碗（M4：1）

3．铜镜（M4：296）　　　　　　　　　4．铜镜（M4：296）镜面

图版一二〇　　M4出土金插针、银碗、铜镜

1. 玉石（M4：297）　　　　　　　　　　　　2. "宝庆元宝"金币（M4：66）

3. 腰坑中央出土金币
（M4：231～235）

4. 腰坑内用金银币排成的兑卦示意图
（M4：180～205）

图版一二一　M4出土玉石、金币

1. 护坎遗迹（东—西）

2. 拜台遗迹（东—西）

图版一二二　M 5 墓前建筑遗迹

1. 墓道与墓室（东—西）

2. 墓室后龛

图版一二三　　M5墓道与墓室

1. 左侧壁青龙

2. 右侧壁白虎

图版一二四　　M5左、右侧壁雕刻

1．牡丹

2．葡萄

图版一二五　M5墓室左壁须弥座台基束腰内雕刻

1．樱桃

2．桃

图版一二六　　M5墓室左壁须弥座台基束腰内雕刻

1. 菊花

2. 瓜果

图版一二七　M5墓室右壁须弥座束腰内雕刻

1．石榴

2．银杏

图版一二八　M5墓室右壁须弥座束腰内雕刻

1．仿木结构建筑屋脊

2．内龛龛台须弥座束腰内连弧形卷草纹雕刻

图版一二九　M5后壁雕刻

图版一三〇　　M5 内龛雕刻

1. 右次间荷花　　　　　　　　　　　　　　　　2. 左次间荷花

图版一三一　　M5 墓室后壁左、右次间雕刻

1．左侧荔枝

2．右侧枇杷

图版一三二　　M5墓室后壁须弥座台基束腰内雕刻

1. 武士俑（M5：14）　　　　　　　　　　2. 武士俑（M5：15）

图版一三三　　M5出土陶俑

1．B类文吏俑（M5∶24）　　　　　　　　　2．C类男侍俑（M5∶32）

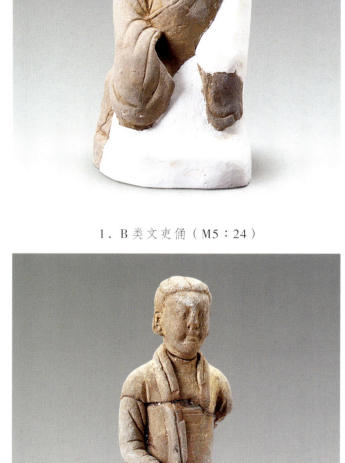

3．A类女侍（乐）俑（M5∶1）　　　　　　4．A类女侍（乐）俑（M5∶2）

1．伏羲俑（M5：18）

2．女娲俑（M5：19）

图版一三五　M5出土陶俑

1."货泉"金币（M5：82）

2."太平通宝"银币（M5：83）

3."正隆元宝"铜钱（M5：96）

图版一三六　M5出土钱币